ファーストステップ教養講座

社会学で描く
現代社会のスケッチ

執筆者一覧

執筆順、＊印は編者

＊友枝 敏雄	（関西国際大学社会学部教授・大阪大学名誉教授）	序章・第23章
＊山田 真茂留	（早稲田大学文学学術院教授）	第1章・第4章
＊平野 孝典	（桃山学院大学社会学部准教授）	第2章・第11章・第14章
谷本 奈穂	（関西大学総合情報学部教授）	第3章
永井 美紀子	（國學院大学ほか非常勤講師）	第4章
益田 仁	（中村学園大学教育学部専任講師）	第5章
中村 晋介	（福岡県立大学人間社会学部准教授）	第6章
三谷 はるよ	（龍谷大学社会学部准教授）	第7章
浅野 智彦	（東京学芸大学教育学部教授）	第8章
竹内 慶至	（名古屋外国語大学現代国際学部准教授）	第9章
津田（木村）好美	（早稲田大学文学学術院准教授）	第10章
德永 勇	（筑紫女学園大学人間科学部教授）	第12章
堀川 三郎	（法政大学社会学部教授）	第13章
久保田 裕之	（日本大学文理学部教授）	第14章
是永 論	（立教大学社会学部教授）	第15章
森 康司	（久留米大学ほか非常勤講師）	第16章
阪口 祐介	（関西大学総合情報学部教授）	第17章
稲月 正	（北九州市立大学基盤教育センター・地域創生学群教授）	第18章
遠藤 薫	（学習院大学法学部教授）	第19章
竹沢 尚一郎	（国立民族学博物館名誉教授）	第20章
室井 研二	（名古屋大学大学院環境学研究科准教授）	第21章
水上 徹男	（立教大学社会学部教授）	第22章

は じ め に

　21世紀に入り、今年で19年目になります。この19年間、世界では、民族紛争と宗教紛争が続き、国境を越える難民も多数にのぼっています。国家と民族のこれからのあり方に暗い影を投げかけています。日本では、2011年3月に東日本大震災を経験した後、2016年4月には熊本地震を経験し、災害に対する社会のあり方が問われるようになりました。また少子化と高齢化の進行によって社会保障制度の将来が心配されています。このような世界と日本の動向のなかで、私たちが20年後、30年後の社会を展望するためには、まず現時点での社会の状況を的確に理解することが必要になってきます。

　この本は、社会学という学問によって、現代社会のいくつかの断面を平明にスケッチすることを試みたものです。現代社会と一般的に表現していますが、21世紀の日本社会に焦点をあてていることはいうまでもありません。

　みなさんが日頃疑問に思っている現代社会のさまざまな現象を理解することと、社会学を学ぶことを、同時並行的に行うことを目指して作成されたこの本は、序章、第1部、第2部、第3部という構成になっています。序章がありますが、実質的には三部構成と考えてよいでしょう。

　第1部「常識を疑う」では、日頃当たり前と思っていて、疑問を差し挟んだことのないような現象や命題を取りあげて、データにもとづいて考えていきます。たとえば、第3章「美容整形のきっかけとは？」では、今どきの日本人が美容整形する理由を考察します。また、第4章「日本人は宗教を信じていないのか？」では、多くの人びとが一神教を信じていない日本社会において、宗教に対するとらえ方と振る舞いを、意識調査の計量データにもとづいて明らかにしています。

　第2部「社会の謎を解く」では、現代日本社会のさまざまな現象に少しでも関心のある人ならば、すぐに気づくに違いない社会の謎について、「どうしてそのような現象が生ずるのだろうか」という問いを出発点にして考えていきます。たとえば、第11章「なぜいじめを止められないのか？」では、1990年代以降日本社会がかかえる大問題である「いじめ」について、いじめの実態やその背景を明らかにすることを通して、解決の糸口を探っていきます。また、第13章「なぜ原発は東京にはないのか？」では、日本の原子力発電の問題を地域配置の観点から考察しています。

　第3部「社会の未来を考える」では、これからの日本社会が解決していかなければならない問題をピックアップし、その問題に私たちがどのように対峙していったらよいのかということについて、考え方の道筋を示しています。たとえば、第18章「『子どもの貧困』にどう向き合うか？」では、先進諸国のなかでのわが国の子どもの貧困率の高さというショッキングなデータを導きの糸にしたうえで、その解決策を模索しています。また、第20章「『大規模災害』にどう向き合うか？」では、1990年代以降日本社会が経験した震災

からの復旧・復興の現状を紹介しながら、減災を目指したコミュニティづくりの可能性を展望しています。最後に、第23章「21世紀における社会と公共性」では、21世紀における公共性の内実がなんであるのかという問いを考察する作業を通して、「社会的なるもの」を構想するための第一歩を踏み出すことを目指しています。

　この本は、序章から読み始めて最後に第23章に到達するという構成になっていますが、読者のみなさんにとって関心のある章があれば、そこをスタートラインにして読んでもらってもかまいません。関心のおもむくままに読み進んで、みなさんが「社会学という学問のおもしろさ」や「21世紀の日本社会がかかえる問題」に気づいてくれるのであれば、そういう読み方もあってよいと思います。日本のことや世界のことに関心がわき、社会のなかでの自分の位置はどこにあるのか、自分の役割はなにかといったことを考えることができるようになるのであれば、どんな読み方でもよいのです。

　この本によって、大学で学ぶことの意義、お洒落な言葉でいえば、アカデミアのすばらしさが伝わることを願って、執筆者一同、筆をとりました。少し違った表現をするならば、社会学という学問を通して、みなさんが学問することの楽しさと難しさを味わってくれることを期待しています。

　この本を作成するにあたり、編集を担当された小川眞貴子さんにたいへんお世話になりました。心より感謝申し上げます。

　　2019年5月
　　　　　　　　　　　　　　　令和元年スタートのニュース報道を聞きながら

　　　　　　　　　　　　　　　　　　　　　　　　　　　　友　枝　敏　雄
　　　　　　　　　　　　　　　　　　　　　　　　編著者　山　田　真茂留
　　　　　　　　　　　　　　　　　　　　　　　　　　　　平　野　孝　典

目　　次

はじめに　iii
本書の使い方　xii

序　章　21世紀の日本社会を生きる──今、大学で学ぶこと ─── 1

1　世界社会の動向 ─── 1
1　21世紀の世界社会／1　　2　グローバリゼーション／1　　3　個人化／2

2　日本社会のトレンド ─── 3
1　高齢化／3　　2　高学歴化／3

3　大学で学ぶことの意味 ─── 4
1　スキルの習得とアイデンティティの確立／4　　2　多様性の原理のもとで／4

第1部　常識を疑う

第1章　友人とは誰のことか？ ─── 8

1　あふれる親密性 ─── 8
1　友だち100人／8　　2　困ったときに助けてくれるのは／9

2　友人関係の拡がり ─── 10
1　社会関係資本／10　　2　つながりの新しい形／11

3　親密性の光と陰 ─── 11
1　規範としての他者指向／11　　2　主人公の孤独／12　　3　同質化の罠を越えて／13

第2章　「絆」を強くすれば自殺は減るのか？ ─── 15

1　「絆」と自殺──2つの考え方 ─── 15
1　「絆」は強いほうがいい？／15　　2　自殺についての常識的な考え／16
3　デュルケムの視点／17

2　デュルケムの『自殺論』 ─── 17
1　自己本位的自殺／17　　2　集団本位的自殺／18　　3　アノミー的自殺と宿命的自殺／18

3　現代日本社会における社会統合と自殺 ─── 19
1　災害と自殺／19　　2　地域社会の自殺死亡率に影響する要因／20
3　自殺が少ない地域の特徴／21

4　「絆」を超えて ─── 21

第3章　美容整形のきっかけとは？ ―― 23

1　美容整形とは ―― 23
1　日本の施術数／23　　2　美容整形の歴史を簡単にふりかえる／24

2　美容整形の動機ときっかけ ―― 24
1　美容整形の動機に関するこれまでの研究／24　　2　整形したい理由を調査する／25
3　母・姉妹・同性の友人の影響／28

3　身体加工をすることの意味 ―― 29
1　なぜ美容整形をするのか／29　　2　自由と規範の間／29

第4章　日本人は宗教を信じていないのか？ ―― 31

1　他国との比較 ―― 31
1　データに見る日本の特異性／31　　2　近代化と宗教／32

2　日本的な宗教性 ―― 33
1　信仰と宗教心／33　　2　宗教性の変容／34

3　宗教の意味 ―― 35
1　世俗化してもなお／35　　2　宗教的な振る舞い／35　　3　宗教の受け止め方／36

第5章　「未熟」な若者がフリーターやニートになるのか？ ―― 38

1　フリーター・ニートについて ―― 38
1　フリーター・ニートへの「まなざし」／38　　2　フリーター・ニートとは／39

2　雇用の変化について ―― 41
1　なぜ非正規雇用が増えたのか／41　　2　誰が非正規雇用となったのか／42

3　フリーターは「未熟」なのか ―― 43
1　雇用形態と意識の関係性――「やりたいこと」志向と現在志向／43
2　「まなざし」の先に／45

第6章　日本人がオリンピックで日本代表を応援するのは当たり前か？ ―― 47

1　オリンピック、ナショナリズム、パトリオティズム ―― 47
1　オリンピックとはなにか／47　　2　ナショナリズムとパトリオティズム／47
3　日本の特殊性／49

2　オリンピックと国家 ―― 50
1　オリンピック憲章の矛盾／50　　2　ブランデージ会長の懸念／51
3　「国旗・国歌」問題の終結／52

3　オリンピックが高揚させるもの ―― 53
1　相互尊重型のナショナリズム／53　　2　排外主義型のナショナリズム／53
3　オリンピックへの期待／54

第7章 「いい人」がボランティアになるのか? —— 56

1 ボランティアに対するイメージ —— 56
1 大学生のボランティア観／56　2 「いい人」＝ボランティア？／57

2 ボランティアの人物像 —— 57
1 思いやりのある人なのか——共感性／57　2 恵まれた人なのか——社会階層／58
3 どんな環境で育った人なのか——ロールモデル／59
4 どんな国にいる人なのか——宗教・政治システム／60

3 社会的に生み出されるボランティア —— 61
1 社会化の結果としてのボランティア行動／61　2 ボランティアを生み出す社会のあり方／62

第8章 「オタク」は孤独か? —— 63

1 「オタク」って誰？ —— 63
1 「おたく」の誕生／63　2 「オタク」の転換／64　3 「オタク」の拡散／65

2 趣味がつなぐ縁 —— 67
1 趣味縁の歴史／67　2 社会関係資本としての趣味縁／68　3 オタクの社会参加／68

3 仲よくするのとは別の仕方で —— 69
1 オタクは孤独か／69　2 仲よくすることの息苦しさ／70　3 もうひとつのつきあい方へ／70

第2部　社会の謎を解く

第9章 なぜ「スマイル」は0円なのか？ —— 74

1 サービス産業化 —— 74
1 現代社会における労働／74　2 サービス労働／75

2 感情労働としてのサービス労働 —— 76
1 感情労働という見方／76　2 表層演技と深層演技／77　3 商品としての「スマイル」／78

3 感情労働と疎外 —— 79
1 感情労働の否定的な効果／79　2 感情からの疎外を超えて／79

第10章 なぜ結婚する人が減っているのか？ —— 81

1 「結婚」のすがた —— 81
1 有配偶率と未婚率の変化／81　2 平均初婚年齢の上昇——晩婚の増加／82
3 「適当な相手」がいれば結婚するつもり？／82

2 結婚相手に求めるものの変化 —— 83
1 「手鍋下げても……」から「三高」へ／83　2 「三平」を経て「四低」へ／84
3 仕事も家事も育児も……／85

3 社会の趨勢の変化 ……………………………………………………… 85
1 家事の省力化・外部化と女性の就労率の上昇／85　2 お見合いの減少／86
3 「婚活」の誕生／87

4 未婚社会って、「問題」？ ………………………………………………… 88
1 社会レベルでの未婚化の問題／88　2 個人レベルでの未婚化の問題／88

第11章　なぜいじめを止められないのか？ ───────── 90

1 ありふれた出来事としてのいじめ ……………………………………… 90
1 いじめとはなにか／90　2 統計に見るいじめの姿／91

2 教室の人間関係といじめ ………………………………………………… 92
1 いじめの四層構造論／92　2 少なくない傍観者の存在／93

3 傍観者が生まれる仕組み ………………………………………………… 93
1 規範意識の悪化と友人関係の希薄化？／93　2 「いじめはいけない」の影響力／94
3 いじめを少なくするために／95

第12章　なぜ若者はSNSにはまるのか？ ──────────── 97

1 ICTとSNS利用の動向 ………………………………………………… 97
1 電子コミュニケーションの歴史／97　2 SNS利用の動向／99

2 SNSと承認・自己表現欲求 …………………………………………… 100
1 電子コミュニケーションの目的合理性／100　2 SNSによる承認欲求・自己表現の充足／101

3 SNSと社会性の喪失 …………………………………………………… 102
1 SNSにおける社会性の欠落／102　2 SNSによる社会性の喪失／103

第13章　なぜ原発は東京にはないのか？ ─────────── 105

1 原発立地の構造 ………………………………………………………… 105
1 地図から見えてくる構図／105　2 「受益圏」と「受苦圏」──環境社会学の用語で置き換える／106

2 受益圏・受苦圏論が示すこと ………………………………………… 107
1 広大な受益圏と局所化された受苦圏／107　2 深さを考える──見えてくる不平等な構造／108

3 なぜ不平等なままなのか ……………………………………………… 109
1 原発立地の「合理性」／109
2 「すべての土地は平等」というわけではない──土地のヒエラルキー／110
3 格差で動く原発／111　4 結論・なぜ原発は東京にはないのか／112

第14章　なぜ「家族」を求めるのか？ ──────────── 114

1 結婚と家族はどんなふうに変わってきたか …………………………… 114
1 「普通」の結婚と家族──家族は原始時代から変わらない？／114
2 お見合いの変化と恋愛結婚の誕生──本人不在のお見合い？／115

2 少子化と子育てをめぐる諸問題 ……………………………………… 116
1 少子化──子どもが減ってなにが悪いの？／116
2 待機児童と子育て支援──保育所が足りないなんて日本だけ？／116

3　父親の育児参加と孫育て／117
　3　新しい共同生活の形 ─────────────────────────── 118
　　1　晩婚化と未婚化──結婚しないの？ できないの？／118
　　2　同性婚と同性パートナーシップ制度──結婚して子どもをもてるのは男女だけ？／119
　　3　共同生活と親密圏──家族じゃないと一緒に暮らせない？／120

第15章　なぜネット上で「炎上」が生じるのか？ ─────────── 122

　1　「炎上」をどう考えるか──定義と実態 ───────────────── 122
　　1　「批判」としての炎上？／122　　2　さらし者にすること／123
　2　炎上とオンライン・コミュニケーション ──────────────── 124
　　1　フレーミング／124　　2　脱個人化と社会的アイデンティティ／124
　3　情報の拡散がもつ社会的な力 ─────────────────── 126
　　1　サイバーカスケード／126　　2　情報カスケード／126　　3　評判カスケード／127
　4　集合的な意識のもつ可能性 ──────────────────── 127
　　1　集団極性化／127　　2　分断と炎上／128　　3　集合的な意識の可能性／129

第16章　なぜ〈体育会系〉は就活で人気なのか？ ─────────── 130

　1　体育会系神話 ───────────────────────── 130
　　1　体育会系就職／130　　2　4年神様、3年天皇、2年平民、1年奴隷／132
　2　体育会系部活動と企業の共通点 ────────────────── 133
　　1　機能集団としての体育会系部活動と企業／133　　2　官僚制の逆機能／134
　3　「体育会系」の社会意識──その光と陰 ──────────────── 135
　　1　性別役割分業意識／135　　2　パワハラはなぜなくならない？／136

第3部　社会の未来を考える

第17章　「格差と不平等」にどう向き合うか？ ─────────── 140

　1　格差と不平等 ───────────────────────── 140
　　1　さまざまな格差／140　　2　なぜ格差は生まれるのか／141　　3　学歴・職業・所得への着目／141
　2　親の階層と機会の不平等 ───────────────────── 142
　　1　「親から子への職業階層の移動」を問う／142　　2　データから見る社会の閉鎖性・開放性／143
　　3　なぜ教育機会の階層間格差は維持されるのか／144
　3　社会階層論の視座 ──────────────────────── 144
　　1　個人を超えた要因による格差／144　　2　学歴・職業・所得のつながり／145
　　3　さまざまな格差を生む要因／146

第18章 「子どもの貧困」にどう向き合うか？ ─── 148

1 子どもの貧困とは ─── 148
1 貧困とはなにか──お金がない、つながりがない、希望をもてない／148
2 子どもの貧困はなぜ問題なのか／148
3 どこからが貧困なのか──絶対的貧困と相対的貧困／149

2 どのくらいの子どもが貧困なのか ─── 150
1 子どもの貧困率の現状と推移／150 　 2 世帯構成と子どもの貧困／151
3 子どもの貧困率の国際比較／151

3 子どもの貧困はどのようにして起こるのか ─── 153
1 貧困の背後には家族・世帯がおかれた社会的な状況がある／153
2 貧困は社会的排除によってつくり出される／153
3 貧困はさまざまな経路を介して連鎖する／154

4 子どもの貧困を減らすために ─── 155
1 国・自治体など政府レベルでの生活保障制度の拡充／155 　 2 地域レベルでの支援／156

第19章 「地球環境問題」にどう向き合うか？ ─── 158

1 地球環境問題とはなにか ─── 158
1 環境問題とは／158 　 2 環境問題の歴史／158 　 3 循環型社会と生物多様性／159

2 持続可能な地球のために ─── 159
1 環境問題と持続可能性／159 　 2 成長の限界──ローマクラブの実験／160
3 共有地の悲劇／161

3 環境破壊は誰にも平等に被害をもたらすか？ ─── 161
1 環境破壊は誰に被害をもたらすか／161 　 2 環境的正義という考え方／162

4 地球環境問題にどのように取り組むか ─── 162
1 市民による環境正義運動／162 　 2 国際社会の取り組み／163

第20章 「大規模災害」にどう向き合うか？ ─── 165

1 自然災害と環境意識 ─── 165
1 異常気象がつづく／165 　 2 自然災害は社会現象である／166

2 自然災害に対する見方の変化 ─── 166
1 「防災」の考え方／166 　 2 「防災」から「減災」へ／166

3 被災後、人びとはどう対処したか ─── 167
1 東日本大震災の被災地／167 　 2 災害に立ち向かった地域社会／168
3 コミュニティ意識の強さと避難所のあり方との関連／168 　 4 3タイプの避難所のあり方／169

4 コミュニティと災害 ─── 170
1 災害関連死者／170 　 2 「ゆるやかなコミュニティ」の力／171

5 レジリアントな社会をめざして ─── 171

第21章　「人口減少」は地域社会をどう変えるか？ ─── 173

1　縮小する日本社会 ─── 173
1　世界の人口動態／173　2　日本の人口動態／174　3　少子化の帰結／174

2　地域社会の人口減少 ─── 175
1　社会動態による人口変動／175　2　過疎の変遷／176

3　人口減少と農村的自然 ─── 177
1　限界集落論／177　2　農村空間の消費／178

4　地域からサステナブルな社会を構想する ─── 179
1　先進地としての農山村／179　2　ローカルで多様な最適解／180

第22章　「移民」は社会をどう変えるか？ ─── 181

1　移民研究と移民受け入れに関する議論 ─── 181
1　国境を越えた人の移動／181　2　日本国内の移民問題への関心の高まり／182
3　日系人の増加と出生地主義・血統主義／183

2　国際的な人口移動の枠組み ─── 185
1　労働力の国際移動／185　2　入国規制と在留管理／186　3　移民受け入れのポイント制／186

3　移民によるメリットとデメリット ─── 187
1　同質性を基調とする社会の崩壊／187　2　移民による文化的資源の視点／188
3　身近な移民社会／189

第23章　21世紀における社会と公共性 ─── 191

1　西欧近代社会と社会学 ─── 191
1　社会とはなにか／191　2　西欧近代における「個人」の発見と「社会」の発見／192
3　社会学の誕生／192　4　社会の4つの領域／193

2　公共性から社会へ ─── 194
1　公的領域と私的領域／194　2　公共性とはなにか／195　3　21世紀における公共性／195

3　グローバルな市民社会のなかでの公共性 ─── 196
1　グローバリゼーションとは／196　2　グローバリゼーションと公共性／197
3　公共性の内実／197

文献リスト　200
事項索引　208
人名索引　210

本書の使い方

◎本書の特徴・構成

本書は、初めて社会学を学ぶ人にとって、身近なテーマから興味をもって読み進めていけるように、工夫しています。全体の構成は下記のとおりです。

第1部「常識を疑う」	⇒	第2部「社会の謎を解く」	⇒	第3部「社会の未来を考える」
(社会学の視点から「常識」を問い直してみよう)		(社会学の力によって身近な日常の「謎」を明らかにしよう)		(社会学の立場から社会が抱える課題の解決を試みよう)

※ なお、各章はそれぞれ独立しており、興味をもったところから自由に読むことができます。

◎学習の流れ

① **導　　入**…………その章のテーマや章で学ぶことについて簡単に述べています。

② **導入の質問**…………章のテーマに添って読者に質問を投げかけています。まずは質問について自分で考えてみましょう。

③ **本　　文**…………導入であげたテーマについて社会学の観点から詳しく解説しています。

④ **注　　釈**

　データの説明……本文で採用しているデータについて、調査の内容や対象者などの補足説明をしています。

　人物紹介……社会学における著名な学者や理論家などを紹介しています。

　ここも CHECK…………本文では触れられなかった点を補足して説明しています。

　用語解説……専門的な語句をわかりやすく解説しています。

　お薦め本……章のテーマに興味をもったらぜひ読んでほしい本をお薦めしています。

⑤ **まとめの問題**………章の内容を理解したかどうかを確認するために考えてみましょう。

⑥ **調べてみよう**………章で取り上げたテーマについて考察する発展問題をあげています。自分で関連データや情報などを調べ、取り組んでみましょう。

社会学の観点から現代社会について考えよう

★文献についての基本ルール★

本文・注釈であげた文献は下記のように示し、文献の詳しい情報は、巻末の「文献リスト」(p.200〜)に、章ごとにまとめて掲載しています。

　　(著者名 発行年)（著者名 発行年：ページ) 著者名（発行年）

　　翻訳本の場合は、(著者名 発行年［原著 発行年］)（著者名 発行年［原著 発行年］：ページ)

* たとえば、第1章の本文中にある（山田 2009：134）は、巻末の文献リストにある第1章の山田真茂留, 2009,『〈普通〉という希望』青弓社の134ページを引用していることを指しています。また、第2章の注6「お薦め本」にある「中島（1997）」は、巻末の文献リストにある第2章の中島道男, 1997,『デュルケム〈制度〉の理論』新曜社をお薦めしています。

序章 21世紀の日本社会を生きる
——今、大学で学ぶこと

21世紀に入り、世界社会と日本社会ではどんなトレンドが進行しているのでしょうか。世界社会と日本社会のトレンドを理解することによって、君たちは、自分が現在どのような状況において日々生活しているのかを明確にすることができるでしょう。

世界社会および日本社会の動向と、自分の人生がどうあるべきかということは、まったく関係がないと思っている人もいるかもしれない。しかし、人間が社会のなかに存在し、社会に生きる限り、私たちの人生と世界および日本の動向とはおおいに関係している。それではどのように関係しているのだろうか。そして大学で学ぶことが、君たちの将来にどのように関係しているのか、ということについても考えてみよう。

keywords グローバリゼーションと個人化　高齢化と高学歴化　「自分とはなにか」

1　世界社会の動向

1　21世紀の世界社会

20世紀後半からの世界社会の動向を表現する言葉に、グローバリゼーションと個人化がある。もちろん、この2つの言葉によって世界社会の動向がすべて、いいつくされているわけではない。たとえば、情報化、消費社会、貧困と飢餓、民族対立に伴うテロリズムと難民という言葉をあげるならば、多くの人は、世界社会の動向に、他の側面があることに気づくであろう。しかし、グローバリゼーションと個人化という言葉が、ここ数十年の世界社会の動向を的確に表現していることは否定できない。

2　グローバリゼーション

グローバリゼーションとは、社会変動が近代社会の準拠点たる国民国家[*1]を越えて生起することであり、地球規模の社会の変化のことをいう。グローバリゼーションが、ヒト、モノ、情報の国際的な流通の加速化を意味していることはいうまでもないが、グローバリゼーションの具体的な姿を経済の領域、政治の領域、文化の領域にそくして見ておこう。

*1　国民国家については、第22章（p.182）を参照。

経済の領域におけるグローバリゼーションを明瞭に示しているのが、多国籍企業もしくはトランスナショナルな企業の存在が今や日常化していることである。そのような企業として、マクドナルド、トヨタ、IBMなどをあげることはいとも簡単である。そしてたとえば、トヨタの車は、部品を含めると複数国で製造されているから、どこの国で製造されているのか消費者にはわからないというのが、多国籍企業の多国籍企業たるゆえんである。またEUに見られるように、国境を越えて単一の通貨が使用されていることもまた、グローバリゼーションのトレンドを示している。

政治の領域では、国際連合におけるさまざまな機関(たとえばUNICEFやWHO)の活動の活発化や国際的なNGOの出現は、グローバリゼーションのトレンドを示している。また国境を越えた人びとの移動(外国人労働者、難民)の増大もまた、グローバリゼーションのトレンドを象徴的に示したものである。

文化の領域では、たとえば日本のアニメが全世界に進出していることに見られるように、文化の流入と流出が激しくなっていることに、グローバリゼーションのトレンドが示されている。文化の流入と流出の激化が、多文化共生を促進するのであれば、世界を1つにする動きであるから賞賛すべきであるし、なんら不安視する必要もない。しかし近年起こっていることは、逆のベクトルというべき、民族間の衝突とナショナリズムの勃興である。

グローバリゼーションが、平和な世界へと導くのか、それとも紛争とテロリズムの頻発する世界へと導くのかということについては、現段階では判然としない。ただひとつはっきりしていることは、日本社会もそこに生きる私たちも、グローバリゼーションに巻き込まれながら、世界社会と対峙していかなければならないということである。

3 個人化

西欧近代社会は、歴史上はじめて個人主義を称揚した社会であった。近代社会の中核的原理として個人主義がある限り、個人化[*2]の進行は、ある面では不可避的なトレンドである。個人化の進行が、自立した個人を生み出し、真の意味での個人主義が開花するのであれば、なんら問題ない。むしろそれとはまったく逆に、個人化の進行が、私的「自我我欲」に基づいて行動する「大衆的自我主義(エゴイズム)」(山口 2003)をもたらすことが問題なのだ。「大衆的自我主義(エゴイズム)」を卑俗な言葉で表現するならば、近年よくいわれる「自己中」となる。

個人化の進行の問題点を、具体的に示すならば、家族が解体することや、地域社会における人びとのつながりが弱体化することである。もちろん「むきだし」の個人によって日々の生活を営むことができるのであれば、それでよいであろう。

用語解説

*2 個人化
　個人化とは、個人主義の原理が浸透していくことである。ここでもふれているように、個人主義のプラスの面である、自立した個人による主体的な意思決定と自己責任が浸透していくのであれば問題ない。マイナスの面である、他者への配慮のない利己主義が蔓延することが問題なのである。

しかし素朴に私たちの周囲を見渡すと、家族によるケア、近隣の人びとおよび友人からの支援があってこそ、日々の生活が可能になっていることに気づくであろう。

2 日本社会のトレンド

1) 高齢化

21世紀の日本社会のトレンドとして、高齢化と高学歴化を見ておこう。

まず高齢化については、『平成30年版 高齢社会白書』（内閣府 2018）によると、2017年時点のわが国の65歳以上人口は、3,515万人であり、総人口に占める65歳以上人口の割合（高齢化率）は27.7％である。2017年時点の人口をもとにして、将来の高齢化率を推計すると、2030年には31.2％、2040年には35.3％、2050年には37.7％になるとされている。そして2017年には、1人の65歳以上人口を支える15歳～64歳人口は2.2人であるが、この数値が、2030年には1.9人、2040年には1.5人、2050年には1.4人になる見通しであり、超高齢社会が訪れようとしている。

2) 高学歴化

次に高学歴化については、図1に示されているように、1990年頃に36％前後だった大学・短期大学進学率が、2000年頃には49％前後になり、2010年頃には

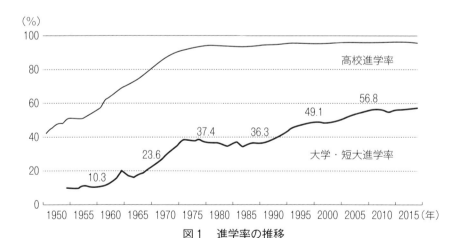

図1　進学率の推移

出典：文部科学省「学校基本調査」より筆者作成

注　：高校進学率とは、中学校・義務教育学校卒業者および中等教育学校前期課程修了者のうち、高等学校、中等教育学校後期課程及び特別支援学校高等部の本科・別科並びに高等専門学校に進学した者（就職進学した者を含み、過年度中卒者等は含まない）の占める比率を指す。大学進学率（過年度高卒者等を含む）は、大学学部・短期大学本科入学者数（過年度高卒者等を含む）を3年前の中学校卒業者及び中等教育学校前期課程修了者数で除した比率を指す。なお、2018年は速報値である。

56％前後になっている。今やわが国では、同学年のなかで2人に1人が大学・短期大学に進学する時代になっているのである。

　以上のことを要約するならば、現在大学生である君たちは、①高齢者（65歳以上人口）1人を、2人以下の15歳〜64歳人口で支える社会、②同年齢の人びとの約半数が大学・短期大学を卒業している社会で生きていかねばならないのである。

　それでは、君たちにとって大学で学ぶことの意味はなんだろうか。

3　大学で学ぶことの意味

①　スキルの習得とアイデンティティの確立

　現在の日本では、大学を卒業することは、一部の大学院進学者を除けば、今もなお、社会人になることを意味している。社会人になるとは、それなりに一人前の人間になるとともに、親からも独立することである。

　一人前の人間になるための前段階として、大学が存在するのであるならば、大学での学習の目的を理解することは、誰にとっても、とても簡単である。つまり社会人になるための準備作業を行う場として、大学は位置づけられるのである。そしてそのような作業として、次の2つを考えることができる。ひとつは、社会に出るためのスキルの習得であり、もうひとつは、「自分とはなにか」という問いについて考えて、アイデンティティを確立していくことである。

　第一の社会に出るためのスキルの習得を、より実践的に考えると、大学での学習を通して資格を得ることになる。たとえば、保育士、看護師、小学校教員、栄養士、薬剤師、税理士、司書、学芸員といった資格をあげるならば、スキルの習得ということについて誰でもイメージできるであろう。

　第二の「自分とはなにか」という問いについて、突きつめて考えていくと、その人の人生の問題にもなるし、「人間とはなにか」という哲学的な問いになってしまい、解答を見出すことが困難になる。そのような難問としてとらえるのではなくて、社会において自分はどんな位置にいるのか、自分は社会のどこに「居場所」を求めればよいのかということについて考えてみよう。そしてこの作業が、おそらく多くの人にとって、大学を卒業してからの人生航路を切り拓いていく際の羅針盤になることは、確かであろう。

②　多様性の原理のもとで

　グローバリゼーションと個人化の進行する21世紀において、世界社会を支える原理はなにか。そのような原理として、多様性（diversity）をあげることができる。

多様性とは、具体的には、文化的多様性、民族的多様性、性的多様性などを意味している。人間が一人ひとり異なるという「差異」を承認することであり、そのうえで公平・公正な社会を実現していくことである。

とはいえ、多様性を承認する社会を本当に実現できるのかということについては、世界各地における民族対立や大国の覇権主義[*3]という現実を突きつけられている今日、懐疑的にならざるをえない。しかし、21世紀の人類社会の目指すべき理想が多様性にあることは、間違いない。それでは多様性の原理のもとで、「自分とはなにか」という問いをどのように考えていったらよいのであろうか。

まず大切なのは、多様性の原理のもとで、自分の位置づけを考えていくことである。具体的には、私は、①日本国籍を有する人間なのか、それとも外国籍を有する人間なのか、②男性なのか、女性なのか、あるいは性的マイノリティなのか、③健常者なのか、それとも障がい者なのか、④家業を継がなければならないなどの理由で、職業選択の自由がないのか、それとも将来の職業を自由に選べるのか、といったことを考えることである[*4]。そして自分が日本社会におけるマジョリティグループにいるのか、それともマイノリティグループにいるのかを、明らかにしていくことである。もちろん、これらの作業がマイノリティグループを差別し、分断するためになされてはならないことはいうまでもない。

このような位置づけをふまえたうえで、「オンリーワン」としての自分の日々の営みが、他者にとって有益であると同時に自分にとっても幸せであるような道を探していくことである。つまり社会のなかに、自分が存在することの意味もしくは必要性を考えることである。その際、本書で詳しく紹介されている社会のさまざまな側面を理解することは、ささやかな道しるべとなるのではないだろうか。

用語解説

*3 覇権主義
覇権主義とは、自国の領土を拡大し世界社会への影響力を強めようとして、近隣諸国に強硬な外交姿勢をとることをいう。

ここもCHECK

*4 自分が若者なのか、壮年なのか、老年なのかという年齢による違いもあるが、本書の読者の多くが20歳前後の若者と考えられるので、年齢による違いについては、ここでは取り上げなかった。

まとめの問題

「自分とはなにか」という問いについて、どんな切り口からでもよいから、友人と話し合ってみよう。大学卒業後、自分はどんな仕事をし、生活していくのかについても考えてみよう。

【ポイント】
・本書を読みながら、社会と自分との接点はどこにあるのかということを考えていくと、大学卒業後の進路も、はっきりと見えてくるかもしれない。

調べてみよう

日本社会の高齢化と高学歴化のトレンドについて、総務省「国勢調査」や文部科学省「学校基本調査」のデータを調べて、50年前の日本社会からどのように変化してきたかを理解しよう。なお高齢化については、第21章の図21-1（p.175）が参考になる。

第 1 部

常識を疑う

第1部では、社会学の視点から、みなさんが当たり前だと思っている「常識」を問い直していきます。

- 第1章　友人とは誰のことか？
- 第2章　「絆」を強くすれば自殺は減るのか？
- 第3章　美容整形のきっかけとは？
- 第4章　日本人は宗教を信じていないのか？
- 第5章　「未熟」な若者がフリーターやニートになるのか？
- 第6章　日本人がオリンピックで日本代表を応援するのは当たり前か？
- 第7章　「いい人」がボランティアになるのか？
- 第8章　「オタク」は孤独か？

第1章 友人とは誰のことか？

近年、若者を中心として友人志向が強まっているということがよくいわれます。人が他者のことを気づかうのはいいことにはちがいありません。しかし友人との関係を気にするあまり気疲れしてしまえば問題でしょう。また、人びとが取り結んでいる親密な関係性が過度に均質的だと、社会的な拡がりに欠け、息苦しさを覚える可能性もあります。本章ではこうしたことを念頭に置きながら、友人関係のさまざまなありようについて一緒に考えをめぐらせていきましょう。

自分には今、友だちが何人いるだろうか。まずは気楽に概数を書き出してみよう。ではそのうち、特に親友と呼べる人は何人になるだろう。また、その人たちを親友と呼べる理由はどのあたりにあるのだろうか。さらに、親友の顔を一人ひとり思い浮かべながら、ギリギリどのくらいのことまでなら相手の助けになれるか考えてみよう。

keywords　友人（友だち）　親密性　結束型　橋渡し型　他者指向

1　あふれる親密性

1　友だち100人

1年生になったら友だち100人できるだろうか。今なお歌い継がれている童謡が耳から離れず、小学校に上がるにあたって友だちがいきなり増える期待と不安に胸を膨らませている子どもたちは少なくないだろう。この歌が発表されたのは1966年のこと。国の定める公立小中学校の学級規模の上限は、1959年：50人、1964年：45人、1980年：40人と推移してきた。2011年からは、小学校1年生に関しては1クラス35人を上限とすることになっている。上限めいっぱいの学級編成で3つのクラスがつくられていれば、上の歌が発表された当時でも今日でも同窓生の数は100人を超えるというのが現実だ。さすがにみんな一緒に富士山でおにぎりとか日本一周とかは無理にしても、3桁の数の同学年生たちと学校生活を共にするというのは不思議なことでもなんでもない。問題は彼ら全員が友だちか、ということである。

ここで青少年研究会が2002年と2012年に東京と神戸で実施した若者調査をひもとき、この2時点の間で友だちの数がどのくらい変化したかについて見てみよ

データの説明

*1　青少年研究会による若者調査は、実証的な若者研究の代表格であり、その分析結果は同研究会のホームページに掲げられるとともに、各種単行本にもまとめられている。2012年調査の名称は「都市住民の生活と意識に関する世代比較調査」で、方法は留置法による。対象年層は16歳～29歳。ただし、別種の質問票を用いて30歳～49歳を対象年層とする調査も行われている。

う[*1]。すると「親友」（恋人を除く）の数は3.8人から4.5人に、「仲のよい友だち」（親友を除く）の数は14.7人から22.3人に、「知り合い程度の友だち」の数は33.4人から74.5人にそれぞれ増えている（辻 2016：82）。2012年データでこの3つの友だちカテゴリーを積み上げてみれば、その総計は100人程度となる。今や、若者たちにあって友だち100人というのは夢想などではなく現実のものとなった[*2]。その友人関係の多くが本当に気づかいに富んだつながりを構成しているのだとすれば、今日の日本社会には特に若年層を中心として温かい親密性があふれているということになろう。

2 困ったときに助けてくれるのは

　同級生、同学年生には気が合う人だけでなく、ウマの合わない人もいるしイヤな奴もいるし暴力的な者もいる。みんながみんな仲のいい友だちというわけではない。知り合い程度の友だちのなかにも、そういった好きでもなんでもない人はたくさんいるだろう。宮沢賢治の『銀河鉄道の夜』の主人公ジョバンニはいつも同級生のザネリに意地悪をいわれている。ザネリとその仲間たちが路上でジョバンニにひどい言葉を浴びせたとき、その一群のなかにはジョバンニの親友カムパネルラがいた。彼は黙って気の毒そうなまなざしを送ってくるばかりだ。こうしたとき親友でもかばってくれるとはかぎらない[*3]。そこがいじめ問題の難しいところだろう[*4]。カンパネルラはザネリとも友だちだ。

　困ったときに本当に助けになるのは誰だろう。内閣府が行った「子供・若者の意識に関する調査（平成28年度）」で、「困ったときは助けてくれる」相手としてチェックが入った項目の比率を表1-1で確認してみよう[*5]。「学校で出会った友人」をあげている人は3人中2人にのぼる。やはり学校の友だちはそれなりに頼りになる。これに対し、意外に低い比率しか呈していないのが「インターネット上における人やコミュニティ」である。電子コミュニケーションの進展が著しい昨今だが、それを介しただけの関係性はひ弱なものに留まるということなのだろう[*6]。そして、やはり助けてくれる相手として最も信頼されているのは「家族・親族」だ。『銀河鉄道の夜』でも、ジョバンニが病弱な母のために尽くしているシーンは読者の胸を強く打つ。

　結局、カンパネルラはザネリの悪口を止められない。また旅の途中でジョバンニはカンパネルラに嫉妬を覚えたりもする。そしてカンパネルラが命を賭して救ってあげた相手はザネリである。にもかかわらず、ジョバンニとカンパネルラは無二の親友だ。ジョバンニが「どこまでもどこまでもいっしょに行こう」と口にするほどの……。2人の間には表面的な助け合いを越えた深い関係性を認めることができよう[*7]。

CHECK
*2　ちなみに青少年研究会が2012年に実施した30歳〜49歳を対象年層とする調査では、友人関係の数は次のようになっており、16歳〜29歳の若者層に比して各カテゴリーの人数が相対的に少ないことが確認される。「親友」3.1人、「仲のよい友人」10.8人、「知り合い程度の友人」34.4人。青少年研究会のホームページを参照。http://jysg.jp/research.html

CHECK
*3　ただしジョバンニはカンパネルラが気の毒そうな様子を見せてくれただけで、とてもありがたく思っている。

CHECK
*4　いじめ問題に関しては、第11章（p.90〜）を参照。

データの説明
*5　この調査は内閣府政策統括官（共生社会政策担当）によって2016年にインターネット調査として実施されている。対象年層は15歳〜29歳。結果の概要はホームページで確認することができる。http://www8.cao.go.jp/youth/kenkyu/ishiki/h28/pdf-index.html

CHECK
*6　ただし助けてくれる相手として「ネッ友」をあげている若者が5人に1人いるというのは、それなりに多い数といえるのかもしれない。

■第1部■ 常識を疑う

表1-1 困ったときに助けてくれる相手 (%)

家族・親族	78.4
学校で出会った友人	65.0
職場・アルバイト関係の人	50.6
地域の人	26.4
インターネット上における人やコミュニティ	21.8

出典：内閣府「子供・若者の意識に関する調査（平成28年度）」より筆者作成
注　：調査時期は2016年。「困ったときは助けてくれる」という関係性について、4つの回答選択肢のうち「そう思う」と答えた人と「どちらかといえばそう思う」と答えた人の合計。「職場・アルバイト関係の人」については就業経験者のみが回答。

> ここも
> CHECK
> *7 ちなみに『銀河鉄道の夜』には友だち（友人）という言葉がたった1回しか出てこない。それは母親がジョバンニの父とカンパネルラの父も「小さいときからのお友だちだった」というシーンである。親友という言葉は本編中どこにも見当たらない。本当の親友にはそれを表す用語など実は不要なのかもしれない。

2　友人関係の拡がり

① 社会関係資本

　友人関係には濃さに関しても拡がりに関しても、さまざまなものがある。
　世界で音楽がタダあるいはタダ同然で流通するようになってしまったのは、アメリカ・ノースカロライナ州にあるCD工場から発売前の音源を盗んでいた人たちと、ドイツの研究所におけるmp3技術の開発と、そしてインターネットの発展が結びついたことによる（ウィット 2016［原著2015］）。CD工場に勤務しながら海賊行為を働いていたアフリカ系のグローバーと白人のドッカリーは、同僚として出会い、一緒にクルマ通勤するようになった仲間だ。彼らは、アンダーグラウンドのオンライン・ネットワークの精鋭チームを率いるカリとつながることになる。そしてその後、グローバーとカリは10年近くにわたって緊密に協働し、音源のリーク（違法なファイルの拡散）をしまくった。しかしその関係は高度に匿名的であり、2人は互いのことを見たこともない。グローバーは、携帯のコードからカリがロサンゼルスに住んでいるとわかっており、また妙に黒人仲間ぶろうとするわざとらしい態度から黒人でも白人でもないと察していたが、実際にカリの姿をはじめて見たのは、すべてが終わった後のことである。それは法廷においてであり、カリはインド系だということが判明した。
　社会学をはじめとする社会諸科学でよく用いられる概念に社会関係資本というものがある。それは、ネットワークならびにそこから生じる互酬性や信頼性の規範としてとらえられたり（パットナム 2006［原著2000］：14）、またネットワークに埋め込まれた資源として定義されたりするが（リン 2008［原著2001］：32）、これをもっと簡単に表現するならば"使える便利なつながり"ということになろう。そして社会関係資本には大きく結束型のものと橋渡し型のものとの2種を認めることができる。同一の社会圏にあって同質的な人たちが緊密につながっているのが

> ここも
> CHECK
> *8 社会関係資本はsocial capitalの訳だが、そのように訳すのは、infrastructure（道路や公園などのインフラ）の訳語としての社会資本と訳し分けるためである。なお、社会関係資本について、詳しくは第8章（p.68）や第12章（p.103）も参照。

> ここも
> CHECK
> *9 結束型と橋渡し型については、第12章（p.103）を参照。

結束型の社会関係資本であり、これに対して複数の社会圏をまたいで異質な人びとが緩やかに連繋しているのが橋渡し型の社会関係資本だ。これに鑑みれば、互いに本名を明かさず、エスニックな背景も異なり、顔も見たことがないグローバーとカリとの関係性は橋渡し型の典型ということができよう。

2 つながりの新しい形

結束型の濃い友人関係は狭いものに留まりがちだが、橋渡し型の薄いつながりであればより広い範囲への拡張が可能だ。先の青少年研究会による調査で友だちの数が100人に達していたのは、近年「知り合い程度の友だち」が激増したことによる効果がきわめて大きい。友だち全体の4分の3に及ぶ「知り合い程度の友だち」のなかには、SNS上の随所で展開される薄いつながりの結節点が数多く含まれていることだろう。友だち100人との間に取り結ばれる100個の関係それぞれがすべて濃いはずはない。

しかしながら、今日的な橋渡し型の関係には薄いものが多いとはいえ、それで実質的な意味が乏しいということには必ずしもならない。浅野智彦によれば、現代的な若者のアイデンティティにとって重要なのは親密な関係性を維持することそれ自体だが、そうしたつながりがたくさんできあがると、それぞれの友人関係ごとに違った、しかし各々の状況においてもっともふさわしくリアルな自己が提示されることになる（浅野 2016：40）。それゆえ、自分という存在はなにほどか多元的で分裂的にならざるを得ないわけだが、しかし個々の文脈において異なって提示される自己はけっして見せかけ上のものなどではない。その一つひとつはあくまでもホンモノの自分なのである。

今日的な薄い関係性の多くが自己欺瞞的な自己呈示に留まるのであれば、友人関係への満足度は総じて低くなるはずだが、若者研究に従事する論者の多くが指摘しているように（浅野 2016：40；辻 2016：84など）、各種社会調査に見られる友人満足度はそれなりに高い。ここで試しに内閣府による「我が国と諸外国の若者の意識に関する調査（平成25年度）」を見てみれば、日本の若者の64.1％が友人関係に満足していることがわかる。若者たちが構成する今日的な友人関係は当人たちによっておおむね肯定的にとらえられているといって間違いはない。

3 親密性の光と陰

1 規範としての他者指向

素敵な友だちを持つのは嬉しいことだし、相手との間に親密な関係が続くに越

CHECK
*10 SNSにまつわるコミュニケーション上の諸問題に関しては、第12章（p.97〜）を参照。

データの説明
*11 内閣府政策統括官（共生社会政策担当）によって2013年に実施されたウェブ調査で、対象年層は13歳〜29歳。結果の概要はホームページで確認することができる。http://www8.cao.go.jp/youth/kenkyu/thinking/h25/pdf_index.htmlを参照。なお、ここに示す比率は、友人との関係について4つの回答選択肢のうち「満足」と答えた人と「どちらかといえば満足」と答えた人の合計。

CHECK
*12 ちなみに同調査で、友人との関係に安心感を覚えている人の比率（4つの回答選択肢のうち「安心」と「どちらかといえば安心」の合計）は62.6％となっている。なお同調査は7ヶ国の比較という形をとっているが、友人関係の満足度にしても安心感にしても日本が一番低い。絶対値としては悪くないにせよ、相対的な位置づけが低いというのは、大変気になるところではある。

■第1部■ 常識を疑う

したことはない。そして、そんな友人の数が増えればワクワクもするだろう。しかし問題は、今日的な若者には友だちが多いという事実（あるいは多くの数を口にしがちという事実）が、いつしかたんなる統計的な平均値を越えて標準的な事態となり、規範へと転化したうえで、さらに各人のアイデンティティの根幹をなすまでに至った場合である。友だちが数多くいなければいけないという強迫観念にとらわれ、そしてそれが実現していないと寂しく感じてしまうとすれば、それは立派な関係性嗜癖だ。[*13]

20世紀半ばの大衆社会的状況における典型的な性格類型を他者指向と表現したのはD.リースマン[*15]（2013［原著 1950］）である。[*14] 人が思考し行動する際に、伝統への随順を心がけるのが伝統指向であり、また内的な価値や目標を重視するのが内部指向だが、これに対し他者（あるいはみんな）の期待や好みに従うことばかりを気にするのが他者指向にほかならない。他者指向は20世紀中盤の社会ですでに十分顕在化していた。友人関係やそこにおける親密性をことのほか大事にする現代若者の傾向は、その延長線上に位置づけられる。

ただし20世紀と違うのは、電子コミュニケーションの技術ならびにSNSの発展によって他者指向がいっそう激越化してしまっている点だ。知り合い程度の人でも友だちとして70数人も数えるのであれば、気にしなければならない相手が増えてしまうのも当然だろう。友枝敏雄が中心となって2013年に実施した高校生の意識調査で「友だち」とはどのような人か尋ねたところ、「クラスメイト」と答えた人は67.0％にのぼり、「顔見知り」と答えた人ですら33.1％もいた（小藪・山田 2015：69）。[*16]

② 主人公の孤独

こうした薄い関係の人を含む100人もの友人に気をつかわなければならないとすれば、それは相当に大変な事態といわざるを得ない。本気でそれをしていたら、いわゆる"友だち疲れ"を起こしてしまうのもごく自然な成り行きだろう。[*17] そしてその反動からか、最近では親密性志向ならぬ個人化傾向の高まりも見受けられる。先に触れた青少年研究会による若者調査で、友だちといるより一人のほうが気持ちが落ち着くとした人は、2002年：46.0％から2012年：71.1％へと急激に増えている（辻 2016：75）。また友枝らによる高校生の意識調査でも、「友人といるより一人でいるほうが落ち着く」という項目および「親友でも本当に信用することはできない」という項目に関し、2007年データと2013年データを見比べてみれば、いずれの比率も相当な伸びを示している点は注目に値しよう（表1-2）。[*18]

考えてみれば、友人関係の量的な豊かさに関しても質的な豊かさに関しても、それを誇るということはたんなる自慢へと堕してしまう危険性が常に潜んでい

✓ CHECK ここも

*13 ある行動パターンが習慣化し、それが過度のものとなってコントロールがしにくくなったとき、これを嗜癖という。アルコール依存、薬物依存などさまざまなものがあるが、人とのつながりを過剰に欲する状態もそのひとつに数えられるだろう。

用語解説

*14 大衆社会
中間集団の力が弱く、人びとがバラバラに孤立するとともに、そのように原子化された諸個人がマスメディアの影響のもと、斉一的な心性・態度・行動を呈しやすくなっている社会を大衆社会と呼ぶ。

人物紹介

*15 デイヴィッド・リースマン（David Riesman, 1909～2002）
アメリカの社会学者。同時代を見通す鋭い批評眼を持ち合わせており、大衆社会的状況に関して深みのある探究を行った。その分析は、20世紀中盤のアメリカ社会だけでなく、広く今日的な高度産業社会一般に当てはまるものとなっている。主著『孤独な群衆』。

第1章　友人とは誰のことか？

表1-2　個人化志向の増大（％）

	2007年	2013年
友人といるより一人でいるほうが落ち着く	54.8	65.6
親友でも本当に信用することはできない	28.7	36.6

出典：小藪・山田（2015：64）

る。そして、そうした自分中心主義的な親密性を陰に陽にあおってくるのがSNSの存在だ。現代人はスマホを握り、あるいはPCの前に座り、SNSを介していろいろな人とつながる際、当のネットワークの中心に位置することになる。いや、もちろん当人は、客観的には世界中に張りめぐらされたネットワークのうち、かなりの辺境にいるのかもしれないが、しかし主観的には原理的に脱中心化されたインターネット世界の網の目のなかで、束の間の主人公を気取ることができるのである（山田 2009：134）。

この主人公という位置取りは両刃の剣だ。SNSを操る現代人は、日々数多くの「いいね！」を押し、またそれを浴びながらたくさんの人と連帯できているような気分を味わう。だがそれは舞台俳優の場合と同じく、喝采のなか、たったひとりで佇むことでもある。当人は、毎日のように観客の数を、そして拍手の多寡をひとり孤独に気にしながら、その過程で寂しさばかりを募らせることにもなりかねない。[*19]

3　同質化の罠を越えて

このように今日的な他者指向は容易に自分中心主義へと転化する可能性を秘めているが、それとともに問題となるのは、構成される仲間関係が同質化する傾向にあるという点である。辻泉によれば、最近の若者は場面に応じて友人関係を上手に使い分けているが、その多様な選択は結果的に関係の同質化を招きがちだという。現代若者の友人関係には異質性の高い橋渡し型のものよりも同質性の高い結束型のもののほうが目立っているというわけだ（辻 2016：85）。インターネットならびにSNSの発達により、人は以前よりもはるかにたやすく橋渡し型の関係性を展開し、遠くにいる人たちと緩やかにつながることができるようになった。にもかかわらず、若者たちのうちで顕在的なのは相変わらず結束型の関係性だというのは相当に皮肉な事態といわざるを得ない。

さらにここで注意しておきたいのは、たとえ電子的なコミュニケーションなどを介して物理的に相当に隔たった距離を架橋できたとしても、結局のところ似たような属性をもち、価値観や趣味が同じような人としかつながらないのであれば、異質な関係性への跳躍はほとんどなされていないということである。表1-3を

データの説明

[*16] 高校2年生を対象とした質問紙調査で、2001年に福岡で、2007年に福岡と大阪で、2013年に福岡と大阪と東京で実施された。ここに掲げるのは2013年の福岡・大阪・東京の統合データである。3次にわたる調査の結果とその分析はそれぞれ単行本にまとめられている。

ここも CHECK

[*17] 他者指向が規範的なモードとなっている現代社会において、友だちカテゴリーに入っている人たちのことを顧慮しないという選択肢はまず取り得ない。しかしその友だちの数は膨大で、しかもさまざまな関係が織りなすままは刻々と移り変わっていく。「空気を読む」というのはすぐれて今日的な行動規範だが、それは現実的にはきわめて難しい実践ということができよう。

データの説明

[*18] ここに掲げるのは2007年と2013年の福岡・大阪の統合データである。

ここも CHECK

[*19] 他者指向が強いにもかかわらず、いや他者指向に駆動されてかえって孤独な状況に陥ってしまうというのは、まことにもって皮肉な事態ということができよう。SNSをはじめとする電子空間上のさまざまなテクノロジーの多くは、まさにこういったアイロニカルな心理的メカニズムに照準することで、現代人の関係性嗜癖を制度的・市場的に強化している。

見てみよう。インターネット的な技術は物理的な隔たりの克服を得意にしているため、今日では結束型の典型としての「親密性Ⅰ」から「親密性Ⅱ」への移行は比較的容易になった。しかしながら、心理的な壁を乗り越えて「親密性Ⅲ」や「疎遠」にあたる人たちと仲よくなるには、やはり相当なパワーが必要となる。

そしてそのパワーこそが真のコミュ力というべきものであろう。気の合う人とだけ笑顔で話すことができ、スマホやPCの扱いも上手などというのは、コミュ力でもなんでもない。本当のコミュ力は、各種属性の異なる人、雰囲気がまったく違う人、上下関係の隔たりがある人などときちんとつき合えるか、ということにかかっていよう。

表1-3 親密性の諸相

		物理的	
		近い	遠い
心理的	近い	親密性Ⅰ	親密性Ⅱ
	遠い	親密性Ⅲ	疎遠

学校の教室というものは、小学校1年生のクラスから大学の演習室に至るまで、「親密性Ⅲ」に入る人を何人も含んでいる。ここで「クラス全員と仲よくなりなさい」という教師の指示があまりにも声高になってしまえば、それは不必要かつ不自然な同質化につながる危険性が高い[20]。しかしその反対に、教師も生徒・学生も気の合う友だちとのつき合いだけでよしとし、そして教室外でも結局、似たような人たちとつるむに留まるとしたら、これもまた同質性の高い関係性への内閉しかもたらさないだろう。

はじめから気の合いそうな人たちとのつき合いのみに関係性を限定してしまうのは、あまりにももったいない。それはある種の息苦しさをもたらしてしまうことにもなる。友だち関係は世界を拡げもするし狭めもする。狭い仲間関係ばかりが目立っている場合には、それとは別に心理的に遠くにいる異質な人との交流を心がけるのも非常に大事になってくるにちがいない。

✓ ここも CHECK
[20] なおここで問題なのは、クラスのみんなと仲よくなるという規範が過剰になった場合ということであり、それが適切な水準に留まるのであれば、まったく問題はない。苦手な人と仲よくする努力はいついかなる状況においても必要だろう。それは異質性、多様性を受け容れる感受性を磨くことにもなる。ただしなかにはどうしてもダメという相手はいるので、無理しすぎることは禁物である。

まとめの問題

さまざまな友だち関係を結束型、橋渡し型の2つに分け、それぞれの利点と難点について論じなさい。

【ポイント】
・社会関係資本論に関する文献を読み、結束型と橋渡し型に関する理解を深める。
・友だち関係の濃さ・薄さ、広さ・狭さについていろいろと考えてみる。

調べてみよう

内閣府の「青少年に関する調査研究等」のホームページには、内閣府政策統括官（共生社会政策担当）が行ってきた各種社会調査の結果が掲げられているので、そこを訪れ、若者の友人関係についてのさまざまなデータを取り出して吟味し、自分なりの解釈を加えてみよう。

第2章 「絆」を強くすれば自殺は減るのか？

　みなさんが暮らしている地域では、住民同士の絆は強いでしょうか、弱いでしょうか。地域の人はあなたが困っているときに助けてくれるでしょうか。常識的に考えれば、住民同士の絆が強く、助け合いの精神が浸透した地域のほうが「善い」社会だといえそうです。しかし、本当にそうなのでしょうか。そのような社会に、少し息苦しさを感じませんか。本章では、自殺という問題を通して、「人びとの絆が強い社会は善い社会である」という常識を考え直してみましょう。

あなたは、同じ地域で暮らす人びととは、どのようにつきあうのが望ましいと考えているだろうか。たとえば、「困ったときに互いに助け合うようなつきあい」「あいさつ程度のつきあい」「地域でのつきあいはしない」のなかであれば、どれが一番望ましいだろうか。自由に考えてみよう。

keywords　自殺　社会統合　援助希求

1　「絆」と自殺——2つの考え方

① 「絆」は強いほうがいい？

　さて、みなさんはどのようなつきあい方を望んでいるだろうか。表2-1には地域でのつきあい方について、「平成29年度 社会意識に関する世論調査」(内閣府)

表2-1　望ましい地域でのつきあいの程度（%）

	総数 (n=5,742人)	男性 (n=2,699人)	女性 (n=3,043人)
住民すべての間で困ったときに互いに助け合う	41.5	39.6	43.1
気の合う住民の間で困ったときに助け合う	26.1	26.0	26.3
困ったときに助け合うことまではしなくても、住民がみんなで行事や催しに参加する	16.0	17.6	14.5
困ったときに助け合うことまではしなくても、住民の間で世間話や立ち話をする	7.2	7.3	7.1
困ったときに助け合うことまではしなくても、住民の間であいさつを交わす	6.9	7.0	6.9
地域でのつきあいは必要ない	1.0	0.9	1.1
その他、わからない	1.3	1.4	1.1

出典：内閣府「平成29年度 社会意識に関する世論調査」より筆者作成

の結果を示している。*¹ここから、「住民すべての間で困ったときに互いに助け合う」を選んだ人がもっとも多く、次に「気の合う住民の間で困ったときに助け合う」と続いている。この2つを合わせると、実に回答者の約70％が、地域の人びとと「困ったときに助け合える」関係を理想としているといえる。これに対して、「地域でのつきあいは必要ない」と答えた人はわずか1％である。どうやら、日本人の多くは同じ地域で暮らす人たちと「助け合い」をできるような関係を望んでいるようである。*²

２　自殺についての常識的な考え

みなさんにとって、この結果は意外だっただろうか。それとも予想通りだっただろうか。ボランティアを例に出すまでもなく、人びとと助け合うことは非常に大切なことである。*³同じ地域に住む人びとと困ったときに助け合う関係を築くことは、よりよい社会をつくるために必要なことのように思える。

たとえば、自殺という問題を考えてみよう。図2－1に示したように、最近でこそ自殺者数は減少しているが、それでも2017年には2万465人もの人びとが自殺で亡くなっている。*⁴先進諸国のなかでも、日本の自殺死亡率（人口10万人あたりの自殺者数）はまだまだ高い状況が続いている（厚生労働省 2018：37-38）。それでは、自殺を減らすためにはどうしたらいいのだろうか。多くの人びとに受け入れられている見解のひとつに、「自殺を防ぐためには人びとのつながり、つまり『絆』を強くする必要がある」という考えがある。実際に、職を失った人や、家族がいない人など、社会との結びつきが弱い人は、自殺の危険性が高い（高

データの説明
*1　「社会意識に関する世論調査」（内閣府）は、社会や国家に対する国民の意識を調査し、行政の基礎的資料とすることを目的とした調査である。昭和44年度調査以降の調査結果については、すべてウェブサイトで公開されている（https://survey.gov-online.go.jp/index-sha.html）。

ここもCHECK
*2　それでは、実際には地域の人びととのつきあい方はどのようになっているのだろうか。「社会意識に関する意識調査」（内閣府）は「現在の地域での付き合いの程度」も調査している。上記ウェブサイトにアクセスし、調べてみよう。

ここもCHECK
*3　ボランティアについては、第7章（p.56〜）を参照。

ここもCHECK
*4　日本の自殺動向については、「人口動態統計」（厚生労働省）と「自殺統計」（警察庁）から調べることができる。いずれもウェブサイト上でデータが公開されている。なお、両者の違いについては厚生労働省（2018：4）を参照。

図2－1　自殺者数の推移（1947年〜2017年）

出典：厚生労働省「人口動態統計」より筆者作成

橋 2006:68-74)。社会の絆を強くし、社会から孤立している人びとを助けることは、自殺を減らすことにつながるように思える。

しかし、絆と自殺の関係はそれほど単純ではない。社会の絆を強くすることはよいことばかりではなく、実は自殺を増やしてしまうことにもつながってしまうかもしれないのだ。このように、絆と自殺の複雑な関係を鋭く指摘したのは、社会学の創始者の一人、É. デュルケムである[*5]（デュルケム 1985［原著 1897］）。

3　デュルケムの視点

デュルケムによれば、自ら命を絶つという、もっとも個人的と思われる行為にさえ、社会的な要因を見出すことができる。自殺の原因として、私たちは「あの人はまじめ過ぎたから…」と本人の性格に原因を求めたり、うつ病などの健康問題に原因を求めたりしがちである。たしかに性格要因や健康問題は自殺の危険性と密接に関連しているが（高橋 2006：69）、性格や病気という個人的な要因だけが自殺の原因というわけではない。デュルケムが明らかにしたのは、人びとと社会との関係性もまた、人びとの自殺の危険性に大きな影響を与えているということである。

デュルケムが注目したのは、社会統合と社会的規制という2つの要因である。社会統合とは、「個人が社会に結びつく様式」を指すが、本章では「個人と個人、あるいは個人と社会集団との結びつき（つながり）」と理解しておこう[*6]。この意味での社会統合には、私たちが日常的に用いる「絆」という言葉と近い意味合いがある。一方、社会的規制とは、「社会が個人を規制する様式」を指すが、本章では「社会が人びとの欲望や行動を規制（制限）すること」と理解しておこう。以下ではデュルケムの自殺理論を解説し、現代日本社会における社会統合と自殺の関係について考えていこう[*7]。

2　デュルケムの『自殺論』

1　自己本位的自殺

デュルケムは、社会統合が非常に弱いせいで生じる自殺を「自己本位的自殺」と呼んだ。社会との結びつきが弱くなったり、結びつき自体がなくなったりしてしまうと、人びとの自殺の危険性は高くなる。社会との結びつきが弱まり、孤立してしまうと、私たちは生きる目的や意味を見失い、自殺へと導かれてしまうのである。

彼はカトリック教徒とプロテスタントの自殺死亡率とを比較し、前者よりも後

人物紹介

[*5]　エミール・デュルケム（Émile Durkheim, 1858～1917）フランスの社会学者。諸個人の前に外在的・拘束的な力をもって立ち現れる社会的事実なるものに注目し、社会統合のありようを生涯をかけて根本的に探究した。主著『自殺論』『宗教生活の原初形態』。

お薦め本

[*6]　社会統合は複雑な概念であり、本章では紙幅の都合で十分に紹介することができない。この点に関心のある読者は中島（1997）を読んでみてほしい。

お薦め本

[*7]　デュルケムの『自殺論』の解説書として、宮島（1979）が丁寧でわかりやすい。

者の自殺死亡率が高いことを明らかにした。重要な点は、どちらの宗派も自殺を禁止していることである。ともに自殺禁止の教義をもっているにもかかわらず、なぜ自殺死亡率に差があるのだろうか。ここで重要な役割を果たすのが社会統合である。カトリックは日常的に信者が教会に集い、信者同士の結びつきは強い。これに対して、プロテスタントは信者が聖書を自由に解釈する余地（自由検討）を認めているため、わざわざ教会に信者が集まる必要がなく、信者同士の結びつきは弱くなる。つまり、プロテスタント社会はカトリック社会よりも社会統合が弱いため、自殺死亡率も高くなるのである。

② 集団本位的自殺

しかし、社会との結びつきが強ければよいわけではない。自己本位的自殺とは反対に、社会との結びつきが強すぎる場合にも、人びとの自殺の可能性は高くなる。このような状況下で起きる自殺は、「集団本位的自殺」と呼ばれる。

デュルケムによれば、伝統的な社会において高齢者の自殺が多くみられるが、その原因は身体の衰えや病苦に求めることはできない。伝統的な社会では、高齢に達した者がさらなる長生きを望むことは、みっともないことであるという考えが強かった。そのため、老人が生きながらえていると、それだけで周囲からの尊敬の念が失われ孤立してしまう。それを恐れるがゆえに老人は自ら死を選ぶのである。また、日本における切腹も、家の体面や名誉を守るために個人の生命を犠牲にした一例であると考えられるだろう。

たしかに社会と結びつくことで私たちは生きる目的や意味を得ることができるが、その結びつきが強すぎるとき、個人の生命は集団の利益や規範よりも軽視される傾向がある。もっとも極端なケースでは、切腹のように個人は集団（家）のために犠牲になって当然と考えられてしまう。社会統合が強すぎるとき、人びとはいわば社会のために死ぬことが求められる。以上のように、社会統合が強すぎても、弱すぎても人びとの自殺の危険性は高くなるのである。

③ アノミー的自殺と宿命的自殺

社会的規制と自殺の関係にも触れておこう。社会的規制が過度に弱い状態はアノミーと呼ばれ、人びとの欲望が社会によって規制されていない状態を意味する。このような状況下で発生する自殺を「アノミー的自殺」という。たとえば、デュルケムが生きていた当時のヨーロッパ諸国では、不況時だけでなく好況時においても自殺死亡率が上昇していた。その理由を彼は次のように述べる。突然の好景気によって、人びとは経済的成功や富の獲得という大きな野心をもつ。しかし、

この種の経済的欲望には際限がなく、人びとは必然的に欲求不満に陥ってしまう。その結果として、好況時に自殺死亡率が高くなるのである。

これに対して、社会的規制が強すぎても、人びとの自殺の危険性が高くなる。『自殺論』では注で触れられているだけだが、このような状況下で発生する自殺を「宿命的自殺」という。ここでは、アノミー的自殺とは反対に、社会によって人びとの欲望や行動が過度に規制されることによって生じる自殺が問題とされている。たとえば、さまざまな自由を奪われた奴隷の自殺がその一例である。以上のように、社会的規制が強すぎても弱すぎても、人びとの自殺の危険性は高くなる。[*8]

> ここも CHECK
> *8 以上のように論じたうえで、デュルケムは、自己本位的自殺とアノミー的自殺への処方箋として、人びとを統合・規制する新たな社会集団の設立、具体的には同じ職業に従事する人びとからなる同業組合の設立を提案した。

3 現代日本社会における社会統合と自殺

1 災害と自殺

現代日本社会における自殺問題を考えるうえでも、デュルケムの自殺理論は有益である。たとえば、自然災害と自殺の関係である。地震や津波などの自然災害は、被災地域に人的・物的な被害をもたらし、社会経済的に大きな悪影響を与える。その結果として、被災地域の住民の自殺の危険性が高くなると予想できる。[*9]

しかし、事実は逆である。経済学者の澤田康幸らは、日本における自然災害と自殺死亡率との関係を分析し、次のことを明らかにした（澤田ほか 2013）。すなわち、自然災害の被災者が多かった地域では、災害発生から特に1、2年後に自殺率が一時的に低下するのである。たしかに、大規模な自然災害は多数の死者・被災者

> ここも CHECK
> *9 大規模災害が地域社会に与える影響については、第20章（p.165〜）を参照。

図2-2 被災地三県の自殺死亡率の推移（2009年〜2017年）

出典：厚生労働省「人口動態統計」より筆者作成

を生み、地域社会に大きな悪影響を与える。しかしその一方で、自然災害からの復旧・復興活動は被災地域の住民同士、あるいは被災地域を超えた人びとのつながりを強め、地域社会の統合度を強化する。その結果として、被災地域の自殺死亡率が低下したのだと考えられる。

なお、澤田らの分析には東日本大震災のデータは含まれていない[*10]。そこで図2-2には、被災地域のなかでも特に被害が大きかった岩手県・宮城県・福島県、そして全国の自殺死亡率の推移を示している。ここから、東日本大震災が発生した2011年以降、すべての地域で自殺死亡率が低下していることがわかる。自殺死亡率の変化については詳細な分析が必要だが、災害が地域社会の統合度を高め、人びとの自殺の危険性を低下させるというメカニズムは、東日本大震災という未曽有の大災害においても生じていたと考えられる[*11]。

> ここも CHECK
> *10 澤田らは1982年〜2010年のデータを用いて自然災害と自殺死亡率の関係を分析した。

> ここも CHECK
> *11 全国と被災地3県は同じように自殺死亡率が低下しているため、本当に震災の影響があったのか疑わしいと考える読者もいるかもしれない。その発想は重要である。本に書いていることを鵜呑みにするのではなく、別の視点から自殺死亡率低下の背景を考えてみてほしい。また、図2-2（p.19）では県単位の自殺死亡率を示したが、市区町村別に自殺死亡率を調べると、どのような結果が得られるだろうか。ぜひ調べてみてほしい。

2 地域社会の自殺死亡率に影響する要因

それでは、社会統合が強ければ強いほど自殺は減るのだろうか。社会学者の田所承己は市区町村別自殺死亡率を分析し、地域の社会統合度と自殺率の興味深い関係を明らかにした（田所 2009）。

まず、離婚率が高い地域ほど、自殺死亡率が高い。離婚率は家族の結びつきの弱さを示す指標である。したがって、このことは社会統合が弱体化している地域ほど、自殺率が高いことを意味する。

しかし、家族の結びつきが強ければ自殺死亡率が低くなると単純に理解することはできない。なぜなら、人口の流入率が低い地域では、三世代同居率が高いほど、自殺死亡率が高いことが明らかになっているためである。人口の流入率が低いということは、他地域からの新しい住民が入ってきていないということであり、社会関係が閉鎖的であることを意味している。このような地域では、伝統的な家族の結びつき（三世代同居）は、地域住民の自殺の危険性を高めている可能性がある。

最後に、他地域への通勤者が多い地域ほど、自殺死亡率が低いことがわかった。他地域に通勤するということは、その人のもつ人間関係は居住地域を超えて広がりをもつということを意味する。居住地域だけでなく、さまざまな地域に友人・知人をもち人間関係を営むことになるということである。その結果として、居住地域における人間関係は、強く濃密なものではなくなると予想できる。したがって、他地域への通勤者が多い地域の社会統合度は、他地域への通勤者が少ない地域よりも弱いと考えられる。それにもかかわらず、前者のほうが後者よりも自殺死亡率が低いのである。

3 自殺が少ない地域の特徴

それでは、結局のところ、現代日本社会において社会統合と自殺はどのような関係があるのだろうか。社会統合は強いほうがいいのだろうか、それとも弱いほうがいいのだろうか。この点について、公衆衛生学者の岡檀の研究は非常に参考になる（岡 2013）。

彼女は自殺死亡率が全国的にもっとも低い徳島県旧海部町（合併により、現在は海陽町）と、同一県内の自殺多発地域を調査し、意外な事実を発見した。それは自殺の少ない海部町よりも、自殺多発地域のほうが住民同士の結びつきが強いということである。

もちろん、海部町の人間関係が疎遠というわけではなく、住民同士で日常的なコミュニケーションはとっており、必要最低限の助け合いは行っている。しかし、住民は固定的な人間関係のなかで生きているのではなく、さまざまなグループに所属し、人間関係も流動的である。このような社会では、仮にあるグループの人間関係が悪化しても、別のグループでのつきあいがあるため、ただちに孤立に陥る危険性は小さい。これに対して、自殺多発地域の人間関係は緊密で身内意識が非常に強い。この場合、地域での人間関係がこじれてしまうと、急激に孤立の危険性が高まってしまう。

さらに、海部町は自殺多発地域よりも、援助希求がしやすいという点も明らかになった。援助希求とは、「人が悩みや問題を抱えたときに、周囲に対し助けを求めようとする意思、またその行動」を指す（岡 2013：118）。自殺多発地域では、住民同士の結びつきが強く助けあいの精神が定着している。そのため、助けを求めれば相手は無理をしてでも助けてくれるだろう。しかしこれは援助希求者にとっては重荷になりうる。「迷惑をかけてはいけない」という気持ちから、かえって住民の悩みや困難を話すことをためらってしまい、援助希求が抑制されてしまう。その結果として、悩みや困難を抱えた人は問題を悪化させてしまい、自殺の危険性が高くなるのである。対照的に、そもそも人間関係が緩やかな海部町では、悩みを話したからといって「迷惑になるかも」と心配する必要もない。その人を助けるか助けないかは、あくまでも本人が決めるためである。意外にも、このような「淡白なつきあい」のほうが援助希求を活性化させるのかもしれない。[*12]

4 「絆」を超えて

ここまで紹介してきた知見は、「社会統合が強いほうがいいか、弱いほうがいいか」という問題設定自体の変更を迫る。問題は社会統合の強さではなく、どのように社会とつながっているかという点である。つまり、社会との結びつきはな

>ここも<
CHECK
*12 もちろん、援助希求を活性化させるためには、悩みや問題を話すことに寛容な文化も必要である。岡の調査によれば、海部町には「病は市に出せ」という言葉があり、住民の援助希求を肯定する文化が根づいているという。

くしてはいけないが、1つのグループと強固につながる必要はなく、さまざまなグループと緩やかにつながることが自殺の危険性を抑制するのである。この点は「他地域への通勤者の多さ」の効果を指摘した田所の研究でも示されていた。大切なのは、地域の絆を強くすることよりも、人びとと緩やかにつながり、さまざまなグループに所属することを許容・推奨することであろう。

そしてまた、援助希求のしやすさも重要である。たとえ地域の絆を強くしても、援助希求が抑制されてしまっては、人びとの自殺の危険性が高まる。表2-1から、現代日本社会を生きる人びとは「困ったときに助け合える」関係を理想としているが、その関係は「困ったときに悩みを打ち明ける」ことを許す関係なのだろうか。また、私たちは家族や友人・知人の悩みの相談にのる準備はできているのだろうか。

もちろん、災害と自殺の関係に示されているように、社会の絆を強くすること、つまり社会統合を強化することに意味がないわけではない。また、他者とつながり、助け合うことは社会生活を営むうえできわめて重要である。しかし、つながり（絆）や助け合いを単純に理想化することは、悩みや苦しみを抱えた人びとを死に追いやってしまうかもしれない。それでは、「緩やかなつながりによって構成された社会」や「援助希求のしやすい社会」は、どのようにすれば実現するのだろうか。社会学をはじめさまざまな学問分野の知見を吸収し、ぜひこの問いにチャレンジしてほしい。[*13]

お薦め本

*13 本章では日本の自殺問題について議論したが、海外の自殺問題を社会学の立場から分析した研究として、ボードロ＆エスタブレ（2012［原著2006］）がある。

データの説明

*14 データは以下のURLからダウンロード可能である。さまざまな種類のデータが収録されているが、ここでは自殺者の住所地に自殺者数を計上している「市町村・自殺日・住所地」を調べてみるとよい（http://www.mhlw.go.jp/stf/seisakunitsuite/bunya/0000140901.html）。

まとめの問題

「自殺を防ぐためには人びとのつながり、つまり『絆』を強くする必要がある」という考えについて、①賛成の見解と反対の見解をそれぞれ簡潔にまとめ、②あなたはどちらの見解を支持するのかを論じてみよう。

【ポイント】
・賛成の見解は、「自己本位的自殺」や澤田らの研究が参考になる。
・反対の見解は、「集団本位的自殺」や田所や岡の研究が参考になる。

調べてみよう

「地域における自殺対策の基礎資料（市町村・自殺日・住居地）」（厚生労働省）を用い、自分の住んでいる都道府県のなかで、もっとも自殺死亡率が高い地域と低い地域で自殺死亡率に何倍の差があるのかを調べ、なぜそのような差が生じるのかを考えてみよう。[*14]

美容整形のきっかけとは？

　日本では、美容整形がどのくらい実施されているか知っていますか。実は1年間に200万件近くの施術が行われています。儒教の教えに「身体髪膚これを父母に受く，敢えて毀傷せざるは孝のはじめなり」という一節があり、「人の体はすべて父や母からもらったものです。だから、傷つけないようにするのが孝行の始めです」という意味です。この一節からわかるように、かつての日本では、美容整形はタブー視されていました。しかし、近年では多くの人が実践しています。

　人びとがなぜ美容整形を受けようと思うかについて、これまではさまざまな説明がなされてきた。「劣等感を克服するため」「異性にモテたいから」などである。しかし、それらは一面的な説明であり、美容整形を受ける人びとの特徴を見落としている側面がある。これらのほかに美容整形のきっかけにはなにがあるだろうか。

keywords　社会規範　自己満足　動機

1　美容整形とは

1) 日本の施術数

　そもそも美容整形といういい方は正式なものではないが、一般的には美容整形という俗称がよく使われている。本章では、メスを使うような施術を美容外科手術、メスを使わないでレーザーや注射や薬を使う施術を美容医療（プチ整形）と書き分けつつ、その双方を合わせて美容整形と書くことにしたい。

　さて、これまで長い間、どのくらい美容整形が実施されているかはわかっていなかった。意外なことに、きちんとした調査がなかったからである。2018年になってはじめて日本美容外科学会（JSAPS）が、日本美容外科学会（JSAS）*2と日本美容皮膚科学会と協力して、2017年における施術数を調査した。それによると190万3,898件と200万件近くにのぼったという。さらに、調査対象が3,656院であったのに対して、回答したのが14.3%の521院だけしかなかく、実数はもっと多いと考えられる。

CHECK
*1　儒教とは、孔子によって紀元前の中国で生まれた思想。日本にも強い影響を与えた。

CHECK
*2　日本には2つの美容外科学会があり、JSAPSとJSASとに区別されている。

② 美容整形の歴史を簡単にふりかえる

欧米における美容整形の歴史は長く、古代にも存在したが、美容整形が推奨されてきたわけではない。というのも、医学的に健康な体を改造することへのタブーがあったからである。また、身体は神や王のものという意識もあり、個人が勝手に変えてよいという感覚も希薄であったからでもある。[*3]

美容整形が承認されるようになったのは、第一次世界大戦と第二次世界大戦の間である（ハイケン 1999［原著 1997］）。戦争によって傷ついた兵士の顔や体を治療することが広がったこと、外見を資源として大切にする風潮が強まってきたことが要因である。この時期、医者たちは、身体の美醜をある種の病気にすり替える論理を必要とするようになり、心理学者A. アドラーが唱えた「劣等感」という概念を利用した。[*4] 劣等感は精神の問題なのだが、その原因を肉体にあるとして「劣等感を治すためには肉体を変える必要がある」という論理をしつらえたのだ。それがいつしか美容整形への「正当な」理由となっていく。

一方、日本においても美容整形は長らくタブーであったが、徐々に普及していく。特に2000年代以降、医療機器（レーザーなど）の発達とともに（メスを使わない）美容医療が広まってからは、普及の程度は広がった。日本ではメスを使う美容外科手術は年間27万8,507件しかないのに対して、美容医療は162万5,391件と非常に多いことから、日本人には美容医療が受け入れやすかったといえる。

ここもCHECK
[*3] 麻酔が19世紀後半になるまで普及しなかったことも要因のひとつである。

お薦め本
[*4] 劣等感とは自分が劣っているという感情のこと。アドラーによる劣等感の解説は、アドラー（1983［原著1930］；1984［原著1927］；1984［原著1932］）などで知ることができる。なお、日本ではアドラー心理学の入門本・解説本が数多く出版されているので、それらを参照することもできる。

2 美容整形の動機ときっかけ

① 美容整形の動機に関するこれまでの研究

こうして普及してきた美容整形だが、そもそも人はなぜそれを受けるのだろうか。一般的には、「劣等感があるからではないか」あるいは「異性にモテたいからだろう」などといわれてきた。これまでの研究では、おおよそ3つの視点が提供されている。

ひとつには「社会によって押しつけられる規範に合わせるもの」としてとらえる場合である。まさに「美の神話」（ウルフ 1994［原著 1991］）として、[*5]「美しくあるべき」あるいは「人並み（普通）であるべき」という社会規範を内面化した結果、美容整形を受けるととらえるものだ。ここでは美容整形は「社会に伝播する女性美の典型に合わせる」（Balsamo 1992）、「社会的幻想によってあおられている」（Bordo 2003）行為ととらえられることになる。

もうひとつには、たんに社会規範にあおられているわけではなく、むしろ「美容整形を通じて、自分のアイデンティティを再構築する」（Gimlin 2002；Davis

ここもCHECK
[*5] ウルフは、美の神話によって、慢性的な自己嫌悪や不安をあおられ、女性たちはダイエットや美容整形に駆り立てられるとする。

1995）のだという議論だ。自分の体を自分で変えていくことで、自己のアイデンティティをつくっていくのだ、という見方である。

　最後に、「心的な問題」として精神病理学的にとらえるものである。たとえば、美容整形は「自己嫌悪症候群」（Blum 2003）、「リストカットと同じような代理による自己切断」（Jeffreys 2000）として考えられている。

　こうして見ると、一般的な美容整形理由の予想は、学術的な議論の視点と無縁ではなく、特にひとつ目の「社会によって押しつけられる規範」という視点と重なり合っているようだ。「劣等感があるから」という予測は、「人並み（普通）であるべき」という押しつけられた規範が前提となっているし、また「モテたいから」という予測は、「美しくあるべき（そのほうがモテる）」という規範が前提されているとわかる。

　そこで、整形の理由として、社会規範とかかわっている、「劣等感仮説」と「モテたい仮説」について検討していきたい。

2　整形したい理由を調査する

　筆者は2003年〜2013年にかけて合計で4,225名に対し調査票調査を行い、37名に対してインタビュー調査を行ってきた。そのうちの一部を見ていこう。

　図3-1は2005年の1,352人に対する調査のうち、整形を希望する男女343人の回答結果である（わかりやすくするために一部回答項目を省略している）。「美容整形をしたい理由」として、いずれも「自己満足のため」がもっとも多くなっており、「劣等感」を示す「人並みの外見になりたいから」という回答、「モテたいから」を示す「異性に好かれたいから」といった回答は多くない。

　2005年だけではなく、2011年の800人に対する調査でも同じ結果が出ていて、「自己満足」がもっとも支持されており、「劣等感」と「モテたい」という理由は多数派ではなかったのである。

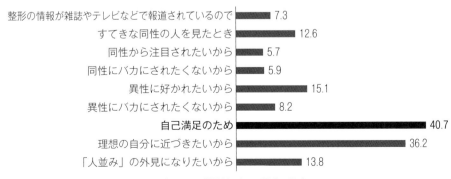

図3-1　整形したい理由（%）

第1部　常識を疑う

　以上から、整形希望者や経験者が語る「動機」としては、別の理由＝自己満足が主流であるとわかる。ちなみに、自己満足という表現はインタビューでも多く聞かれた。二重まぶたにした女性たちの語りを紹介しよう。

> 「ほんま自己満足なんですよ。わー（二重まぶたに）なってるって。自分だけの満足。キレイになったからでもなく、ただ嬉しい」。
>
> 「たぶん本当に自分でしかわからない程度の差なんです」。
>
> （筆者の「まわりの人に変わったと思われたいかどうか」という問いに対して）「別に人にどう言われたから嬉しいとかよりも、自分自身が嬉しかったので。本当に。人には気づかれたら気づかれたで、よくなったんだなと思うし、気づかれなかったら別に何も思わないし」。

　「自己満足」というような動機が主流であるとして、ではいったいなぜ「劣等感」「モテたい」という理由が想像されてきたのだろうか。

（1）「劣等感仮説」の背景

　劣等感に関しては、歴史的に美容整形の「正当な」理由として構築された経緯があったことをすでに見てきた。したがって、この手の言葉を理由として選択するのは不思議なことではない。そこで上記の整形を希望する男女343人を「外見をよくほめられる」「ほめられない」「どちらでもない」の3つに分類し、希望する理由に差があるかどうかを見てみた[*6]（表3-1）。

　表3-1によると、確かに、外見をほめられない人は整形を希望する理由として「人並みになりたいから」と答えている。しかし注目すべきは、ほめられる人が「自己満足ため」と答えていることである。「自己満足」という語彙が「理由として採用される」ということは、「外見に自信がないわけではないが、美容整

データの説明

[*6] 表3-1、表3-2、表3-3、表3-4では「独立性の検定（χ^2検定）」という手法（第7章注5 [p.58] を参照）で差がある項目に注目したが、本調査データは無作為標本を用いたものではなく、本来、この手法は適していない。ただ、差の大きさを判断するために検定を行い、参考としている。

表3-1　整形したい理由・外見差（%）

	外見を ほめられる （n=146人）	どっちでも ない （n=92人）	ほめられ ない （n=105人）
整形の情報が雑誌やテレビなどで報道されているので	10.2	3.5	6.7
すてきな同性の人を見たとき	16.3	10.5	9.8
同性から注目されたいから	8.8	4.9	2.5
同性にバカにされたくないから	4.7	7.0	6.7
異性に好かれたいから	20.6	12.6	10.4
異性にバカにされたくないから	7.0	7.0	10.4
自己満足のため	**50.7**	**31.5**	**36.2**
理想の自分に近づきたいから	43.7	30.8	30.9
「人並み」の外見になりたいから	**9.3**	**13.3**	**20.4**

注：回答は複数選択可。統計的に有意な差（5%水準）が示された項目を太字で示している。

形を受けたい人」が、かなりの数にのぼっているからと推察できる。インタビューでもそういった人は確認できる。

> 筆　者「劣等感はあったわけじゃないんですか？」
> 経験者「はい。マイナスからプラスというイメージの人が多いけど、私はそうじゃないと思う。（中略）私はさっきも『もったいない』という表現をしたと思うんですけど、『もっとよくなりたい』とか『もっとこうしたほうがいい』とか『もっとこうしたらよくなれる』というのを結構考えて生きてきてるので、プラスからプラス、もっとプラスを強くしたいというニュアンスでやった部分がありますね」。

このインタビューに答えてくれた人は、二重まぶた手術を受けた20代の女性で、読者モデルのアルバイトをしていて自らの外見にも自信をもっていた。それでも「もっとよくなりたい」という理由で、美容整形に踏み切ったという。

（２）「モテたい仮説」の背景

では、「モテたい」という理由が想定されるのはなぜだろうか。上記と同様に、整形希望者におけるジェンダー差と整形理由の関係も検討した（表3-2）。

表3-2　整形したい理由・ジェンダー差（％）

	男 （n＝87人）	女 （n＝256人）
整形の情報が雑誌やテレビなどで報道されているので	2.3	13.7
すてきな同性の人を見たとき	10.3	21.9
同性から注目されたいから	9.2	8.2
同性にバカにされたくないから	8.0	9.0
異性に好かれたいから	**36.8**	**18.0**
異性にバカにされたくないから	12.6	11.7
自己満足のため	58.6	62.9
理想の自分に近づきたいから	46.5	57.4
「人並み」の外見になりたいから	22.1	20.3

注：回答は複数選択可。統計的に有意な差（１％水準）が示された項目を太字で示している。

表3-2を見ると、男性のほうが女性より「異性に好かれたい」という理由で、整形を希望することが明らかである。対照的に、二重まぶたの手術をした20代女性は次のように語っている。

> 「男の人のためっていうより自分のためだと思う。私も男の人のためとか、彼氏がほしいからとか、そういうことは一切思ったことがない。自分のためだった。（中略）ぜったい自分のため。うん。私は、整形するまで男の人と一度もつきあったことがなかったんだけれども、それでも、男の人のためとか、モテたいとか、彼氏がほしいからとか、思ったことは一度もない」。

こうして見ると、「異性に好かれたい」とは男性がしがちな回答であり、「モテたいから」という理由づけは、「男性的な身体観」に起因しているといってよい。そして、男性による身体観が、そのまま整形理由（周囲による予測）として転用されていると考えられる。

3 母・姉妹・同性の友人の影響

今や「自己満足」が整形をする主流の理由である。とはいえ、一口に「自己満足」といっても、人びとが美容整形へ踏み切るきっかけがほかにもあるのではないだろうか。そこで2013年、20代～60代の男女2,060名に対し、「外見に対するアドバイスをする相手」「される相手」「アドバイスどおりにした相手」を調査し、特に「アドバイスどおりにした相手」に注目した。なぜなら、当該人物にとって「外見に影響を与える重要な他者」になりえるからである。「美容整形を希望する人・経験した人」と「希望しない人・未経験の人」を分けて、外見について影響力をもつ他者に差があるのかを検討しよう（表3-3,表3-4）。

恋人・配偶者については、外見に影響を与える人物ではあるが、美容整形への希望や経験の有無とは関連がなかった。ここでは、希望や経験の有無と関連している人間だけに注目しよう。美容整形を希望する人は、母、姉妹、同性友人、異性友人、専門家の意見を取り入れている。また、美容整形を経験している人は、母、同性友人、専門家のアドバイスを取り入れる傾向が強い。専門家には美容外科医などが予測されるので、日常的な生活のなかでは、「女性の家族」と「同性友人」

表3-3　整形希望と「外見に影響力をもつ他者」の関連（％）

	父	母	息子	娘	兄弟	姉妹	恋人・配偶者	同性友人	異性友人	専門家
希望あり (n=431人)	7.2	**38.5**	8.0	17.7	5.0	**18.7**	43.3	**23.1**	**10.0**	**15.2**
希望なし (n=1629人)	4.8	23.6	6.2	16.6	2.9	13.4	47.7	15.2	4.8	9.2

注：回答は複数選択可。統計的に有意な差（1％水準）が示された項目を太字で示している。

表3-4　整形経験と「外見に影響力をもつ他者」の関連（％）

	父	母	息子	娘	兄弟	姉妹	恋人・配偶者	同性友人	異性友人	専門家
経験あり (n=82人)	6.0	**34.0**	9.0	19.0	4.0	**23.0**	41.0	**29.0**	10.0	**15.2**
経験なし (n=1978人)	5.3	25.8	6.4	16.7	3.4	14.1	47.0	16.3	4.8	9.7

注：回答は複数選択可。統計的に有意な差（1％水準）が示された項目を太字で示している。

の意見が特に重要視されているといえるだろう。

したがって、美容整形を希望したり、あるいは経験したりしている人は、しない人よりも「同性友人」「母」「姉妹」の影響を受けていることがわかる。調査から明らかになったこの傾向は、実はインタビューでも見ることができる。

二重まぶた手術を受けた20代女性は、美容整形のきっかけとして、母親と妹の勧めをあげている。

> 「妹も（手術）するから一緒にという（笑）。（中略）1人だったらたぶんしてなかったと思う。1人だと勇気は出なかったと思う。妹が一緒だったというのと、お母さんの強い推し（笑）」。

あるいは同じく二重まぶた手術を受けた50代女性は、逆に友人に手術を勧めたという。

> 「（友人は）自分ひとりではちょっとよう決心しなかったって。『二重にしたいなあ』って言うから、『したらいいやん。簡単よ』っていう話をして。『ついてきてくれる？』って言うので、『いいよー、ついてってあげるよー』って。（友人は）『すごい不安やったけど、推されて、推されて、してよかった！』って言ってる」。

こうして見ると、「自己満足」で美容整形を志す女性たちは、同性の友人や同性の家族からの影響を強く受けているといえそうである。

3 身体加工をすることの意味

1 なぜ美容整形をするのか

さて、前述したとおり、これまでの美容整形の理由は次のようなものであった。社会が「人並み（普通）であるべき」という観念を押しつけて、人びとが「劣等感」を抱くので美容整形する、あるいは社会が「女性は美しくあるべき」という観念を押しつけて「モテる」ために美容整形する、と。

しかし、筆者の調査からは新しい知見が得られた。それは、①美容整形は「自己満足」のためになされる、②女性たちは「自己満足」を標榜しつつも、同性の家族や友人の影響を受けていることである。美容整形へと進む契機は、「普通（人並み）になりたい」「モテたい、人よりキレイになりたい」といった動機に基づくだけではなく、日常的な女性同士のコミュニケーションに基づいて生み出されていると考えられる。

2 自由と規範の間

ただし、この女性同士のコミュニケーションには各人の喜びが存在するととも

に、落とし穴も存在する。先に見た、友人に美容整形を勧めて、友人も喜んだ人の事例では、双方が喜びを分かち合っている。とはいえ、美容整形で目指されるのは、一重まぶたではなくて二重まぶたに限られているように、本当の意味で自由な選択がなされているわけではない。美容整形という行為が「自己満足」という個人の自由として選択され、またそのきっかけとして女性同士のコミュニケーションから生み出されるのが事実だとしても、目指すべき外見の基準は社会によって構築された一律な価値規範である。この自由と規範の間を揺れるものが美容整形であるともいえるだろう。

ここも CHECK
*7 日本の美容外科手術は圧倒的に顔に集中しており、特に一重まぶたを二重にする手術が多い。

【付記】本章は、谷本（2008；2018）の内容の一部を、教科書用に加筆・修正したものです。

まとめの問題

美容整形の是非について、考えてみよう。是とする人の意見と、非とする人の意見をまとめて、その違いがどこにあるのかを検討する必要がある。

【ポイント】
・個人から見た視点なのか、社会から見た視点なのかを区別しよう。
・自分自身がどのような立場にいるのかを自覚しよう。

調べてみよう

美容整形をめぐる言説は、今や、SNS上でたくさん見ることができる。どのような言説があるのか調査してみよう。

第4章 日本人は宗教を信じていないのか？

　日本社会には古くから自然を大切にし、そこに清らかさや神聖さを読み取る感覚があふれていて、それが今日まで続いている、と見る人も少なくないでしょう。しかしそうした人や、あるいは特定の宗教団体に属している人であっても、まわりの人たちの信仰心の低さを常日頃感じていて、イスラム諸国の動向などを見るにつけ、日本社会には宗教的なものが乏しいのではないかと思うかもしれません。本当のところはどうなのでしょう。

　宗教という言葉でイメージされるのはどのような事柄だろうか。まずはそれをできるだけ多く書き出してみよう。そのうち特に宗教的なものの本質にかかわるものはどれだと思うだろうか。また、数多くあがった宗教イメージを肯定的なものと否定的なものとに分類しながら、宗教に対する人びとの意味づけについての考えを深めてみよう。

keywords　宗教　信仰　宗教心（宗教的な心）

1　他国との比較

1　データに見る日本の特異性

　日本人は信仰心に薄いということがよくいわれる。たしかにイスラム諸国での礼拝儀礼の頻繁さを報道でまのあたりにすれば、それほど篤い信仰に出くわすことは日本ではあまりないことに気づく。これに関し、日本は近代化が進んでいるのだから、呪術的なものや宗教的なものから解放されているのは当然だとする見解が出てくるかもしれない。しかしその一方、先進国の典型であるアメリカではキリスト教の信仰に篤い人が今なお多く、彼の地で無信仰などといってしまえば非常に奇異な眼で見られる危険性があるということを知っている人も少なくないだろう。

　では他のさまざまな国と見比べた際、日本人の信仰の度合いはいったいどのくらいなのだろうか。第6次「世界価値観調査」のデータで確認してみよう（2010年～2014年調査[*1]）。生活にとって宗教はどれほど重要かを尋ねた質問で、回答選択肢4つのうち肯定的な2つ（「非常に重要」と「やや重要」）を答えた日本人は19.0％に留まった。表4-1でこれをアメリカ、ロシア、ドイツ、スウェーデン、タイと見比べてみると、日本人の比率の低さにあらためて驚かされる。また同じ

データの説明

*1　「世界価値観調査」（World Values Survey）のデータはウェブサイトで公開されているものを用いる（http://www.worldvaluessurvey.org/wvs.jsp）。「世界価値観調査」は「ヨーロッパ価値観調査」を引き継ぎ、1981年から実施されているものであり、R.イングルハートが中心となっている。ウェブサイトでは各種データが公開されており、誰もがウェブ上で簡単な集計と分析を行うことが可能だ。

人物紹介

*2 マックス・ウェーバー（Max Weber, 1864～1920）
　ドイツの社会学者。近代ヨーロッパ世界を成り立たせている精神的基盤を禁欲的プロテスタンティズムの生活態度に見出す。そして政治、経済、社会、文化すべてにわたる壮大な社会学的探究を展開した。主著『宗教社会学論集』。

データの説明

*3 第8回「世界青年意識調査」。内閣府政策統括官（共生社会政策担当）によって実施されている調査で、その結果はウェブサイトで紹介されている（http://www8.cao.go.jp/youth/kenkyu/worldyouth8/html/mokuji.html）。なお第7回までの調査では、宗教関係で、人生にとって宗教はどの程度大切なものかを尋ねる質問項目が設定されていた。

CHECK

*4 ちなみに「我が国と諸外国の若者の意識に関する調査」（内閣府、調査時期は2013年、対象年層は13歳～29歳）における同種の質問に対して肯定的な回答をした若者の比率は、次のようになる。日本：18.4％、韓国：33.9％、アメリカ：55.3％、イギリス：40.2％、フランス：22.9％。いずれの国でも表4-2のデータよりもかなり低い数値になっているが、その大きな理由としては、第8回「世界青年意識調査」が個別面接調査であるのに対し、この調査がウェブ調査によっているという方法上の違いが考えられよう。

表4-1　生活における宗教の重要性（％）

日本	アメリカ	ロシア	ドイツ	スウェーデン	タイ
19.0	68.4	41.8	38.0	26.2	87.7

出典：第6次「世界価値観調査」（World Values Survey）より筆者作成
注　：調査時期は2010年～2014年。生活において宗教が「重要」とした人と「やや重要」とした人の合計。

　調査で神を「信じる」とした人の割合は、日本：40.8％、アメリカ：87.7％、ロシア：73.3％、ドイツ：62.9％、スウェーデン：40.9％、タイ：31.5％となる。日本人の4割というこの数字を高いと受け止める人もかなりいるものと思われるが、しかし国際比較を行えばこの値は相当に低いほうだということがわかる。ちなみにタイの場合は3割という低い比率しか出ていないが、これは神への信仰に限ってのことであり、表4-1に見るように名だたる仏教国であるタイにおいて宗教の重要性はきわめて高い。

2　近代化と宗教

　西洋的な近代化の背景には宗教の力が強く効いていたことを強調するとともに、当の近代化がいったん軌道に乗ってしまえば宗教の力は衰えていくだろうと説いたのは、社会学の創始者の一人、M.ウェーバーである（ウェーバー 1989［原著1920］）。ウェーバーによれば、禁欲的プロテスタンティズムは教会権力を重視するカトリックとは違い、西洋近代的な個人主義のベースをなすものであり、勤勉と禁欲を重んじるその宗教倫理は資本主義的な世界を強く駆動することになった。しかしそこに潜む合理主義的な力はあまりにも強力なため、近代的なシステムはもはや宗教的な倫理による下支えを必要としないまま自己展開を遂げていく。こうしたウェーバー的な見方は社会学史の常識であり、彼の議論からは今なお多くの知的な刺激を受けることができよう。

　しかしながら近代化によって宗教の影響力は相当な変質を遂げたものの、その力が衰微しきるところまではいかなかった。これはきわめて興味深い事態といえる。今度は、合理的な志向がより貫徹していると思われる若い世代の意識で確認してみよう。表4-2に示すのは、18歳から24歳の青年を対象とした調査で（2007年～2008年調査）、宗教が心のよりどころとなると思うと回答した人の比率である（4つの回答選択肢のうち肯定的なほうの2つの合計）。アメリカなど大多数の若者が肯定的な答えを寄せているわけだが、これは近代化にともなって宗教が衰退するとはかぎらないということを如実に物語っていよう。ただしここでも気になるのは日本の若者の比率の相対的な低さである。やはり今日の日本社会は宗教とは縁遠くなってしまっているのであろうか。

表4-2　宗教はよりどころになる（%）

日本	韓国	アメリカ	イギリス	フランス
40.8	62.9	80.5	52.4	40.7

出典：内閣府「第8回世界青年意識調査」
注：調査時期は2007年〜2008年。宗教はよりどころになるという考えについて「そう思う」と答えた人と「どちらかといえばそう思う」と答えた人の合計。

2　日本的な宗教性

1　信仰と宗教心

　各種社会調査で宗教を信じているとか持っているとかを明確に答える日本人はそれほど多くはない。「ISSP国際比較調査」〔宗教〕（NHK放送文化研究所）の2008年の日本での実査において「何か宗教を信仰していますか」ときいたところ、仏教などの選択肢をチェックした人は39%だったが、対して宗教を信仰していないと答えた人は49%にのぼったという。また同じ調査で信仰心や信心があると回答した人は31%に留まっている（西　2009：66, 78, 79）。[*5]

　そして、自覚的な信仰について何十年と問い続けてきた代表的な調査である「日本人の国民性調査」（統計数理研究所）のデータを見てみても、日本人の信仰比率は平均して3割程度だということがわかる。表4-3に掲げるように「何か信仰とか信心とかを持っていますか」という質問に肯定的に答えた人は約30%であり、その数値は半世紀にわたりほとんど変わっていないのである。[*6]

　しかしながら、これをもって日本人は信仰に乏しいと断じてしまうのは性急に過ぎるかもしれない。「日本人の国民性調査」では、上のように信仰の有無を問う質問とは別に「宗教的な心」について尋ねる項目が用意されているので、これを大切に思うとしている人の比率を見てみよう。すると次のようになる。1983年：80%、1993年：72%、2003年：70%、2013年：66%。たしかに日本人は平均的に見て、特定の宗教に対する自覚的な信仰は比較的薄いといわざるを得ない。けれども、もう少し緩い意味での宗教性ないし宗教心ということでいえばかなりの強さを認めることができ、この日本的ともいえる信心のありようは宗教学や宗教社会学の専門家たちにはよく知られたところとなっている。

表4-3　信仰のある人（%）

1963年	1973年	1983年	1993年	2003年	2013年
31	25	32	33	30	28

出典：統計数理研究所「日本人の国民性調査」より筆者作成

データの説明

[*5] ISSP (International Social Survey Programme) の2008年調査は、とくに宗教というテーマに照準したものになっている。なお、ここで信心や信心がある人びととしてあげている比率は、「とてもある」「かなりある」「まあある」の合計。

データの説明

[*6] 「日本人の国民性調査」は1953年以来5年ごとに実施されている日本の代表的な社会調査のひとつである。その実施主体である統計数理研究所のウェブサイトでは、単純集計やクロス集計の結果が非常にわかりやすい形で掲げられている（http://www.ism.ac.jp/kokuminsei/index.html）。

2　宗教性の変容

ただしここで、宗教的な心を大切だとする人の割合がそれなりに高いとはいえ、その比率が少しずつ下がってきているという点にも注意しなければならない。これをやや詳しく見るために、宗教心を重視する人の比率を調査年別・年層別に示したのが表4-4である。まずはどの調査時点でも年齢が上がるほど比率も上がっていくのが確認できるが、これに惑わされて歳をとるほど信心深くなるものだとばかり解釈するわけにはいかない。同じ一つの世代が年齢を重ねるにつれ、どのような意識を呈していくのかを追ってみよう。たとえばということで、1983年時点での20歳代の動きをグレーで強調してみた。この世代は1993年には30歳代に、2003年には40歳代に、2013年には50歳代になったわけだが、このように歳をとっていっても67％→68％→66％→69％と宗教的な態度にほとんど変化は見られない。これは他の世代でもほぼ同様だ。

そして表の各年層を縦に見ていけばわかるように、調査年次が新しくなるにつれて、それぞれの年層が宗教心を重視する割合は落ちていく。つまり、新しく参入した若い世代ほど宗教心は相対的に低く、また各々の世代は年齢がいっても若い頃の志向をあまり変えないのである。[*7] この状況がずっと続いてしまえば、宗教心を重視する意識は社会全体でかなり減衰することになろう。

また先に触れた、自覚的な信仰保有率が3割程度で安定しているという点に関してだが（表4-3）、これは調査時点が新しくなるにつれ人口が高齢化していることによって比率の下支えがなされている結果であって、年層別に見ると、この比率も少しずつ低下している（林 2010：41, 55）。今後、世代がどんどん入れ替わるにつれ、全体平均のほうも顕著な変化を見せることになるかもしれない。日本人の宗教的な志向はさまざまに変わり得るものであり、これを固定的に見るわけにはいかないだろう。

ここも CHECK

*7　ここで検討しているのは年齢（加齢）効果、世代（コーホート）効果、時代効果の問題である。いかなる時代のどんな世代でも年齢を重ねることによって被る影響を年齢（加齢）効果と呼ぶのに対して、もともと世代間の違いが際立っており、年齢を重ねても時代が変わってもその違いがそのままの形で維持されるような場合、これを世代（コーホート）効果という。そして、時代の変化が年齢や世代を越えたすべての人びとに及ぼす影響が時代効果である。ファッションの例で考えてみるとわかりやすい。

表4-4　宗教的な心は大切（調査年別・年層別、％）

	20歳代	30歳代	40歳代	50歳代	60歳代	70歳以上	全体
1983年	67	77	81	85	91	85	80
1993年	48	68	72	79	84	80	72
2003年	46	59	66	74	83	82	70
2013年	55	50	64	69	72	77	66

出典：統計数理研究所「日本人の国民性調査」より筆者作成

3 宗教の意味

1) 世俗化してもなお

　近代化にともない世俗的な世界が合理的な諸力にしたがって自己展開を遂げるにつれ、宗教がそれまで果たしていた政治的・経済的・社会的・文化的な諸機能は大幅な縮小を余儀なくされる。そして政治は議会や政府が担い、生産は企業が担い、教育は学校が担い、医療は病院が担いといった形で機能分化が進むと、宗教は広範な働きをしなくてもすむようになり、もっぱら超越的な世界にのみかかわりながら、諸個人の根源的な悩みのケアを活動の中心に据えることとなった。これが近代化によって生起した世俗化という事態である。

　先に触れたように、M.ウェーバーはこれを端的に宗教が衰退していくプロセスとして見た。これに対し、ウェーバーと並び称される社会学の創始者の一人É.デュルケムは、近代化を経てもなお宗教は重要な役割を演じ続けると説く。彼によれば、もともと宗教には現象世界を説明する知的な体系としての側面と、そして人びとの活動や行動を支えるよりどころとしての側面の2つがあるが、宗教はこのうち前者を科学へと譲り渡した。しかし、今なお後者は宗教の手のうちにある。つまり、どれほど世界が合理化されようと、宗教は人びとの生活の根本と密接にかかわり続けるだろう、というのがデュルケム的な見方だ（デュルケム 1975［原著 1912］：下346-7）。

　表4-1や表4-2で見てきたように、近代的な諸社会においても宗教は生活における重要性を失ってはおらず、少なからぬ人びとの心のよりどころとして機能している。再度確認するならば、日本人は特定の宗教に対する意識的な信仰という点では国際的な標準を下回ってはいるものの、緩い意味での宗教性や宗教心はかなりの程度保持していた。その意味ではデュルケムの見立ては現代日本社会にもそれなりに通用するものということができよう。

2) 宗教的な振る舞い

　ここで「日本人の意識調査」（NHK放送文化研究所）における宗教関連のデータをいくつか見てみよう（NHK放送文化研究所編 2015：132-144、付表）。2013年の調査において人びとの31.9％が神を、40.9％が仏を、13.4％があの世を、そして16.4％が奇跡を信じていた。このうち前二者に関しては高年層のほうがこれをより信じており、後二者に関してはその逆の傾向が見られる、というのはきわめて興味深い。たとえば、あの世を信じているのは、高年層（60歳以上）：7％、中年層（30

用語解説

*8　機能分化
　機能分化とは、もともと複数の機能を含み込んでいた1つの社会領域が複数の領域へと分化し、それぞれが特定の機能を担うようになること。近代化にともない社会の諸側面は機能的な分化を遂げることとなった。

ここもCHECK

*9　近代化・合理化・機能分化の流れによって、かつて広大だった宗教領域は相当に痩身化していくことになる。P.L.バーガーによれば、宗教世界は古くは「聖なる天蓋」として俗なる世界を強力に正当化する働きを示していたが、世俗化によってその力は失われてしまった。バーガーはウェーバーの系譜に連なる世俗化論者ということができよう。

人物紹介

*10　エミール・デュルケム（Émile Durkheim, 1858～1957）については、第2章（p.17）を参照。

ここもCHECK

*11　人びとの生活に究極的な意味を与える機能それ自体に注目するT.ルックマンは、今日では伝統的な宗教領域にその力を認めるのは難しいにしても、それに代わって趣味領域などさまざまなものが当の機能を果たしているとして、これを「見えない宗教」と呼んだ。近代化した後の社会にも宗教的な力の大きさを認めた点において、ルックマンの議論はデュルケム的な見方を継承するものとなっている。

歳～59歳）：17％に対し、若年層（16歳～29歳）：22％となっている。

また、宗教的な行動のほうに目を転じれば、お守りやおふだなどを身のまわりに置いている人は34.7％いる。さらに年に1～2回程度はお墓参りをしている人ということであれば、その比率は72.0％にも跳ね上がる。これらは相当に身近な宗教的な振る舞いということができよう。

神仏になにかを念じたり、なにげなく神社で拝礼したり、初詣に行ったり、お墓参りをしたりすること。これらの行いをことさらに「宗教」という言葉との関連で意識していない人もかなり多いものと思われる。また、これを「宗教的」というやや穏やかな表現で呼んだとしても、それに違和感を覚える人も少なくないのではなかろうか。思えば神道式で結婚式を挙げる場合も、また仏式で葬式を執り行う場合も、神道や仏教の信仰とはほとんど無縁というケースも現実に多々あるにちがいない。そうした際、人はたんに結婚式や葬式をしているだけであり、神道も仏教も各種の儀式に携わる諸々の業者のひとつということになろう。

3　宗教の受け止め方

宗教は聖と俗とを分ける特有の意味体系をもとに超越的な領域とつながりつつ、集団的・組織的な側面をともなうことで世俗的な領域とのかかわりも持っている。それに鑑みれば、さまざまな宗教法人が文化産業的な事業として婚礼や葬儀を仕切っていたとしても、それは必ずしも不自然なことではない。葬式のうち宗教儀礼は宗教者が執り行い、そしてその他の部分は葬儀社が担当することになるが、この2つは当然のことながら微妙に交錯する（玉川 2018など）。

それは結婚式の場合も同様だ。明治33年の皇太子（後の大正天皇）のご成婚を機に、神前結婚式を民間に広めることになった東京大神宮のホームページには、披露宴を取り仕切る事業体（東京大神宮マツヤサロン）のホームページへのリンクが張ってある。ちなみに後者の宣伝文句には、神社での神前結婚式が明治34年に東京大神宮で始まったということと、由緒ある神社における伝統に則った正統な神前結婚式ということが同時に誇らしく謳(うた)われていて、非常に興味深い。神前結婚式は近代的に創出された伝統*13の典型ということができる。

結婚式や葬式以外にも、日本人は七五三や除夜の鐘で、あるいは観光で数多くの社寺をめぐっている。そうした行為が宗教という概念で意識されることは必ずしも多くはないが、それでもそこに宗教的な精神性が皆無ということはないだろう。ではどうして少なからぬ日本人は、これを宗教という言葉で呼ぶことをためらいがちなのであろうか。

その理由のひとつとして、宗教がreligionの翻訳語だからという事情をあげることができる。これが翻訳語として創り出され、そして定着するようになったの

データの説明

*12　NHK放送文化研究所によって1973年以来5年ごとに実施されている「日本人の意識調査」では、家族、仕事、政治、宗教など広範なテーマに関してさまざまな質問がなされている。毎回の調査結果は単行本で紹介されており、日本人の意識の構造と変化を見極めるのに非常に便利である。

用語解説

*13　創られた伝統
古くからの伝統と思われてきたもののなかには、実はナショナリズム高揚などのために、近代になってから人工的に創られたものがある。これをイギリスの歴史学者E.ホブズボウムらは「創られた伝統」と呼んだ。

は明治初期のことだ（長沼 2017：第5章など）。キリスト教もイスラム教も各種の新宗教団体も宗教だが、神道や仏教や習俗的なものは宗教のうちには入りにくいという言葉の感覚は、さまざまな歴史的文脈のもと、百数十年をかけて日本社会のうちに根づいてきたものにほかならない。[*14]

多くの日本人は宗教を信じていないのか、と問われれば、その答えは宗教という現象のとらえ方、その概念化のありよう、それをあらわす言葉の解釈の仕方によって随分と違ってくるといわざるを得ない。[*15] しかしここで相対主義を気取り、思考停止に陥ってはいけないだろう。世界にはさまざまな宗教関連現象の受け止め方があるという、その多様性を十分に理解したうえで、さらにそこになにか共通のイメージを見出すことができるのかどうか、またそれぞれの宗教的な流れ同士の対話はいかにして可能となるのか、などといった問題に関して探究の歩みを進めれば、それは大変スリリングな知的営みとなるにちがいない。

> ＼ここも／ CHECK
> [*14] 明治以降ということだからたいした歴史的厚みはない、という見方もあり得ようが、しかし神道式の結婚式を日本の伝統とする意識も明治33年以降に生まれ、その後完全に定着したことに思いを馳せれば、それは十分すぎる長さということもできよう。

> ＼ここも／ CHECK
> [*15] これは実は日本だけの問題ではない。どこの国でも信仰の篤さの判断は宗教の定義の仕方次第ということになる。

まとめの問題

日本人のなかで宗教を信仰している人の比率、神を信じている人の比率、宗教心は大切だとする人の比率、お墓参りに行く人の比率はそれぞれどれくらいかを押さえたうえで、それらの数値の間に差が出てくるのはどうしてなのか考えてみよう。

【ポイント】
・各種調査の質問文の中身と、その意味するところについて吟味してみる。
・宗教的な信念や行動が普通の人びとによってどうとらえられているかについて考えてみる。

調べてみよう

「日本人の国民性調査」（統計数理研究所）のホームページを訪ね、あの世を信じている人の比率について、調査時点別、年層別、男女別に集計してみよう。

第5章 「未熟」な若者がフリーターやニートになるのか？

あなたは、「フリーター」や「ニート」という言葉から、どういった若者をイメージしますか。「甘えている」、「自立していない」、「ぐうたらでダメ」な若者を思い浮かべる人もいれば、「社会的な不利益を被っている」、「生活に困っている」、「なんらかの支援が必要」な若者を想像する人もいるかもしれません。フリーターやニートという言葉には「未成熟な若者たち」というネガティブなニュアンスが含まれることがありますが、はたして彼ら／彼女らは「未熟」なのでしょうか。

あなたの身のまわりにフリーターやニートと呼ばれる友人・知人がいるだろうか。いるとしたら、彼ら／彼女らはどういった特徴をもっているだろうか。一人ひとりの特性と、その個人がおかれている社会・経済的な背景を、それぞれ切り分けて考えてみよう。また、もし身近にいないとしたら、それはあなたがこれまで所属してきた集団や学校が、なんらかの「偏り」をもっていたのかもしれない。その「偏り」とはどのようなものなのか考えてみよう。

keywords　フリーター・ニート　雇用の非正規化　労働倫理

1　フリーター・ニートについて

① フリーター・ニートへの「まなざし」

フリーターやニートと呼ばれる若者たちは、どのような存在として一般的に認識されてきたのだろうか。図5-1は、福岡市民を対象としてフリーターおよびニートのイメージを調べた調査結果である。

まずフリーターのイメージを見ると、「正社員の仕事がなかった」ため、「やむを得ず」フリーターとなった若者というイメージをもつ人が約2割である一方で、「定職につきたくない・やりたいことを探している・なんとなくアルバイトを続けている」という「モラトリアム」期の若者をイメージする人が7割を超えている。次いでニートは、「今が楽しければいい」という「享楽的」な若者をイメージする人が約4割であり、「孤立化しひきこもってしまう若者」をイメージする人が約3割、「仕事や人間関係に自信を失った若者たち」というイメージをもつ人が約2割となっている。データがやや古いため、現在のイメージとは違いがあるかもしれないが、フリーターがモラトリアム期の若者として、ニートが享楽的もしくはなんらかの困難を抱えた若者として一般的にイメージされてきたことが

\ここも/
CHECK
＊1　労働政策研究・研修機構（2017）はフリーターを「夢追求型」、「モラトリアム型」、「やむを得ず型」の3つに類型化し、それぞれの構成割合を経年的に示している。東京に限ったデータではあるものの、その結果はウェブサイトで公表されているので、それぞれの類型の実際の構成比を自分で調べてみよう（https://www.jil.go.jp/institute/reports/2017/documents/0199.pdf）。

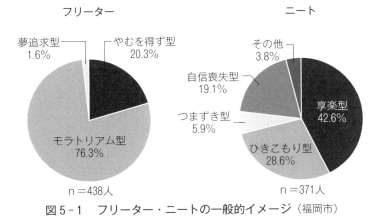

図5-1 フリーター・ニートの一般的イメージ（福岡市）

出典：益田（2006：21-22）

わかる。同時に、この調査において、約8割の人がフリーターを「好ましくない」と否定的にとらえており、フリーターへの世間の厳しいまなざしを見て取ることができる。モラトリアム的存在としてフリーターを、享楽的な存在としてニートを思い浮かべる背後には、若者が自らフリーター・ニートを選択したという前提があり、その増加は経済や政治の問題ではなく、今どきの若者の意識やメンタリティの問題であると一般に想定されてきたことを意味しているだろう。

2 フリーター・ニートとは

一般にフリーターは「15〜34歳で学生でも主婦でもない人のうち、パートタイマーやアルバイトという名称で雇用されているか、無業でそうした形態で就業したい者」（小杉 2003：3）を指し、ニートは「15〜34歳の非労働力（仕事をしていないし、また、失業者として求職活動をしていない）のうち、主に通学でも、主に家事でもない者」（小杉編 2005：6）と定義されている。平たくいえば、フリーターはアルバイトやパートとして働いている若者（もしくは無業者のうちアルバイト・パートとして働くことを希望する若者）であり、ニートは、学生・主婦（夫）を除き、働いておらず、求職活動もしていない若者たちである。

「働かざるもの食うべからず」という倫理に照らして、特にニートは非難されがちだが、そのなかには多様な若者たちが含まれている。本田・堀田（2006）は、大規模調査データによって得られた独身無業者のサンプルを分析した結果、通俗的な「ニート」のイメージに近い者（特になにもしていない若者たち）は全体の3分の1にすぎず、彼ら／彼女らには親との離死別経験や教育上の履歴（学歴・中退等）など、不利な条件が相対的に集中しているという。また、それ以外の「ニート」は一過性のものを含み、さまざまな生活上の理由（進学・留学準備、資格取得

\ここも/
CHECK
*2 本田（2005）によると、フリーターへのまなざしは、1990年代頃までは「組織に縛られず、気楽で自由なフリーター」という見方が支配的であったものの、2000年頃を境として「大人になりきれない」「理解できない」「悲惨な」若者という否定的なものへと変化していったという。

お薦め本
*3 仁平（2009）は、こうした世代論的な視点から若者の雇用（あるいは承認）問題をとらえることは、結果として「社会の劣化」をもたらす危険性をはらむことを指摘している。少し難しいかもしれないが、本章のテーマをより深めることができる論文なので、興味をもったら一読してみよう。

準備、家業手伝い、療養、結婚準備等）により無業状態にあることを明らかにしている。こうした実態をふまえ、多様な状況にある若者を「ニート」として十把ひとからげにしてとらえることにより、若者の実像と乖離した理解が広がることに警鐘を鳴らしていた。

「ニート」という概念の有用性に疑問をもたせる調査結果はほかにもある。フリーター40名の職業経歴を調べた調査結果によると、多くのフリーターが移行期としてのニート期間（仕事と仕事の合間の期間であり、ある一時点においては求職活動をしていない時期）を経験していたという（伊藤・狩野 2006）。そしてそれは、フリーター→ニート→フリーター……というパターンばかりでなく、正社員の仕事も含まれることもあり、雇用・職業の流動性が高まれば、必然的にニートとして数えられる人が増えることを示唆している。こうした知見をふまえて、本章ではニートとフリーターは相互に行き来することの多い一体的な存在として考えたい。[*4] 図5-2は、フリーター・ニートの数とその推移およびそれらが若年人口（15歳～34歳）に占める割合を示したものである。

この図から、次の2つのことがわかる。ひとつは、ピーク時に比べると、フリーター・ニートともに近年その数が減少傾向にあることである。これは一般に、近年の企業の旺盛な採用意欲により、若者の就職状況が好転したためと理解されている。しかし一方で、それが若年人口に占める割合に大きな変化は見られないことも見て取れる。これは少子化の趨勢により若年人口の総数自体が年々減っているためであり、絶対数としては減少しつつあるものの、フリーター・ニートとな

✓CHECK ここも
*4 もちろん、固定的・長期的にニート状態にある若者も一定数存在している。しかしそれは、たとえば「社会的ひきこもり状態にある若者」「なんらかの疾病を抱えている若者」など、別の概念や視点からとらえるほうが適切と思われる。

📊データの説明
*5 「労働力調査」（総務省）とは、国民の就業状況や失業者数等を調べ、雇用政策や景気判断の基礎資料とすることを目的とした調査である。長期的な時系列データも含め、結果はe-Stat（政府統計の総合窓口）上で公表されている（https://www.e-stat.go.jp/stat-search/files?page=1&toukei=00200531）。

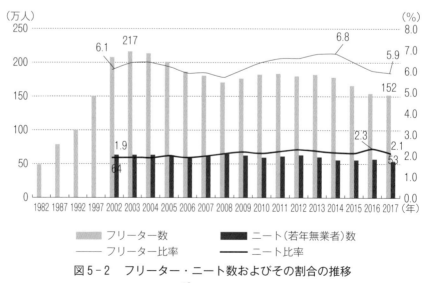

図5-2　フリーター・ニート数およびその割合の推移

出典：総務省「労働力調査」より筆者作成[*5]

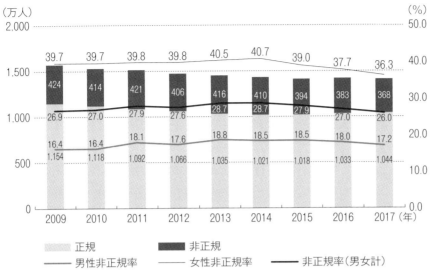

図5-3　若年層（15～34歳）の正規・非正規就業者数および割合の推移
出典：総務省「労働力調査」より筆者作成

> **ここも CHECK**
> ＊6　社会のさまざまなデータを見る際には、その背後にある人口構成の変化にも注意しなければならない。「自殺率の上昇（あるいは減少）」「格差の拡大（あるいは縮小）」などの背後には、時として人口の構造的な変動が潜んでいる場合もある。そうした要因を切り分けるために、「標準化」という手続きが用いられることがある。

> **用語解説**
> ＊7　雇用リスク
> 非正規雇用と比べ、正規雇用は、企業が負担するコスト（賃金・社会保険料の事業主負担・福利厚生費等）が一般的に高く、解雇するハードルも高い。そのため、企業にとって正社員は雇用のリスクが高い存在ともいえる。

る若者は一定の割合で存在し続けていることがわかる。＊6

　またそもそも、「フリーター」はパート・アルバイトという雇用形態で働く人のみを対象としており、派遣・契約・嘱託職員などは含まれていない。そこで、そうした雇用形態で働く人も含めた若年層の非正規雇用者（学生は除く）の比率を表すものが図5-3である。

　これを見ると、そもそも正規・非正規ともに雇用者数自体が漸減している（その主要因は先ほど触れた若年人口の減少による）のだが、非正規雇用として働く若者の割合にここ9年間で大きな変化は見られない。先に触れたように、近年の労働力不足により企業は積極的に人を雇いはするものの、雇用リスク＊7の高い正規雇用を避け、非正規雇用を積極的に活用する方針が変わらず続いていることを読み取ることができる。

2　雇用の変化について

1）なぜ非正規雇用が増えたのか

　非正規雇用は正規雇用と比べて一般に賃金が低く、不安定で、社会保障の面でも不利となる（というより、社会保障制度が十分に機能していないために非正規雇用が生活困難に直結してしまうことがある）。なぜ、こうした雇用が広がっていったのだろうか。その拡大を加速させたものとして、企業が非正規を活用する雇用方針を強めたこと、それを受け派遣・契約・請負業等の拡充を可能とする法改正が

■第1部■ 常識を疑う

なされたこと、そしてそれらの背後要因としてバブル崩壊後の不況やデフレ経済の長期化などがあげられることが多い。しかしそれらの根底にある要因として、サービス産業化およびグローバリゼーション[*8]の進展が指摘されている。

サービス産業においては、従来までの産業と比較して技能の蓄積がそこまで重要ではなく、場合によっては他の労働者で置き換えることもできる。また同時に、サービス産業は人手が必要な時間（時期）と、そうではない時間（時期）とが比較的はっきりとしている。そうした性格をもつサービス産業においては、労働者をできるだけ長く企業につなぎ留め、長期的に働いてもらうインセンティブが薄れてくる。[*9] その結果、高度で専門的な知識・技術をもった安定的な雇用（いわゆる「正社員」）と、周辺的な労働を行う不安定雇用（いわゆる「非正規雇用」）とに、雇用が二極化する力学が生まれる。またこの動きと密接に連動しているのがグローバリゼーションである。グローバリゼーションにともない、世界規模での労働市場・商品市場が形成され、国境を越えた企業間競争や労働者間の競争が激化した。それにより、国内産業が海外移転をしたり、国内で労働者を雇う場合の賃下げ圧力が増大し、非正規雇用が増大したのである。[*10]

ここで押さえておきたいのは、好景気が不安定雇用を減らすわけではけっしてないことである。近年の日本社会において、景気変動と非正規雇用率とは連動しておらず、それは非正規雇用の増加の根本的な原因が景気変動だけではないことを示している（太郎丸 2009）。むしろ逆に、近年では好景気時に不安定な労働力の需要が増大することも指摘されている。

このような趨勢を中長期的な視点から見れば、とりわけ第二次世界大戦後に先進各国に登場した分厚い中間層（middle class）[*11]が、グローバリゼーションの進展と産業構造の変動によって先細りつつあると理解することができるだろう。

２ 誰が非正規雇用となったのか

そのような背景のもと生み出された非正規雇用を引き受けたのは、どのような特徴をもつ人びとだったのだろうか。これまでの研究で確認されているのは、教育年数が短い（つまり学歴が低い）とフリーターになりやすいこと（小杉 2003；太郎丸編 2006）、また父親の職業階層[*12]が低いとフリーターになりやすく、かつ一度フリーターとなるとなかなか抜け出せないこと（太郎丸編 2006；中澤 2011）等が明らかとされている。またそもそも、女性に非正規雇用が多いことも日本社会における男女間の役割・職域分担を考えるうえで見落とすことはできない（本田 2002）。これらの研究は、社会的に不利な立場におかれるとフリーターになりやすいことを明らかとしており、個人の選択だけに還元できる問題ではないことを示唆している。

ここも CHECK
*8 グローバリゼーションについては、序章（p.1）や第23章（p.196）を参照。

お薦め本
*9 管理的・画一的な労働を強いるものの、労働者にできる限り長く働いてもらう（そして消費者として消費もしてもらう）ことをねらっていた「フォード主義（式工場）」に代表される従来までの資本主義経済を、Z. バウマンは「重量資本主義」と呼び、その終焉──軽量資本主義の到来──が雇用や社会を流動化させ、個人を孤立させ不安定にしていると論じている（バウマン 2001［原著 2000］）。

ここも CHECK
*10 S. サッセンは、ニューヨーク・ロンドン・東京に代表されるグローバルシティにおいて、サービス産業──特に金融・保険・不動産・貿易等の成長部門──の拡大が臨時労働の職種割合を増やし、賃金格差を生んでいることを論じている（サッセン 2008［原著 2001］）。

3 フリーターは「未熟」なのか

① 雇用形態と意識の関係性——「やりたいこと」志向と現在志向

　しかし、「私の身のまわりにいるフリーターたちは『甘い考え』からその道を選ぶ人が多い」と感じる人もいるかもしれない。「未熟」な意識や「甘い考え」方をもつ人たちがフリーターを選択しているのであれば、雇用形態によってなんらかの違いが確認されるはずである。事実、これまでの研究で「やりたいこと志向（やりたいことを仕事にしたいという考え）」や「現在志向（将来よりも今を楽しみたいとする考え）」がフリーター（ないしは進路未定の高校生）に見られることが指摘されてきた（下村 2002；苅谷ほか 2003など）。

　こうした知見をふまえ、雇用形態によって職業意識や労働観がどのように異なるかを調べた研究がいくつか存在する。亀山（2006）によると、フリーターにはやりたいこと志向・現在志向的な意識（遠い目標のためにしたいことをしないで生きるよりも、現在の欲求に忠実に生きるべきだ、という考え方）が見られるものの、一般的な労働観は他の雇用形態の人と変わらないという。また安達（2009）はフリーター的なキャリア意識を「適職信仰」、「やりたいこと志向」、「受身」の3つに分類したうえで、大卒者を対象とした調査を行った結果、これらの意識はフリーターだけに特有の意識ではなく、正社員として働く人にも無職の人にも共通して見られる志向性であることを報告している。

　こうした研究は、フリーター・ニート状態を特有の意識の結果として見なす視点の誤りに気づかせる成果であるものの、いずれも1時点のみの調査結果であるため、フリーターと正社員等で働く人との間で、職業選択（ないしは初職）の段階からそもそも意識に差がなかったのか、差があったものがその後消失したのか、差があるものに関してはどの時点から異なっているのかが、いまひとつ判然としなかった。そのようななか、山口・伊藤（2017）は、同一個人を追跡したパネル調査の結果から、高校3年生時点の意識とその後の働き方の関連を検討している。それによると、高校3年次の意識——「やりたいこと志向」や「現在志向」などの意識——の強弱によって、その後の人生における非正規雇用の経験率は変わらないという（表5-1）。

　さらに、非正規雇用を経験するか否かについて、「性別」、「出身高校」、「学歴」、「意識」がそれぞれ独立してどのような影響力をもつのかを分析した結果、女性は男性よりも2倍、大卒・大学院卒よりも高卒者が約3.5倍非正規雇用という働き方を経験しやすい一方で、「意識」については、高校時点で進路意識が曖昧であることが若干影響を及ぼしてはいるものの、先述のように「やりたいこと志向」

用語解説

*11 中間層（middle class）
　中産階級や中流階級とも呼ばれる。特に第二次世界大戦後、先進各国では耐久消費の普及が人びとに「豊かさ」を実感させ、生活水準や教育水準が上昇していった。そうして生み出された人びとが社会のなかで中間層として大きな割合を占めるようになった。ただしこれは、いわゆる途上国の資源・労働力を安価で用いることに依存した現象でもあり、先進諸国の中間層の増大は、途上国の人びとの（低）賃金労働者化と裏腹の問題でもあった。

ここもCHECK

*12 職業階層については、第17章（p.140～）を参照。

表 5-1　高校 3 年生時の意識別にみた非正規雇用経験者の割合(%)

	高校 3 年生時の意識	その後の人生における非正規雇用経験率
やりたいこと志向	強い (n=260人)	37%
	弱い (n=237人)	35%
現在志向	あてはまる (n=291人)	35%
	あてはまらない (n=204人)	38%

出典：山口・伊藤（2017：141）

や「現在志向」は非正規雇用の経験に影響を及ぼしていないことが示されている（表 5-2）。

　つまり、やりたいこと志向や現在志向的な意識をもっていても、フリーターとなる人はなるし、ならない人はならないのであり、フリーターとなるかどうかは「本人がもっていた意識ではなく、性別や学歴といった意識の外にある問題に構造的に規定されている部分が大きい」（山口・伊藤 2017：143）のである。既存の研究でその可能性が高いと指摘されてきたことが、パネルデータを用いた分析から論証されたといえる。

　とはいえ、それでも次のように考える人もいるかもしれない。「私のまわりにいるフリーターたちは自ら選択してフリーターを選んでおり、『やりたいこと志

用語解説

*13 ロジスティック回帰分析
　なんらかの説明したい 2 値の変数（この場合、非正規経験があるか否か）の発生確率に対して、影響を及ぼしていると考えられる要因（この場合、性別・出身高校・学歴・意識）が、それぞれ独立にどのような規定力をもつのかを分析する統計的手法である。

表 5-2　「非正規経験あり」を従属変数としたロジスティック回帰分析[13]

		B	Exp (B)
性別	女性	0.688**	1.989
出身高校	普通科上位校	−0.154	0.858
	専門高校	0.157	1.170
	(基準：普通科下位校)		
学歴	高校卒	1.267***	3.548
	専門卒	0.770**	2.159
	短大卒	0.581	1.788
	(基準：大学・大学院卒)		
意識（高卒時）	やりたいこと志向	0.102	1.108
	進路意識の曖昧さ	0.460*	1.584
	現在志向	−0.268	0.765
	努力より運	0.245	1.278
	(定数)	−1.953	0.142
	n	424	

***$p<0.001$, **$p<0.001$, *$p<0.05$
出典：山口・伊藤（2017：142）より筆者作成（一部改変）

向』や『現在志向』のような考えをもっている人が多い」と。これをどのように考えればよいのだろうか。太田（2010）は「就業構造基本調査[*14]」の分析から、1992年から2002年の間にかけて、中学・高校卒業者の正社員の雇用が大きく減少したこと、また短大・大卒者も専門的・技術的職業や事務職といった、いわゆる「いい仕事」が失われ、賃金が低く労働時間が長い仕事が代わってシェアを高めたことを明らかにしている。つまり、職業選択の前提となっている労働市場（ないしは労働条件）のあり方が従来までとは変化したのであり、たとえ自ら選んだように周囲から見られる（場合によっては本人自身もそのように考える）場合でも、条件のよい正社員の仕事がないため、あるいはあったとしても長時間労働で賃金が低いために、「それならフリーターのほうがましだ」と考えて選択した人もいるだろう。

しかし、フリーターとして働くことは、時として社会からの否定的なまなざしにさらされ、説明を求められることがある。そうした際に、自己を正当化したり合理化するために、「やりたいことを求めてフリーターとして働いている」と語られることがあるのではないだろうか[*15]。つまり、なんらかの意識や志向性が若者たちにフリーターという働き方を選ばせるのではなく、フリーターとして働くことによりこうした志向性が生じてくると考えられる。事実、山口（2012）はパネル調査の分析から、「やりたいこと」志向があるために非正規雇用を選択したり続けたりしているのではなく、非正規雇用であるがゆえに「やりたいこと」志向をもたざるを得ない可能性を示している。

フリーターになるのは本人の「未熟」な意識に由来するのではなく、その人のおかれた社会的な条件がフリーターへと導くのであるが、フリーターとして働くことによって「未熟」と周囲から見なされるような意識が培われるメカニズムが存在するのである。

2 「まなざし」の先に

しかし、フリーターとして働くことが「やりたいこと」や「好きなこと」、あるいは「今がよければそれでよい」という論理で本人たちに意識されたり表明されたりすることによって、社会・経済の問題が個人の意識の問題にすり替えられてきたと考えることも可能である。「やりたいこと」を求めてフリーターをしているのだから、と。

そもそも非正規雇用が正規雇用に比べて雇用条件において不利であることや、非正規雇用にうまく対応しきれていない社会制度に問題があることは当然だとしたうえで、ここで考えてみたいのは、「フリーター・ニートは未熟で半人前」であり「正社員として働いて一人前」という考え方、言い換えるならば労働をめぐ

データの説明

[*14] 「就業構造基本調査」（総務省）とは、「国民の就業及び不就業の状態を調査し、全国及び地域別の就業構造に関する基礎資料を得ることを目的として行われる調査」であり、5年に1度行われている。

ここも CHECK

[*15] 久木元（2003）は、フリーターへのインタビュー調査の結果を分析し、「やりたいこと」という言葉が頻繁に語られることに着目している。それによると、フリーターの語る「やりたいこと」という言葉は、たんにやりたいことを仕事にしたいという安直な考えから語られるのではなく、現実的に就ける正社員の職は労働時間が長く仕事に没入を求めるものであり、そうした仕事でも辞めずに働き続けようと考えるがゆえに、「やりたいこと」を求めざるを得ない――「やりたいこと」なら辞めずに続けることができると想定されている――のだという。

る価値観・倫理観である。こうした倫理的な価値観に由来するフリーター・ニートへの「まなざし」がなければ、フリーターたちは自己の状況をなんらかの形で正当化する必要に迫られることはなかっただろう。だとすれば、「未熟」ではないにもかかわらず、「未熟」と見なされることによって、社会の構造的な問題が個人の問題にすり替えられてきたと見ることもできる。「未熟な若者としてのフリーター・ニート」は、実はこうした視線によってつくり出されてきた存在なのかもしれない。

まとめの問題

フリーター・ニートと呼ばれる若者たちは特別に「未熟」ではないにもかかわらず、なぜ私たちは「未熟」と考える――もしくは、私たちの目には「未熟」と見える――ことがあるのか。その理由を説明しなさい。

【ポイント】
・どのような特徴をもつ人がフリーター・ニートとなりやすいのかを考えてみよう。
・フリーター・ニートとなることで、社会からどのように見なされるのかを考えてみよう。

調べてみよう

非正規雇用として働く人びとの数や割合に、地域的な偏りはないのか、世代によって異なりはないのか、また、景気の動向によってその数や割合がどのように変わるのかを調べてみよう。

第6章 日本人がオリンピックで日本代表を応援するのは当たり前か？

4年に1度開催されるオリンピック。多くの日本人は、日本代表チームや選手の活躍に注目し、熱狂します。その一方、日本代表が敗退したり、出場しない競技や試合は、それがどんなに好カードであっても、あまり話題にのぼりません。これは、日本人が日本という国を1つのまとまりと見なし、そこに愛着をもっていることのあらわれでしょう。本章では、オリンピックと自国に対する愛着との関係を考えていきましょう。

オリンピックは、世界各国からトップアスリートが集まって行われるスポーツの祭典である。どの選手やチームも血のにじむような練習をしてここに出場し、全力で競技に臨んでいるはずだ。ならば、観戦する私たちが、自国の選手やチームの試合を観て、自国の選手やチームだけを熱烈に応援することは、「よい」ことなのだろうか。

keywords オリンピックと国家　パトリオティズム　相互尊重型のナショナリズム
排外主義型のナショナリズム

1　オリンピック、ナショナリズム、パトリオティズム

1) オリンピックとはなにか

「オリンピック」と「ナショナリズム」との関係を論じる以上、これらの言葉の意味を明確にする必要があるだろう。前者は簡単だ。1894年に組織された非政府組織のNPOである国際オリンピック協会（以下、「IOC」という）が、1896年から4年に1度開催し続けている総合スポーツ大会のことである。「近代オリンピックの父」と言われるクーベルタン男爵（IOC元会長[*1]）の名前を聞いたことがある読者もいるだろう。

2) ナショナリズムとパトリオティズム

「ナショナリズム（nationalism）」の定義としては、E.ゲルナー[*2]が示した「政治的な単位と文化的あるいは民族的な単位を一致させようとする思想や運動」があげられる（ゲルナー 2000［原著 1983］: 1）。「単位」という単語の意味は「まとまり」程度に考えればよい。日本人にとって、「政治的な単位」とは「日本国」となり、

人物紹介
[*1] クーベルタン男爵ピエール・ド・フレディ（Pierre de Frédy, baron de Coubertin, 1863〜1937）
1894年のパリ万国博覧会で、古代ギリシアで行われていたオリンピックの復興を提唱した。五輪のマークを考案したのも彼である。

47

■第1部■ 常識を疑う

人物紹介

＊2 アーネスト・ゲルナー（Ernest Gellner, 1925〜1995）
フランス生まれの歴史学者、哲学者、政治学者。産業社会が発展するなかで民族という概念が明確になっていき、ナショナリズムという概念が立ち現れると指摘した。主著『民族とナショナリズム』。

「文化的あるいは民族的な単位」とは、それぞれ「日本文化」「日本民族」となる。ゲルナーのいう「ナショナリズム」とは、たとえば「日本国の領土に住む人に、大みそかには全員が年越しそばを食べ、元旦には全員が地元の神社に初詣に行くという文化的伝統を守るように働きかける」（政治的な単位と文化的な単位との一致）、「日本国の領土から外国人や異民族に退去してもらう」（政治的な単位と民族的な単位との一致）といった働きかけをうながす考え方として立ちあらわれる。

みなさんは「オリンピックはナショナリズムを高揚させる」といったフレーズを聴いたことがあるだろう。実際に、オリンピックで自国の選手やチームが活躍する姿を見ると、私たちは自国に対してなにか誇らしい気持ちをもつ。しかし、そこに「民族的な単位を一致させよう」という思いはあるだろうか。こう考えると、私たちがオリンピックで高ぶらせている感情が、ゲルナーのいうナショナリズムだけでは説明できないこと、より強いのは、もっと素朴な「自分が祖国や郷土だと認識している、国家または地域に対する愛着」であることがわかる。

一般的に英語圏では、「自分が祖国や郷土と認識している国家または地域に対する愛着」を「パトリオティズム（patriotism）」という言葉で表現している。ゲルナーのいう「ナショナリズム」が、周囲への働きかけを含んだ概念である一方、パトリオティズムという感情は、特定の個人がもつ認識である。たとえば、本章の筆者は日本の福岡県で生まれ育ってきた。だから、うまく言葉でその理由を説明できないが、日本や福岡県をほめられると、自分がほめられたような嬉しい感情を抱くし、できることなら日本や福岡県の将来に役立つ研究をしたいと考えている。これが筆者の「祖国や郷土」に対して抱くパトリオティズムである。

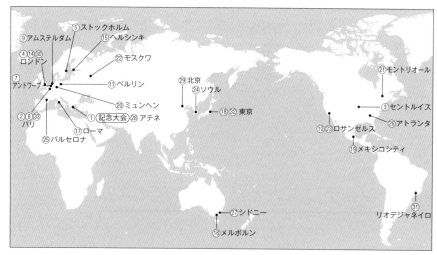

図6-1　夏季オリンピック開催地

注：数字は開催回を表す。

祖国や郷土と認識している場所への愛着（パトリオティズム）を抱くか抱かないかは、各人の意識の問題である。しかし、「文化的あるいは民族的な単位を一致させる思想や運動」（ナショナリズム）となると、その思想を周囲の人に伝えて賛同者を募り、そのような一致を実現させる活動につながっていく。ジャーナリストで小説家のG. オーウェル[*3]は、著書『ナショナリズム覚え書き』で、パトリオティズムとナショナリズムを区別するとともに、ナショナリズムが偏見や傲慢と結びつきやすいことを警告している（オーウェル 1995［原著 1945］：36）。

3 日本の特殊性

　「オリンピックとナショナリズム」に関してなされたわが国の研究では、オリンピックとナショナリズムとの関係、ナショナリズムとパトリオティズムとの関係、さらにはオリンピックとパトリオティズムとの関係を、適切に論じたものはけっして多くない。

　この背景には、民族や文化、さらには国家というものに対する現代日本人の認識がありそうだ。すなわち、「日本国の領土には、太古から、単一の日本民族が住んでいた」という単一民族神話である。小熊英二は、著書『単一民族神話の起源』で、太平洋戦争の敗北によって海外植民地をすべて失った後になって、このような認識が普及したことを丁寧に論証している[*4]（小熊 1995）。「日本国の領土に住んでいる人（の大半）は、太古から続く日本民族の子孫であり一員である」との認識がある以上、日本における「文化的あるいは民族的なまとまり」は、「政治的な単位」である「日本国の領土」に最初から一致してしまう。多民族国家との自覚がある国家に住む人びとは、「政治的な単位」や「文化的な単位」「民族的な単位」に敏感とならざるを得ない。しかし、「わが国の領土内には、同一の文化をもつ同一の民族だけが住んでいる」という認識が自明視されている場合、こういった「単位」の存在に鈍感になってしまうのは当然のことだろう。日本においては、ゲルナーがナショナリズムの目的と考えた「文化的あるいは民族的な単位の一致」が、むしろ前提条件となっているわけだ。だからこそ、日本人は、ナショナリズムとパトリオティズムを分けて考えることを苦手としているのだろう。しかし、オリンピックが日本人に与える影響を考えるときには、他者への働きかけの原動力となるナショナリズムと、自分自身の祖国・郷土への愛着であるパトリオティズムをきちんと区別したうえで、①オリンピックがナショナリズムにどう働きかけるのか、②オリンピックがパトリオティズムにどう働きかけるのか、を個別に検討していくほうがよいと筆者は考える。

人物紹介
*3　ジョージ・オーウェル (George Orwell, 1903~1950)
　イギリスの作家、ジャーナリスト。ロンドン周辺に住む貧困層やスペイン内戦のルポルタージュを書いた後、監視管理社会の危険性を鋭く描いた小説『1984年』で有名になる。主著に『1984年』『カタロニア讃歌』『動物農場』など。

お薦め本
*4　これ以外の小熊英二の優れた著作として、小熊 (2003) がある。

2　オリンピックと国家

1　オリンピック憲章の矛盾

☑CHECK
*5　制定以来、この憲章の細部は何度も改訂されているが、ここに示された規則は当初から一貫している。

　現代のオリンピックは、1925年にIOCが定めたオリンピック憲章（Olympic Charter、以下、「憲章」という）に基づいて開催されている。[*5] これを読んでいくと、チームや選手と、彼らが所属する国家や地域との関係について、いささか矛盾する記述があることに気づかされる。憲章の規則40、規則41を読むかぎり、「選手やそれを支えるスタッフは、国家（または国家に準ずる地域）の代表として参加する」ことがうたわれている。しかし、規則6では、「（オリンピック競技大会は……）選手間の競争であり、国家間の競争ではない」と明記され、規則57では、「IOCとOCOG（オリンピックの開催都市が組織する運営委員会）は、国ごとの世界ランキングを作成してはならない」とある。日本のテレビや新聞などのジャーナリズム、あるいはそれにあおられる人びとは、こういった規則の存在をあまりよく知らないようだ。わが国では、ジャーナリスト、観衆、さらには選手自身ですら、IOCの意向以上に、オリンピックの出場選手たちを「国家の代表」と見なす傾向が強い。

オリンピック憲章（一部抜粋）

6　オリンピック競技大会
1．オリンピック競技大会は、個人種目または団体種目での選手間の競争であり、国家間の競争ではない。大会にはNOC（国内オリンピック委員会）が選抜し、IOCから参加登録申請を認められた選手が集う。選手は関係IF（国際競技連盟）の技術面での指導のもとに競技する。
2．オリンピック競技大会は、オリンピアード競技大会とオリンピック冬季競技大会からなる。雪上または氷上で行われる競技のみが冬季競技とみなされる。

40　オリンピック競技大会への参加
競技者、チーム役員、その他のチームスタッフはオリンピック競技大会に参加するため、IOCの定めた参加条件を含め、オリンピック憲章および世界アンチ・ドーピング規程を遵守しなければならず、IOCの承認する関係IFの規則を遵守しなければならない。さらに競技者、チーム役員、その他のチームスタッフは所属NOCにより参加登録申請されるものとする。

41　競技者の国籍
1．オリンピック競技大会に出場する競技者は、参加登録申請を行うNOCの国の国民でなければならない。
2．競技者がオリンピック競技大会でどの国の代表として出場するのかを決める問題は、すべてIOC理事会が解決するものとする。

57　入賞者名簿
IOCとOCOGは国ごとの世界ランキングを作成してはならない。OCOGは各種目のメダル獲得者と、賞状を授与された選手の氏名を記す入賞者名簿を作成し、メダル獲得者の氏名をメーンスタジアム内の目立つところに、恒久的に展示するものとする。

出典：国際オリンピック委員会（2016［原著 2015］）より筆者作成

規則6や規則57が生まれた要因は、1908年の第4回オリンピック（開催地ロンドン）にあった。この大会までは、ポイント制で総合優勝国を決定する制度が導入されていた。第4回大会では、総合優勝を狙うアメリカ選手団とイギリス選手団（＋国民）との間で深刻な対立が起こった。「オリンピックにおいて重要なのは、勝つことではなく、参加することである」という有名なフレーズは、この大会で生まれている。同大会開催中、選手や関係者を招待して行われたキリスト教の礼拝における聖職者のスピーチをもとに、クーベルタン男爵はイギリス政府主催の公式レセプションでこう発言し、両国選手団のヒートアップをいましめたのだ（黒須 2015：96）。これに懲りたIOCは、第5回大会（1912年、開催地ストックホルム）から、総合優勝国の設定や参加国の順位づけを禁止し、憲章にもこれが盛り込まれたいきさつがある。

　第二次世界大戦（1939年～1945年）の混乱で、1940年、1944年に予定されていたオリンピック（第12回大会、第13回大会）は、いずれも中止となる。第二次世界大戦前における最後のオリンピック（1936年、第11回大会）の開催地は、当時ナチス＝ドイツの首都、ベルリンだった。さすがのヒトラーも、表立って規則6や規則57を無視することはできなかったが、彼とその取り巻きは、この大会を、ドイツ民族の優秀さや、ナチス＝ドイツの国力、さらには自分たちの統率力を世界に見せつける宣伝の場として利用した。その模様は、ナチス＝ドイツの国策映画『オリンピア』（1938年）に記録されている。この映画は、現代の日本でもDVDとして販売されているので、興味がある人は一度視聴してはどうだろうか。[*6]

2　ブランデージ会長の懸念

　第二次世界大戦後、オリンピックは1948年（第14回大会、開催地ロンドン）から再開される。1953年から1972年までIOC会長を務めたA. ブランデージ[*7]は、オリンピックが国や地域の対抗戦として扱われがちなこと、選手団を組織する国家（やそれに準ずる地域）が、自国民のナショナリズムを高揚させる道具としてオリンピックを利用することを懸念していた。ブランデージ会長は、1953年より、オリンピックからの国歌・国旗の排除を提案するようになった。彼にいわせれば、「オリンピック競技大会における競技者たちは、特定の国家の代表としてではなく、1人のスポーツマンとしてやってくるべき」なのだ。彼は、純粋なスポーツ大会であるべきオリンピックが、一部の国家や団体によってナショナリズムやパトリオティズムを高揚させる舞台として再び利用されること、すなわち政治的に利用されることを強く警戒したのである。

　ブランデージ会長の懸念は、1956年に開催された第16回大会（開催地メルボルン）で顕在化した。この大会では、同年に発生したスエズ動乱[*8]に抗議したエジプトな

ここも CHECK

*6　映画『オリンピア』は2部構成である。日本語版DVDのタイトルは、第1部が『民族の祭典』、第2部が『美の祭典』となっているために、通しで観たい方は構成に注意されたい。

人物紹介

*7　アベリー・ブランデージ（Avery Brundage, 1887～1975）
アメリカ生まれの元スポーツ選手、美術品コレクター。1952年から1972年にかけてIOCの第5代会長を務める。「エイブリー・ブランデッジ」などと表記される場合もある。

ここも CHECK

*8　スエズ運河は地中海と紅海を結ぶ交通の要衝であり、国際管理に置かれていた。1956年7月、エジプトがスエズ運河の国有化を宣言すると、これを不服としたイギリス、フランス、イスラエルは、同年10月よりエジプトと戦争状態に入る。11月、国連緊急総会での決議によって停戦した。この動乱は第二次中東戦争とも呼ばれる。

ど3か国、ソヴィエト連邦によるハンガリー侵攻に抗議したスペインなど3か国、中華民国（台湾）の参加に抗議した中華人民共和国が、自国の選手団を途中で帰国させる事態が生じた。この背景には、第二次世界大戦終了後の東西冷戦の深刻化や、アジアやアフリカで植民地だった地域や、第二次世界大戦で敗北した国々（いわゆる枢軸国）が次々と独立（再独立）することで新しい「国家」が生まれたこと、敗北した国々の領土が再編成されたことがあげられる。多くの国で、「政治的な単位」のもっともわかりやすい目安である国境線が、新たに引き直されたり生み出されたりした。新しい国境線のなかに住む人びとを再編成・統合していく必要に迫られた国々は、オリンピックで高揚するナショナリズムやパトリオティズムをそのために役立てることを考えたのである。

ポツダム宣言の受諾によって国境線を引き直され、新たに「日本国」として生まれ変わった国も、同じ発想に立った。1964年、東京で開催された第18回大会における日本選手団の活躍と、当時の日本国民がこの大会をどのように盛り上げたかは、現在でも人びとの記憶に残っている。バレーボール女子の決勝戦となった、日本チーム対ソヴィエト連邦チームの試合のテレビ視聴率は、85％に達した。視聴者の大半は日本国民であり、そのほぼ全員が日本チームを応援していたことは間違いない。この大会は、1964年当時において、自分を「日本民族」の一員と認識している人びとのナショナリズムとパトリオティズムを高揚させる格好の舞台として働いたものと考えられる。

3　「国旗・国歌」問題の終結

ブランデージ会長の退任後も、オリンピックの政治的利用を警戒する人びとが、表彰式や開会式における国旗や国歌の廃止を提案し続けた。しかし、1973年の会議（第10回オリンピック・コングレス）で、この提案は正式に否決され、今日にいたるまで、国旗や国歌は用いられ続けている。これらの使用を求め続けた人びとの主張は「現実問題として、選手は国家を代表している」「選手たちは、（自分が）特定の国家に所属しているという自覚をもつからこそ、他国から来た選手を、自分と同等の存在として尊敬できるのだ」というものであった。[*9]

しかし、国旗・国歌の排除が否決された1973年の後に開催された3つの大会では、政治的理由や国家間対立を理由に、オリンピックをボイコットする国が続出して大問題となった。1976年の第21回大会（開催地モントリオール）では、アフリカ22か国と中華人民共和国が不参加、1980年の第22回大会（開催地モスクワ）では、ソヴィエト連邦のアフガニスタン侵攻に反対して、アメリカや日本を含む多くの国が不参加を表明、1984年の第23回大会（開催地ロサンゼルス）では、その報復としてソヴィエト連邦などが不参加を表明した。オーウェルは、すでに

お薦め本

[*9] このあたりの詳しい経緯は、石坂友司の論文「スポーツ・ナショナリズムの現代的特徴」を参照。同論文は、石坂・小澤編（2015）に所収されている。

1945年に、「ナショナリズムは（ある国の）人びとを一致団結させる一方、別の人びとに対して（の対抗意識を）一致させる」と述べていた（オーウェル 1995［原著 1945］：36）。1976年からのボイコット騒動の根幹に、この対抗意識の一致があることは間違いない。

3 オリンピックが高揚させるもの

1) 相互尊重型のナショナリズム

　前節で見たように、オリンピックは、ナショナリズムやパトリオティズムを高揚させる道具としてしばしば使われてきた。注意しておくが、筆者はこういった感情を抱くことを否定してはいない。私たちが、自らが生まれ育った国や町、家族といった場所に対する愛着、すなわちパトリオティズムを抱くことは、きわめて普通の感情である。オリンピックにおいて国旗・国歌の使用に賛成する人びとが唱えた、「選手たちは、（自分が）特定の国家に所属しているという自覚をもつからこそ、他国から来た選手を自分と同等の存在として尊敬できる」という主張も十分に理解できる。オリンピックの選手たちは、互いに特定の国家を代表しているというナショナリズムをもっているからこそ、競争相手となった選手に対しても、自分と対等な存在として認めることができるのだ。本章ではこれを「相互尊重型のナショナリズム」と呼ぶことにしたい。オリンピックは、パトリオティズムのみならず、相互尊重型のナショナリズムを高揚させる良いきっかけとなる。

　1964年の第18回オリンピック、いわゆる東京オリンピック閉会式の記録映像には、この高揚があらわれている。各国の選手が腕や肩を組み合い閉会式会場に入場していく姿、お互いの姿をカメラで撮影したり、他国の選手とハグしたり、一緒に踊ったりする姿、さらには、選手たちのそのような姿をほほえみながら見つめている、世界各国から集まった観客たちの姿が映し出されている。

2) 排外主義型のナショナリズム

　ただし、オリンピックはナショナリズムを困った方向に暴走させる道具としての側面をもっていることを忘れてはならない。本章第1節で述べたように、ナショナリズムには、賛同者をつのり、ある特定の文化や民族集団に人びとを一致させようとする側面がある。この側面に歯止めがきかなくなると、異なる文化の持ち主、異なる民族の出身と見なされた人への差別や排斥が生まれてしまう。具体的には「外国人や他民族への嫌悪や差別」、「異なる人びとを祖国や郷土から追い出そうとする動き」が生み出されてしまうのだ。この動きは排外主義と呼ばれる。

用語解説

*10 ヘイトスピーチ
人種、民族、宗教、容姿、出身国、性別など、自分から主体的に変えることが難しい事柄に基づいて、特定の個人や集団を侮辱・脅迫するなど、言葉の暴力をふるうこと、あるいはそのような暴力をあおることを指す。日本語では「憎悪表現」「差別扇動表現」などと訳される。

世界各国で、自分を「ナショナリズムの持ち主（ナショナリスト）」と認識している人が、移民の流入制限や国外退去、権利縮小を求めるデモを行ったり、インターネット上に過激な書き込みを行っていること、こういった言動がヘイトスピーチ[*10]として問題になったというニュースをみなさんも耳にしたことがあるだろう。この方向に突っ走っていったナショナリズムを、本章では「排外主義型のナショナリズム」と呼びたい。この型のナショナリズムは、民族や国家間の憎悪や衝突を生み出す危険性をはらむ点で、非常に危険な存在である。

2016年6月、日本では「本邦外出身者に対する不当な差別的言動の解消に向けた取組の推進に関する法律」、いわゆる「ヘイトスピーチ対策法」が制定された。「本邦外出身者」とは、日本国以外の国や地域で生まれた人、およびその子孫を指している（同法第2条）。こういった法律が定められたこと自体が、2010年代後半の日本でも、排外主義型のナショナリズムが表面化しはじめた証拠だろう。

現代の日本で、排外主義型のナショナリズムが高まっているという認識が正しいならば、今後、諸外国のチームや選手と日本のチームや選手が直接ぶつかり合うオリンピックを視聴することで、自覚がないままに排外主義型のナショナリズムを高揚させる日本人が増える可能性がある。多くの日本人にとって、ナショナリズムとパトリオティズムは渾然一体のものとなっているうえに、オリンピックを観戦したり参加したりすることで、パトリオティズムが高まることはむしろ当然の現象であるからだ。

筆者が懸念しているのは、自分ではパトリオティズムを高揚させているつもりでも、第三者から見ると「あの人は、排外主義型のナショナリズムを高揚させている」となってしまう日本人が、オリンピックを契機として大量に出現する可能性だ。第11回オリンピック終了後、ナチス＝ドイツの領土内では、ユダヤ民族など、「劣等民族」とされた人びとが排斥されるようになった。日本という祖国に対するパトリオティズム的な感情から、日本人にこのような過ちをくり返してほしくない、と筆者は考える。

③ オリンピックへの期待

オリンピックは今後も開催され続け、みなさんも含めた世界各国の人びと、観客や選手のパトリオティズムを高めていく舞台となることだろう。すでに述べたように、オリンピックを観戦したり、選手として参加する人びとが、自分の「祖国」「郷土」のチームや選手を応援し、パトリオティズムを高めることは、ある意味で当たり前の話である。

しかし、オリンピックはパトリオティズムと同時に、ナショナリズムを高める舞台となっている。ここで重要なのは、排外主義型のナショナリズムではなく、

相互尊重型のナショナリズムを高める舞台となるオリンピックをつくることだ。その実現に向けては、運営側であるIOCやOCOGの努力のみならず、観客や選手となる、みなさんの姿勢も重要な要因となるだろう。具体的には、みなさんが応援（あるいは参加）する自国や郷土のチームや選手の勝敗にかかわらず、試合終了後には、対戦相手国の選手やチームの力量やプレイに対し、惜しみない敬意と拍手を送るなど、相手の努力と栄誉を同時に称える度量の広さを示すこと、一言でいうならば、相互尊重型のナショナリズムを態度で示すことだ。オリンピックにかかわった（参加した、運営した、観戦した、応援した）すべての人びとがこのような態度を示すかぎり、排外主義型のナショナリズムの広がりは抑制できるはずだ。

　クーベルタン男爵が唱えたオリンピズムとは「スポーツを通して心身を向上させ、さらには文化・国籍など様々な差異を超え、友情、連帯感、フェアプレーの精神をもって理解し合うことで、平和でよりよい世界の実現に貢献する」というものであった。[*11] 今後のオリンピックが、パトリオティズムや相互尊重型のナショナリズムを高揚させ、排外主義型のナショナリズムを抑制する舞台となっていくことに期待したい。

> ＼ここも／
> CHECK
> *11　日本オリンピック委員会のホームページ「クーベルタンとオリンピズム」より。
> https://www.joc.or.jp/olympism/coubertin/

まとめの問題

あなたはIOCの幹部委員だと仮定する。新しくIOCの会長に就任した人が、「最近のオリンピックでは、排外主義型のナショナリズムが目立つようになった。よって、次回の大会から、開会式や表彰式での国旗掲揚や国歌吹奏を廃止したいと思う」との提案を出した。幹部委員の一人として、あなたは新会長の提案に賛成するのか、それとも反対するのか、理由をあげて話し合ってみよう。

【ポイント】
・1973年、IOCで国旗や国歌の継続使用が認められたとき、国旗国歌の廃止に賛成した人と反対した人の根拠をもう一度読み返してみる。
・1973年当時と現在とでは、国家のあり方や国際情勢がどのように異なっているかを考慮に入れて考えるとよい。

調べてみよう

「日本は単一民族国家である」という見解は、1980年代に急速に広まったといわれている。この見解がどういう文脈で広まり、諸外国や日本のマイノリティ（たとえばアイヌの人びと）は、これにどのように反応したかを調べてみよう。

第7章 「いい人」がボランティアになるのか？

ボランティア活動をしている人は、「いい人」なのでしょうか。自分の大事な時間を割き、汗水流して人や社会のために働くボランティアは、思いやりに満ちた「いい人」のように思えるでしょう。しかし、思いやりだけがボランティアになる条件なのでしょうか。本章では、ボランティア行動が社会的な要因によって影響を受けていることを確認し、「いい人がボランティアになる」というイメージを問い直してみます。

あなたは、「ボランティア」にどのようなイメージをもっているだろうか。テレビで見る被災地でボランティア活動をする人たち、大学や近所で熱心にボランティア活動をする人たち……。彼ら／彼女らを思い浮かべて、自由に書き出してみよう。

keywords　ボランティア　共感性　社会階層　ロールモデル　社会化

1　ボランティアに対するイメージ

1　大学生のボランティア観

さて、みなさんは「ボランティア」に対してどのようなイメージをもっているだろうか。ボランティアとは、「他者や社会のために、自ら進んで時間や労力を与える人」のことをいう。大規模な災害が起こるたび、ボランティアが大きな力を発揮しているのを見聞きしている人は多いだろう。今日の社会では、災害の場面以外にも、まちづくり、福祉、スポーツ、国際協力といった多様な領域において、ボランティアは欠かせない存在となっている。こうした人たちに対して、あなたはどういう印象をもっているだろうか。

ある大学で、学生を対象に、「ボランティア」に対するイメージとして当てはまる言葉を「思いやり」「自己満足」など22項目のなかから選択してもらうという調査が行われた。その結果、716人中67％が「思いやり」を選択し、次いで「奉仕活動」（60％）、「自主性」（53％）を選択した人の割合が高かった（荒川ほか 2008）。思いやりに基づいて自主的に奉仕活動をする人——どうやらこれが、大学生にもたれやすいボランティアのイメージのようである。

2 「いい人」＝ボランティア？

たしかに、「思いやり」はボランティア活動に欠かせない要件のように思える。他者の不幸を自らのこととして受け止め、寄り添おうとする気持ちは、社会的に弱い立場におかれた人の支援や、社会をよりよくしようとする活動において大きな原動力になるだろう。

しかし、思いやりのある人、すなわち「いい人」がボランティアになっているのだろうか。ここで、日本のボランティアに関して、あまり知られていない2つの実態を紹介しよう。

第1に、ボランティア活動に参加したい人は多いが、実際に参加している人は少ない。内閣府の「平成27年度 市民の社会貢献に関する実態調査」によれば、ボランティア活動に関心がある人は59.6％だが、過去3年間に活動したことがある人は23.3％である[*1]。つまり、意欲があっても行動に移せている人は案外多くない。

第2に、ボランティア活動率はこの30年間ほとんど変化していない。総務省の「社会生活基本調査」によれば、「1年に1回以上、ボランティア活動を行った人の割合」は、1986年以降ずっと25％〜30％台のままである[*2]。この間、阪神・淡路大震災や東日本大震災などの大災害が起こっている。そのたびにボランティアに大きな注目が集まったが、意外なことに活動者は大きく増えていない。

これらの実態からは、「いい人ならボランティアになる」とは簡単にいかない、なんらかの制約（ハードル）があることがうかがえる。そこで次節では、なにがボランティアになることの制約になっているのかを考えるために、現実のボランティアの人物像を社会調査データから読み解いていこう。

データの説明
[*1] 「市民の社会貢献に関する実態調査」（内閣府）は、ボランティアや寄附などの社会貢献に関する市民の意識・行動を把握することを目的とした調査である。平成25年度以降の調査結果は公開されている（https://www.npo-homepage.go.jp/toukei/shiminkouken-chousa）。

データの説明
[*2] 「社会生活基本調査」（総務省）は、生活時間の配分や余暇時間における主な活動の状況など、国民の社会生活の実態を明らかにすることを目的とした調査である。昭和51年度以降の調査結果は公開されている（http://www.stat.go.jp/data/shakai/2016/index.html）。

2 ボランティアの人物像

1 思いやりのある人なのか──共感性

まず、そもそも思いやりのある人がボランティアになっているのかを確認しよう。心理学では、ある個人が思いやりのある人かどうかをとらえる際、その人の共感性（empathy）に注目する。共感性とは、他者の悲しみや苦しみを理解したり、同じ感情を共有したりする性格特性のことをいう。心理学者C. D. バトソンは、共感性が他者や社会に利益をもたらす行動を動機づけると主張し、この考え方は「共感－利他主義仮説（empathy-altruism hypothesis）」と呼ばれている（Batson et al. 1991）。そして多くの海外の研究で、共感性がボランティア行動を促進するという結果が得られている。

では、日本ではどうだろうか。図7-1は、共感性の程度とボランティア活動

第1部 常識を疑う

データの説明
*3 図7-1ではSSP-P2010データ（全国郵送調査）を、図7-2ではSSP-I2015データ（全国訪問面接調査）を使用している。これらはJSPS科研費JP16H02045の助成を受けて、SSPプロジェクト（http://ssp.hus.osaka-u.ac.jp/）の一環として行われたものである。データの使用にあたってはSSPプロジェクトの許可を得た。

ここも CHECK
*4 共感性は、心理学者M. H. デイビスの対人的反応性指標（IRI）を和訳した共感性指標（桜井 1988）を使用。「不公平な扱いをされている人を見ても、あまりかわいそうとは思わない」（反転項目）など3項目の回答（5件法）を単純加算し、各割合がほぼ3割になるように3カテゴリに分けている。

ここも CHECK
*5 「独立性の検定（χ^2検定）」という手法により、共感性の程度によってボランティア活動率に有意な（誤差とはいえない統計的に意味がある）差が確認された。独立性の検定とは、2つの変数に関連があるか否かを判断するための検定をいう。

ここも CHECK
*6 社会階層については、第17章（p.140～）を参照。

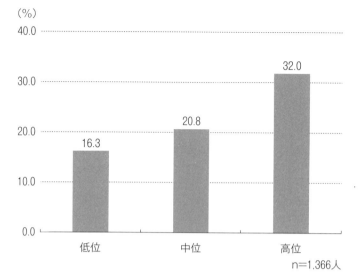

図7-1 共感性の程度別のボランティア活動率
出典：「2010年 格差と社会意識についての全国調査（郵送）」より筆者作成*3

率の関係を示したものである。*4 これを見ると、共感性が高い人ほどボランティア活動率が高い。*5 どうやら、「思いやりのある人がボランティアになる」というイメージは、あながち的ハズレではなさそうだ。

② 恵まれた人なのか──社会階層

　心理学が共感性に注目する一方、社会学では社会階層とボランティア行動の関連に着目する。社会階層（social stratification）とは、個人がもつ社会経済的資源の多い少ないによって、人びとの処遇や人生の機会に序列がある状態のことをいう。*6 社会学者J. ウィルソンとM. A. ミュージックは、資源が豊富な人ほどボランティア活動に参加しやすいと主張し、この考えは「資源仮説（resource hypothesis）」と呼ばれている（Wilson & Musick 1997）。そして欧米の研究では、高収入の人や高学歴の人ほど、ボランティア活動に参加する傾向があることがわかっている。

　では、日本ではどうだろうか。図7-2は、学歴・世帯収入とボランティア活動率の関係を示したものである。*7 これを見ると、学歴や収入が高い人ほどボランティア活動率が高い。こうした結果に対して、資源が多い人ほど生活に余裕があったり、知識やスキルがあったり、視野が広かったりするため、ボランティアになりやすいと考えられている。

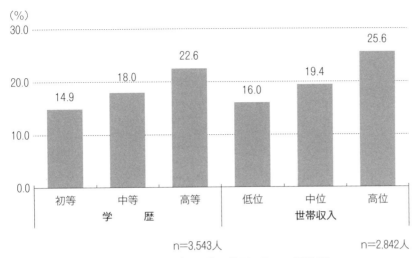

図7-2 学歴・収入別のボランティア活動率

出典：「2015年 格差と社会意識全国調査（第1回SSP調査）」より筆者作成[*8]

✓ここも／CHECK
[*7] 学歴の初等は中学校卒業、中等は高校卒業、高等は短大・高専・大学卒業に相当する。また、世帯収入の低位は400万円未満、中位は400万円以上800万円未満、高位は800万円以上である。独立性の検定の結果、学歴・収入によってボランティア活動率に有意な差があることが認められた。

データの説明
[*8] 出典については、本章の注5を参照。

3　どんな環境で育った人なのか──ロールモデル

　共感性や社会階層は現在の個人特性である。一方、現在個人が行っている行為は、これまでに出会った他者や社会によって形づくられてきたという考え方もある。社会学者R.ウスノーは、「ボランティア活動をする人びとは、ケアすることについて、思いやりや愛を示す彼らの家族や他の人びとからすでに多くを学んでいる」（Wuthnow 1995：38）と、ロールモデル（模範となる人）が与える影響を指摘している。彼はその根拠として、家族が他者を助けるところを見ていた人のほうがボランティア活動時間が長いという調査結果や、家族以外の人が他者を助けるところを見ていた人のほうが「ボランティア活動は重要である」と回答する割合が高いといった調査結果をあげている。

　では、日本人ではどうだろうか。図7-3は、幼少期に親・祖父母、地域の大人が人助けをしていたか否かによる現在のボランティア活動率をあらわしたものである。[*9]これを見ると、幼少期に親・祖父母や地域の大人が人助けしていたと答えた人ほど、ボランティア活動率が高い。たしかに日本人においても、小さな頃に交流したロールモデルとの交流が、大人になってから行うボランティア活動の原体験となっていそうだ。

✓ここも／CHECK
[*9] 独立性の検定の結果、人助けする親・祖父母、地域の大人との接触によって、ボランティア活動率に有意な差があることが認められた。

第 1 部　常識を疑う

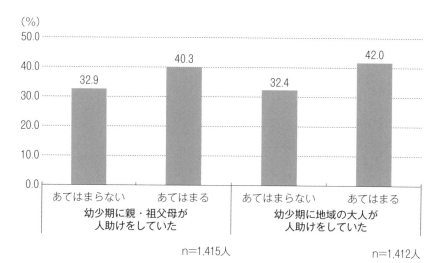

図 7-3　ロールモデル別のボランティア活動率

出典：2013年「ボランティア活動と信仰に関する調査」より筆者作成[*10]

データの説明

[*10] 「ボランティア活動と信仰に関する調査」は全国郵送調査であり、JSPS科研費JP24653117の一環として行われたものである。データの使用にあたっては研究代表者の許可を得た。

データの説明

[*11] 「ギャラップ世界世論調査」は、アメリカの世論調査会社ギャラップによる調査である。160を超える国、100を超えるテーマについて国際比較ができる。なお2014年の同調査の結果、日本のボランティア活動率は26％で、OECD諸国の平均値26％と一致していた。(https://www.gallup.com/services/170945/worldpoll.aspx)

④ どんな国にいる人なのか——宗教・政治システム

ここまでは国内のデータから検討してきたが、国際的なデータからボランティア行動の社会的背景も考えてみよう。Lim & MacGregor (2012) は、2005年〜2011年に行われた「ギャラップ世界世論調査 (Gallup World Poll)」の138か国のデータを用いて、国別の宗教性とボランティア行動の関係を調べている[*11]。

図 7-4 は、横軸を国別の礼拝参加率（先週、礼拝に参加した人の割合）、縦軸を

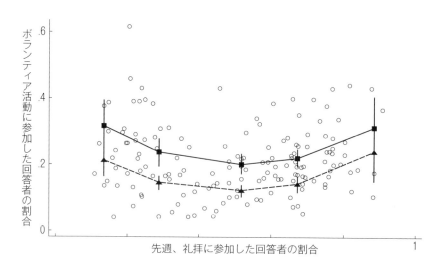

図 7-4　国別の礼拝参加率とボランティア活動率の関係

出典：Lim & MacGregor (2012：754)、和訳は筆者による

国別のボランティア活動率（前月、ボランティア活動に参加した人の割合）として各国をプロットした散布図である。これを見ると、両者の関係は曲線型（U字型）であり、きわめて宗教的な国々（右端）と、きわめて世俗化した国々（左端）において、ボランティア活動率が高くなっている。論文では、前者は「信仰熱心な発展途上国」であり、後者は「民主主義的な政治システムをもつ先進国」と考察されている。すなわち、国家レベルの宗教的文化や政治システムも、個人のボランティア行動に影響を及ぼすことが示唆されている。

用語解説
*12 散布図
　散布図とは、縦軸、横軸に2つの変数の量や大きさ等を対応させ、観測値をプロット（打点）したものである。

3 社会的に生み出されるボランティア

1 社会化の結果としてのボランティア行動

　前節から見えてくるボランティアの人物像は、共感性が高く、学歴や収入が高く、人助けをする大人を見て育った人、また、宗教的な国や民主主義的な国で暮らす人たちである。ただし、前節のように2つの変数（例：礼拝参加率とボランティア活動率）の関係を見ただけでは、両者に関連があると断定はできない。ボランティア行動を規定する要因を突き止めるためには、多変量解析によって、他の要因の影響を統制したうえで、注目する要因の直接的な効果を確認する必要がある。しかしながらここで示された要因は、いずれも実証的な研究でボランティア行動への直接効果が確認されているものである。

　簡単な検討ではあったが、本章からいえるのは「思いやりだけがボランティアの要件ではない」ということだ。社会経済的、文化的、政治的な要件もかかわってくる。つまり、社会のあり方が、ボランティア行動に影響している部分もある。実は、個人的だと思われる共感性すら、高等教育やロールモデルによって規定されているということも、実証的に確認されている（三谷 2013）。

　このように、成長する個人が自分の属する社会にふさわしい価値観や態度を学習していくことを「社会化（socialization）」という。社会学者T.パーソンズは、子どもの発育に限らない、生涯を通じた役割期待に応える学習過程をこの語で表現した。社会化というプロセスを経て個人が社会の一員となると同時に、社会が存続することが可能になるのである。

　ボランティア行動もまた、社会化によって生じていると考えられる。純粋な思いやりによってボランティアになるというよりは、家庭や学校、近隣地域、国という社会のなかで、人はボランティアになるための価値観や態度を知らず知らずのうちに学んでいるといえよう。

用語解説
*13 多変量解析
　多変量解析とは、多数の変数を同時に解析する統計的手法のことをいう。たとえば、重回帰分析や因子分析、構造方程式モデリングなどがある。手計算ではきわめて困難な解析も、コンピュータの高性能化により誰でも容易に行えるようになった。

お薦め本
*14 多変量解析によって現代日本人のボランティア行動の規定要因を検討した包括的研究として、三谷（2016）がある。

ここも CHECK
*15 社会化については、第16章（p.133）も参照。

人物紹介
*16 タルコット・パーソンズ（Talcott Parsons, 1902〜1979）
　アメリカの社会学者。社会の秩序はいかにして可能なのかという問いの解明を目指し、主意主義的行為理論やAGIL図式などを提唱した。主著『社会的行為の構造』『社会体系論』。

2 ボランティアを生み出す社会のあり方

これまでの議論から、ボランティアが社会的に生み出される側面があることがわかってきただろう。ここに、ボランティアになるうえでの「制約」を垣間見ることができる。みんなが、社会経済的な資源を十分にもてるわけではない。みんなが、幼少期にロールモデルとなる大人に出会えるわけではない。また、日本には強力な宗教文化や、国民のほとんどが投票に行くような高度な民主主義的政治が根づいていないことも、ボランティアを育む制約になっているといえそうだ。

そして、これらの制約は今後も簡単に消滅しないことが予想される。むしろ、状況はより悪化する可能性すらある。低成長時代に入り、社会の格差・不平等[*17]は固定化しつつあるといわれている。単身世帯の増加、未婚化[*18]が進むなかで、子どもたちが人助けする大人から見て学ぶという機会も少なくなるだろう。また、長い歴史のなかで形成されてきた宗教文化[*19]や政治システムが、今後劇的に変わるとも考えにくい。

だが、ボランティアは21世紀の日本社会において重要なアクターであり続けるだろう。だとしたら、どうすればボランティアを生み出す社会を築けるのだろうか。この難問に対して答えを見出すことは容易ではない。しかし、未来を担うみなさんのアイデアや振る舞いのなかに、将来のボランティア社会を築くカギがあるかもしれない。

> ここも CHECK
> *17 社会の格差・不平等については、第17章（p.140〜）を参照。

> ここも CHECK
> *18 未婚化については、第10章（p.81〜）や第14章（p.118）を参照。

> ここも CHECK
> *19 宗教については、第4章（p.31〜）を参照。

まとめの問題

ボランティアになりやすい要件を押さえたうえで、どのような社会のあり方がボランティア活動を活性化させやすいのか、あなた自身の考えを述べなさい。

【ポイント】
・生育環境、国の文化・システムなどの観点から、ボランティアになりやすい要件をとらえる。
・ボランティアの「社会化」を促すような具体的な取り組みを、身近な事例を参考にして考える。

調べてみよう

「平成28年 社会生活基本調査」（総務省）の結果から、ボランティア活動率の上位5都道府県と下位5都道府県を調べ、各グループの特徴を考えてみよう。

第8章 「オタク」は孤独か？

「オタク」という言葉を聞いて、みなさんはどんな人を思い浮かべるでしょうか。アニメ、漫画やゲームが好きな人びとでしょうか。アイドルに夢中でアイドルに会える場所に熱心に通う人びとでしょうか。あるいは鉄道を愛してやまない人びとのことを思い浮かべるかもしれません。そういった趣味に没頭する人びとがひとくくりに「オタク」と呼ばれるようになったのは、彼らが共通の特徴をもっていると考えられていたからです。一言でいえば、彼らはコミュニケーションが下手で、自閉しがちであると見られてきたのです。みなさんは、この見方をどう思いますか。

そもそもあなたは、自分をオタクだと思うだろうか。また、自分の身のまわりでオタクだと感じるのはどのような人びとだろうか。思いつくままに書き出してみよう。彼らが（あるいはあなたが）没頭している趣味はなんだろう。そして彼らを「オタク」としてくくる際に、共通の性質としてあなたが感じ取っているのはどのようなものだろう。これについて自由に書いてみよう。

keywords　オタク　趣味縁　友人関係

1　「オタク」って誰？

1　「おたく」の誕生

　オタクという呼び名がいつから使われ始めたのかについてはいろいろな意見があるが、よく知られているのは、批評家の中森明夫が1983年に雑誌『漫画ブリッコ』（6月号）に掲載したエッセイである。[*1]

　中森は、漫画、アニメ、SFのファンたちがさまざまな集まりで互いを「おたく」と呼びあうことに注目し、彼らを「おたく」と命名した。中森によれば「おたく」は、「運動が全くだめで、休み時間なんかも教室の中に閉じ込もって、日陰でウジウジと将棋なんかに打ち興じてたりする」「普段はクラスの片隅でさぁ、目立たなく暗い目をして、友達の一人もいない、そんな奴ら」なのだとされる。

　このエッセイのなかで、中森は「おたく」の生態についておもしろおかしく描き出すのであるが、その「おもしろさ」の源は彼らが「暗く」「目立たず」「モテず」「友だちがいない」ことにあった。今なら「コミュ障」「ぼっち」と呼ばれるかもしれない人びとが、当時は「おたく」として注目されていたのである。

　だが、この言葉がより広い範囲の人びとの注目を集めたのは、1980年代末に起

＼ここも／
☑CHECK
*1　中森のこのエッセイは以下のサイトで全文を読むことができる。http://www.burikko.net/people/otaku.html

こったある事件のためであった。1988年から89年にかけて、東京・埼玉において4人の女児が連続して誘拐され殺害されるという事件である。犯人は女性名を用いた犯行声明を新聞社に送ったり、被害者宅に遺骨を送ったりするなどして、社会を騒然とさせた。1989年7月、一連の事件の容疑者として逮捕され、4件の犯行を自供したのは26歳の青年、宮崎勤であった。

犯行のきわだった特異性をなんとか理解しようとするマスコミが注目したのは、宮崎の自室に積み上げられた大量のビデオテープとマンガ本であった。孤独で、それゆえに虚構の世界に耽溺したおたくの青年という犯人像を彼らは繰り返し描き出した。こうして犯罪者予備軍という強烈に否定的なイメージをともないながら、おたくという言葉はマスメディアを通して一気に拡散していった。

このような状況を背景に、たとえば中島梓の『コミュニケーション不全症候群』のような、オタクをコミュニケーションの失調としてとらえる議論が広くなされるようになった（中島 1991）。オタクは人間関係がうまく築けない人びとなのである、と。[*2]

2　「オタク」の転換

だが21世紀に入ると日本のマンガやアニメ、ゲームが国外市場で広く受け入れられ、それらいわゆるオタク系文化は日本の文化的な力（ソフトパワー）を象徴するものと見られるようになっていく。それにともなってかつての否定的なイメージはこの時期に大きく改善していくことになった。

このようなイメージの転換を象徴するのが『電車男』と名づけられた実話に基づく恋物語である。2004年、インターネット上の巨大掲示板である「2ちゃんねる」に、デートへの助言を求める書き込みが投稿された。投稿者は2ちゃんねるの常連であったあるオタクの青年であり、彼は偶然に電車のなかで助けることになった女性とデートをすることになったのである。

彼はおしゃれとは縁遠く、口下手な青年であったのだが、この書き込みをきっかけに、ネットの仲間たちからさまざまな助言を受け続け、その不器用な恋を成就させていく。ネット上のやり取りとして展開されたリアルタイムの恋の物語は、やがて多くの読者を得て、小説、漫画、映画、テレビドラマへと形を変えて一種のブームにまでなっていった。[*3]

電車男と呼ばれたオタクの青年について、2つのことに注意しておきたい。ひとつは、彼が口下手であり、コミュニケーションが上手とはいえない人物として描かれているということだ。この点では1990年代までのオタクイメージがなお残っていたといえる。しかし、もうひとつは、彼が誠実であり、愛情深い人物として描き出されているということだ。この点では、犯罪者予備軍と見なされてい

ここもCHECK

*2　実は中島は本書において逆のことを語っていた。「私の思い浮かべているコミュニケーション不全症候群とは、必ずしも、そのことばから人がただちに思うような、言葉がうまく出なかったり、人と会話を交わすのが下手であったり、またそのことに劣等感をもっているような、過去における典型的な『社交下手』とか『人嫌い』といわれるようなタイプの人間のことではないのである」と（中島 1991：31）。また中島は宮崎勤を自分の考えるオタクではないと明言している。だが中島のこの本（のタイトル）は誤解したまま流通することになった。

ここもCHECK

*3　小説は中野独人『電車男』新潮社、2004年、映画は村上正典監督、山田孝之・中谷美紀主演の『電車男 A true love story』（東宝）などを参照。

た1990年代からは大きく転換している。

　つまりここには「コミュニケーションに問題を抱え、それゆえに孤立した犯罪者予備軍」から「コミュニケーションにおいて不器用だが、誠実で優しい男性」へというイメージの大きな転換が見られるのである。

　これは『電車男』という作品が単独で生み出した変化というよりは、この時期に進んだ政府の文化政策の変化を背景にしたものと考えたほうがよい。すなわち、この時期に政府はオタク系文化を日本のソフトパワー向上のための強力な手段と見なし始めた。「クール・ジャパン政策」とも呼ばれるこのような政策の推進はオタク系文化のイメージを向上させていった。2016年のリオデジャネイロオリンピックの閉幕式において安倍首相がマリオの姿で登場し、東京五輪をアピールしたのもこのような政策の一環と見ることができるだろう。

3　「オタク」の拡散

　オタクのイメージが向上していくにつれて、オタクであることへの忌避感も下がっていく。つまり自分自身がオタクであると見なすことへの抵抗感が低くなっていくのである。この点をデータで確認してみよう。

　社会学者の辻泉は、東京都杉並区と愛媛県松山市とで20歳の男女を対象にした調査を定期的に行ってきた。この調査において「自分にはオタクっぽいところがあると思うか」という質問に対して「そう思う」と回答する人は2005年からの10年間で急増し、杉並区・松山市のいずれにおいても5割を超えている。つまり半分を超える若者が自分をオタクっぽいと考えているということだ。オタクは今や奇妙で危険な少数派ではなく、ありふれたごく普通のライフスタイルとなりつつ

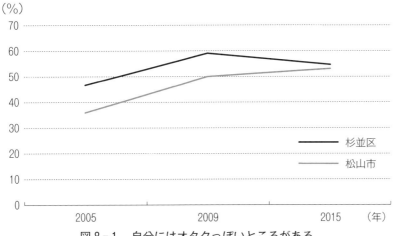

図8-1　自分にはオタクっぽいところがある

出典：辻ほか（2017）より筆者作成

あるようだ（辻ほか 2017）。

このようなオタクの「普通」化に対して、昔ながらのオタク像をよしとする人びとは残念な気持ちを抱くこともある。たとえば、「オタキング」という称号をもち、オタクが普通の人にはない優れた資質をもつものであると1990年代を通して一貫して主張してきた岡田斗司夫は、2008年に『オタクはすでに死んでいる』（岡田 2008）という本を出版している。オタクが普通になっていくにつれて、岡田が高く評価した資質をもつオタクは相対的に少なくなっていった。オタクは広がったが、その分薄まった。いわば拡散したのである。

では普通になったオタクの友人関係はどうなっただろうか。あいかわらず彼らは人づき合いが下手で、友人が少なく、孤立しがちなのだろうか。先ほどの辻らの調査データを用いてこの点を確認してみよう。

この調査で尋ねた質問のうち3つのものに注目する[*4]。

- 自分にはオタクっぽいところがあると思う（1から4点）
- 人からオタクだといわれたことがある（1から4点）
- 仲のよい友人は何人ですか

これらの間の相関係数を計算してみることで、オタクであることと友人数との関係がわかる[*5]。

表8-1に相関係数を示した。

ここでは2つのことに注目しておきたい。第一に、「人からオタクだといわれたことがある」と「自分にはオタクっぽいところがあると思う」との間には強い相関関係がある。つまり、「自分はオタクである」と思っている人は、同時に人からもそういわれたことがあるということだ。

第二に、「人からオタクだといわれたことがある」「自分にはオタクっぽいところがあると思う」の2つと、友人数との間には統計上意味のある関係が見られないということだ。つまり自分でオタクだと思っていても、人からオタクだといわれたことがあっても、そのことは友人数と直接には関係がないということだ。

もう少し正確にいうと、オタクであると思っていたりいわれたことがあったりする人の友人数は、そうでない人に比べて多くも少なくもない。オタクは拡散し、

> **データの説明**
> [*4] 正確にいうと、「仲のよい友人」の数について100人より多い数を答えた5人を外れ値として除いてある。

> **データの説明**
> [*5] 相関係数とは、−1から1までの数をとる指標で、2つのことがらのうち一方が増えれば他方も増える場合には1に近い数を、一方が増えれば他方は減る場合には−1に近い数になる。また、2つの間にそのような関係がなければ相関係数は0に近づく。

表8-1 オタクであることと友人数との関係（n=460人）

	「オタク」っぽいところがある	「オタク」といわれたことがある	仲のよい友人の人数
「オタク」っぽいところがある	1.000	—	—
「オタク」といわれたことがある	0.731	1.000	—
仲のよい友人の人数	0.016	0.082	1.000

出典：辻らの調査データより筆者作成

友人関係においても普通になったのである。オタクはコミュニケーションが苦手で、友だちが少ないというイメージはもはや適切ではない。彼らはごく普通の若者になったのである。

2 趣味がつなぐ縁

1 趣味縁の歴史

　コミュニケーション不全の孤独なオタクから、ごく普通の人びととしてのオタクへ。本章前節ではそのようなオタクの歴史を振り返ってきた。

　ここで少し角度を変えて、オタク同士の関係について考えてみたい。オタクが互いにつながりをもつのは、彼らが共通の趣味をもっているからだ。趣味によって結ばれる関係という意味で、これを「趣味縁」と呼ぼう。趣味縁はどのような特徴をもったつながり方なのであろうか。

　振り返ってみると、オタクをその新しい一部として含む趣味縁は長い歴史をもつ。たとえば、中世の連歌の集まりや、近世の俳諧の集まりなどの文学的趣味を通じてつくり出された集まりは、趣味縁の原型ともいうべきものだ。文芸の楽しみを通して集まった人びとは、お互いの身分や地位の違いを超えたつきあいを生み出した。[*6]

　時代は下って戦後の日本を見てみると、特に1950年代から60年代にかけて花開いたさまざまなサークル文化は、映画、詩、演劇、合唱、スポーツなどさまざまな趣味をともに楽しもうとする人びとを結びつけた。学校や職場に無数のサークルが結成され、勉強や仕事といった本来の目的とは異なったつきあいが広がった。[*7]

　このようなサークル文化は1970年代には後退していくものの、1980年代に入ると、さまざまな文化を気軽に消費できるようになっていくことを背景に新しい趣味縁が登場する。サークル運動が学校や職場など生産や労働とかかわりのある場所に基盤をもっていたのに対して、この新しい趣味縁は消費に基盤をもつ。オタク文化の集まり、たとえば二次創作のサークルなどはまさにそのような新しい集まり方である。[*8]

　1990年代の後半にはインターネットの利用が急速に普及し、つきあいに欠かせない道具となっていく。ネットによってリアルな人間関係が失われたと嘆く人も多いが、趣味縁という点から見ると、これまで仲間を得にくかった少数派の趣味でもネットのおかげで同好の士を見つけやすくなるという利点があった。そのようにして結ばれた関係はけっしてネット上にとどまることなく、ネットの外で実際に会う機会も増やした。たとえば、オタク的な趣味についていえば、ネット上

お薦め本
*6　中世・近世の趣味縁については、東島（2010）、池上（2005）などを参照されたい。

お薦め本
*7　1950年代から60年代にかけてのサークル運動については、天野（2005）を参照されたい。

お薦め本
*8　1980年代の消費社会化と趣味縁との関連については、山崎（1984）を参照されたい。

第1部 常識を疑う

で作品（イラスト、漫画、小説等）を発表し、多くの人に見てもらい、評価してもらうことが可能になった今日でも、熱心な人びとは実際に紙に印刷した冊子をつくり、即売会などに出向く。[*9]

② 社会関係資本としての趣味縁

政治学者のR. D. パットナム[*10]は、人と人とのつながりのなかに含まれる「力」を社会関係資本（ソーシャル・キャピタル）と名づけた（パットナム 2001［原著 1993］）。パットナムによれば社会関係資本は、人びとのネットワーク、そこで培われた一般的信頼（身近な人びとだけではなく広い範囲の人びとに対する信頼）、そして互酬性の規範（自分がしてもらったことに対してなんらかの形でお返しすべきだとする意識）からなるものだ。[*11] この力を豊富にもつ社会は、そうでない社会に比べてより多くの問題をよりよく解決し、健康で満足度の高い生活を実現することができるのだという。

実はパットナムの考えでは、趣味縁はこの社会関係資本が育まれる母胎なのである。たとえば、地域において結成されるバードウォッチング、合唱、サッカー等のサークルにおいて人びとは、ネットワーク・一般的信頼・互酬性の規範を身につける。そしてそのような人びとは、社会のなかでなにか問題に直面したときに、多くの人びととの間に協力関係を結び、問題解決に向かう集合的な力を引き出すことができる。一人だけではとうてい解決できないような大きな問題であっても、自分が動き始めたら、他の多くの人びとも協力してくれるはずという信頼があるときに、人は解決に向けて動き出すことができる。そして多くの人びとがそのように動き出すとき、問題は実際に解決に向かう。[*12]

したがって、このような趣味の集まりが豊かに存在すればするほど、社会関係資本が豊かに育っていくだろう。実際、趣味縁は歴史上もしばしば社会を変えていく運動の土台となってきた。たとえば近世の俳諧の集まりは、ときに一揆を組織する集団と重なり合っていた。また1950年代のサークル運動は、たんなる趣味の集まりではなく、またたんなる親交のための集まりでもなく、職場・学校からひいては社会をよりよく変えていくための運動の一部であると考えられていた。それゆえに、趣味を媒介とした交流関係は、社会が大きく動いていく時期に大きな盛り上がりを見せるともいわれる。[*13][*14]

③ オタクの社会参加

2010年2月、東京都は「青少年健全育成条例」の改正案を都議会に提出した。この案では漫画などに登場する18歳未満の人物（実際に存在しないという意味で「非

お薦め本

[*9] ネットの普及がむしろ趣味縁のリアルな側面を浮かび上がらせるという点については、東（2013）の鋭い論考を参照されたい。

人物紹介

[*10] ロバート・D・パットナム（Robert D.Putnam, 1940〜）
アメリカの政治学者。イタリアの南北地域の格差を対象とした研究において「社会関係資本」という概念に新たな光をあてる。その後、膨大な調査データをもとに、アメリカ合衆国において社会資本関係が衰退していると論じて大きな議論を巻き起こした。

ここも CHECK

[*11] 社会関係資本については、第1章（p.10）、第12章（p.103）も参照。

ここも CHECK

[*12] ただしパットナムが明確に述べているように、社会関係資本は一般的に望ましくないと思われる目的の達成にとっても有用であるという点には注意が必要だ。たとえば、犯罪者の集団にとっても社会関係資本は有用である。この観点から興味深いのは、趣味の集まりがナチズムの運動に利用されたというG.モッセや佐藤卓己の研究である（モッセ 1994［原著 1975］；佐藤 2018）。

実在青少年」)が性的な行為を行っている場合、その作品について販売規制を課すという条項を含んでいた。

この改正は、特にオタク文化における表現の自由を損なうものとして、多くの人びとの注目を集めた。特にオタク文化を趣味とする人びとは、この改正案に反対するために、そのネットワークを用いて情報を交換し、さまざまな形で反対運動を組織しはじめる。そのクライマックスは同年３月、都議会の集会室で行われた大規模な改正案反対派の集会であった。

漫画作者などのつくり手をリーダーとしつつ、同時にその受け手であるオタク趣味の人びとがそこに集まり、反対の声を上げた。個室で一人で楽しんでいる人びとというイメージをもたれてきたオタクたちが、都の条例に反対するという政治的な運動の担い手としてあらわれてきたのである。

もちろんこれは個々のオタクからすれば、自分がひっそりと一人で楽しんでいる趣味を邪魔しないでほしいというごく私的な利害関心によって動かされたものであるかもしれない。仮にそうであったとしてもそのために他のオタクたちと情報交換し、イベントを組織し、人びとを集めるという「連帯」を彼らが達成したことに注目したい。

> ここも CHECK
> *13 東島誠によれば、近代までの日本の歴史においてこのようなサークル的交流は周期的に活発化するのだという。具体的には、南北朝時代（14世紀）、戦国時代（16世紀）、幕末・明治時代（19世紀後半）の３つの時期がそれにあたる。これらはいずれも社会のあり方が激動する時期であり、サークル的交流はそれと密接な関係をもっていたと考えられる（東島・与那覇 2013）。幕末について三谷太一郎は、藩を超えた文化的なつきあいの広がりが、倒幕などの政治的な運動の背景となったと論じている（三谷 2014）。

3 仲よくするのとは別の仕方で

① オタクは孤独か

ここで最初の問いに対してどのように答えるべきか、もう一度考えてみよう。「オタクは孤独か」という問いに対して、まずは「いいえ」と答えることができる。オタクであるからといって友人数が少ないわけではない。だが、このように答えただけではまだ十分ではない。なぜなら、いわゆる友人関係とは違ったつきあい方をオタクはもっているからだ。前節ではそれを「趣味縁」と呼んだ。

ここであらためて趣味縁の特徴を確認しておこう。第一に、趣味縁は共通の趣味をもっている限りにおいてのつきあいであるから、それ以外の点ではさまざまに違った性質の人びとの間のつきあいである。たとえば、性別、年齢、住んでいる場所、仕事等々の点で多様な人びとが趣味で結ばれるのである。

第二に、趣味縁は趣味を通してのつきあいであるから、必ずしも互いを好きになったり、仲よくしたりする必要はない。一緒に同人誌をつくったり、スポーツをしたり、演奏をしたりするなかで、協力したり、競い合ったりすることは必要だろう。だがそれは相手と仲よくなることとは少し違う。必ずしも仲のよくない人とも協力し合ったり、競い合ったり、批評し合ったりという関係をつくっていくことが趣味縁においては求められる。というよりも趣味を共有していることに

> ここも CHECK
> *14 上野千鶴子は、女性たちがつくり出すさまざまなネットワーク（そこには趣味の集まりも含まれる）を、1970年代以降に広がるフェミニズム運動の土台をなすものとみている（上野編 2008）。また趣味縁と社会変動のこのような関係は日本に限られるものではない。たとえばJ. ハーバーマスによれば、ヨーロッパが近代的な市民社会へと変化していく過程で大きな役割を果たしたのは、文学を中心とした人びとの趣味の集まりであったという（ハーバーマス 1994［原著 1962→1990］）。なおハーバーマスについては、第23章（p.195）も参照。

第1部 ■ 常識を疑う

よってそのようなつきあい方ができるようになるのである。

　第三に、趣味縁のこのような特徴は、幅広い多様な人びととの間に共通の目標に向かって協力関係をつくり出していくための練習となる。趣味縁が前節で見たような社会関係資本となりえるのは、それゆえである。

　つまり、彼らはたんに孤独でないというだけではなく、趣味を通して友人とは異なった形でのつながり方をもち、それはもしかすると社会参加にまでつながる、いわば公共的なものへの道筋になるかもしれないようなものなのである。[15]

> ここも CHECK
> [15] 公共性については、第23章（p.194）も参照。

2　仲よくすることの息苦しさ

　友人とは異なるつきあいの大切さは、特に若い人たちにとっての友人のもつ意味を考えてみるとさらにはっきりする。[16]

　若者にとって友人の重要性が増していることはさまざまな調査データによって示されている。たとえば、学校が楽しいのは友人がいるからであり、友人とうまくつきあえないと彼らの生活満足度は下がってしまう。全体としてみれば友人関係に満足している若者は増えており、そのことが彼らの高い満足感や幸福感を支えていると考えられる。[17]

> ここも CHECK
> [16] 若者の友人関係については、第1章（p.8〜）も参照。

> お薦め本
> [17] 幸福感の増大については、NHK放送文化研究所による調査の結果を参照されたい（NHK放送文化研究所 2013）。また、満足度を支える要因を分析したものとして浅野（2016）、今日の高校生の友人関係について詳細に分析したものとして、小藪・山田（2015）をそれぞれ参照されたい。

　だが、このことは友人関係につまづいてしまったときの打撃の大きさが、ますます深刻なものになるということを意味しているだろう。友人関係がますます重要なものとなり、しかもますます多くの若者が友人関係を楽しく、満足のいくものとして感じているときに、自分だけ友だちとの関係がうまくつくれない、あるいはうまくつきあっていけないとしたらどうだろうか。その苦しみはいっそう深いものになるのではないか。特にこのような友人関係が学校という場所に結びついている場合、閉塞感によってその苦しみはより重いものになることもあるだろう。

　このような苦しみは、友だちとの関係がとりあえずうまくいっている若者にとっても無縁ではない。友人関係が好き嫌いやウマが合う・合わないといった要素によって左右されるところが多いとしたら、これまでうまくいっていた関係がある日突然にうまくいかなくなるということがありえる。友人関係がうまくいかないことの苦しみは潜在的には非常に多くの若者にとっての問題であり得る。

　友だちであることの裏側にあるこの苦しさを背景にするとき、オタクのもつ人間関係の特徴をはっきりと見通すことができる。

3　もうひとつのつきあい方へ

　かつて1950年代にサークル運動がさかんであったころに、「サークルは仲よし

集団であってはならない」といわれることがあった。それはたんに仲のよい身内集団に閉じこもるのではなく、社会や政治に参加すべきであるという意味合いでいわれていたのだが、今日の状況においてはもう少し違った意味合いで受け止めることができる。すなわち、サークル内で仲よくなるのは悪いことではないが、仲よくなるのとは別の関係の仕方を実現するのが趣味縁なのだ、と。

　趣味を共有することで、仲のよさとは別に協力関係をつくりあげられること。そのために相手との距離を適当に保ちながらもつきあいを続けられること。これらが趣味縁の独特の味わいをもたらしているのではないか。

　朝井リョウの人気小説『桐島、部活やめるってよ』には2人の典型的な人物が登場する。一人は、スポーツができて女子にもモテる、スクールカースト上位のリア充。[18] もうひとりはクラスでも目立たない、スクールカースト下位の映画オタク。この小説のおもしろいところは、リア充がどうしようもない息苦しさと空虚感を抱えており、彼はそれを克服する光をオタクたちに見出しているということだ（朝井 2012）。

　リア充が学校内部の仲のよさの極限だとしたら、それが内側にもってしまう虚しさのようなものを突破する可能性は、映画部というオタクの集まり（趣味縁）にこそ見出されているのである。[19]

　オタクは孤独ではない。そして孤独の対極にあると普通は考えられている「仲よくすること」とは別の形でつきあう仕方を示している、というべきであろう。

ここも CHECK

*18 「スクールカースト」とは、学級内での人気に基づいた序列をカースト制度になぞらえて表現したものである。

お薦め本

*19 この逆説を、原作ではなく映画に即してよりくっきりと浮かび上がらせるものとして、大澤（2014）による批評を参照されたい。

まとめの問題

　自分たちが所属している趣味縁（たとえば、サークルや地域の団体など）をあげてみて、それ以外の友だちとの関係とどのようなところが違うと感じるか話し合ってみよう。

【ポイント】
・どんな趣味活動がどのような関係をもちやすいかに注目してみよう。
・学校の友だちとそれ以外の友だちとで違いがあるかどうかに注意してみよう。

調べてみよう

　「国民生活に関する世論調査」（内閣府）の結果をウェブサイトで調べて、「趣味やスポーツに熱中しているとき」に充実感を感じる人、「友人や知人と会合、雑談しているとき」に充実感を感じる人がそれぞれどのような人びとであるのかを確かめてみよう。

第 2 部

社会の謎を解く

第2部では、社会学の力を使って、身近な日常生活に潜む「謎」を解き明かしていきます。

第9章　なぜ「スマイル」は０円なのか？
第10章　なぜ結婚する人が減っているのか？
第11章　なぜいじめを止められないのか？
第12章　なぜ若者はSNSにはまるのか？
第13章　なぜ原発は東京にはないのか？
第14章　なぜ「家族」を求めるのか？
第15章　なぜネット上で「炎上」が生じるのか？
第16章　なぜ〈体育会系〉は就活で人気なのか？

第9章 なぜ「スマイル」は0円なのか？

みなさんもよく知っているハンバーガーチェーン店には、ハンバーガーやポテトなどのメニューと一緒に「スマイル」というメニューが並んでいます。しかも、その価格は「0円」と表示されています。なぜ「スマイル」がメニューに並んでいるのでしょうか。また、なぜ「0円」なのでしょうか。本章では、メニューに並んでいる「スマイル」の意味を考えることを通して、現代的な労働のあり方について学んでいきます。

あなたのなかにわき起こる「感情」にはどのようなものがあるだろうか。そして、その感情に対して日常的にどう向き合っているだろうか。あるいは、どんなときにどのような感情がわき起こってくるだろうか。

keywords　サービス労働　感情労働　感情管理

1 サービス産業化

1 現代社会における労働

現代社会において労働や仕事ということを考えてみたときに、どのようなことを思い浮かべるだろうか。コンビニエンスストアや百貨店などで店員が接客をする姿を思い浮かべる人もいれば、工場のなかで青いつなぎの服を着た労働者が電子部品を組み立てたり検品したりしている風景を想像する人もいるだろう。あるいは、医師や看護師などの医療専門職が専門知識を用いて、患者の指導をしている場面を思い浮かべる人もいるだろう。

私たちの社会には数多くの職業がある。今から約15年前に村上龍の『13歳のハローワーク』（村上 2003）という本がベストセラーになった。この本では514種類の職業が紹介されているが、みなさんはどれくらいの職業をあげることができるだろうか。私たちの社会における労働の分布、つまり、どのような領域でどれくらいの人が働いているのかについて見てみるために、ここでは大まかに産業別就業者の割合を確認したい。

図9-1は「国勢調査」（総務省統計局）の結果をもとに産業別の就業者割合を示したものである。これを見ると、戦後の日本社会において、第1次産業の就業

データの説明

*1 「国勢調査」（総務省統計局）。統計法第5条第2項の規定に基づき、国内の人口・世帯の実態を把握するために5年に1回実施される調査。調査概要や調査結果はウェブサイトで紹介されている。(http://www.stat.go.jp/data/guide/2.html)。

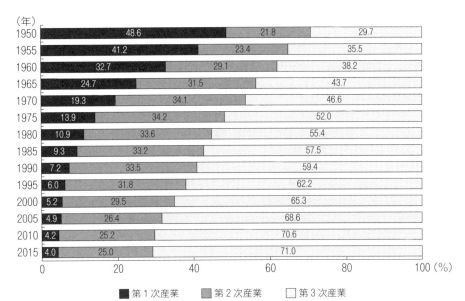

図9-1 産業別就業者の割合

出典：総務省統計局「国勢調査」(2005年、2015年) より筆者作成

者の割合が大幅に縮小していると同時に、第3次産業の就業者割合が大きく拡大していることがわかる。第1次産業は農業や林業、漁業を指し、第2次産業は鉱業や建設業、製造業などを、第3次産業はそれ以外の産業を指している。第3次産業をより具体的にあげると、医療や福祉、教育、金融業や情報通信業、そしてサービス業などである。図9-1からいえることを一点にしぼるならば、戦後の日本社会では「サービス産業化」が進展したということがいえるだろう。

2　サービス労働

　かつて社会学者のD・ベル[*2]が『脱工業社会の到来』(ベル 1975 [原著 1973]) において示したように、それまで人びとの労働は、製造業などの物質＝モノの生産が中心となっていたが、現代社会においては対人サービスや専門職的サービスなどのいわゆるサービス業を中心とした労働に変化してきた。

　このようなサービス産業化、あるいはサービス労働化の背景のひとつには、工場におけるオートメーション化がある。オートメーション化によって、それまで工場労働として人間が行っていた労働の多くが機械に置き換えられていった。

　また、その後、オフィスにおけるオートメーション化（OA化）により、事務労働の世界にも機械化＝コンピューター化の波が押し寄せてきた。これによって事務作業の効率化が図られ、正社員の削減と非正規化が進んだ。

　このようなテクノロジーの発展、いわゆる「技術革新」によって、人間の労働

人物紹介

*2　ダニエル・ベル
(Daniel Bell, 1919～2011年)
　アメリカの社会学者。階級対立の消滅とマルクス主義の無効化を論じるとともに、脱工業化後のサービス経済化を論じた。主著『イデオロギーの終焉』『脱工業社会の到来』。

のあり方は大きく変化してきた。最近なにかと話題になっている人工知能（AI）をめぐる議論のなかにも労働にかかわる問題が存在している。人工知能が人間の労働を奪ってしまうのではないか、という論点ないし危惧である。

このような労働をめぐる状況の変化と歩調を合わせて、サービス産業化が進んでいった。サービス産業化が進んだ理由にはさまざまな要因があるが、うがった見方をすれば、さまざまな労働が人間を介在しない形で可能になってきており、その結果生み出された領域がサービス労働の領域であった、つまり人間に残された労働領域としてサービス労働が興隆してきたと見ることも可能である。

それでは、現代社会において興隆しつつあるサービス労働とはどのような労働なのであろうか。次節では、いわゆるサービス労働のような、対人コミュニケーションを中心とした労働を「感情労働」概念でとらえようと試みたA. R. ホックシールド[*3]の議論について見ていきたい。

人物紹介
*3　アーリー・R・ホックシールド（Arlie Russell Hochschild, 1940〜）
アメリカの社会学者。社会学における感情研究を牽引し、感情社会学を先導した。主著『管理される心』。

2　感情労働としてのサービス労働

① 感情労働という見方

ホックシールドは航空会社での観察調査やキャビン・アテンダント（客室乗務員）らに対する聞き取り調査をもとに、人間の感情が労働として商品化されるさまを描き出した（ホックシールド 2000［原著 1983］）。商品化されるということは、感情労働には「交換価値」があるということを意味する。それはすなわち、感情労働は賃金と引き換えに売ることができるということである。

ホックシールドの問題意識は、労働者の私的な感情が公的な文脈で利用され、そのことによって労働者にどのような否定的影響がもたらされるかということにある。この問題意識は、かつてC. ライト・ミルズが『ホワイト・カラー』[*4]のなかで描き出した、「自己のパーソナリティを売りに出す」（ミルズ 1957［原著 1951］）と表現した問題を引き継ぐものである。ホックシールドは、私的な感情が公的な文脈での感情に返還される事態を、「変異（transmutation）」あるいは「感情システムの変異」と呼んで焦点化している（ホックシールド 2000［原著 1983］）。

感情労働とは、ホックシールドによれば、自分自身の感情をコントロールし、自身の外見を維持しながら、顧客のなかに特定の精神状態をつくりだすことである。この定義をふまえるならば、ホックシールドが研究対象としたキャビン・アテンダントだけでなく、看護師（スミス 2000［原著 1992］；崎山 2005）や教師、保育士（戸田ほか編 2011）、介護士（吉田 2014）、ホステスやセックス・ワーカー、遊園地のクルー、場合によってはコンビニエンスストアの店員のような仕事まで感情労働という概念でとらえることが可能である。さらに、「特定の精神状態をつ

人物紹介
*4　チャールズ・ライト・ミルズ（Charles Wright Mills, 1916〜1962）
アメリカの社会学者。大衆化したアメリカ社会を批判するとともに、当時のアメリカ社会学に対して痛烈な批判を行った。主著『パワー・エリート』『社会学的想像力』。

くりだす」ということでいえば、ポジティブな精神状態だけでなく、ネガティブな精神状態をつくりだす感情労働も存在することになる。借金の取り立て屋や刑事などの労働も感情労働としてとらえることができよう。

ホックシールドの感情労働論のベースには、E. ゴフマン[*5]の演技論がある。ゴフマンの演技論において、私たち人間は日常的な相互行為を「演技」しながら生きる者として描かれるが、このことを特に私たちの感情経験ということに焦点化して分析を行ったのがホックシールドである。

私たちはどのような場面においても日常的に「感情管理」を行っている。たとえば、朝、友だちから「おはよう」と声をかけられたときには、たとえ不機嫌であったとしても、笑顔で「おはよう」と返すようなことは、誰でも行っている日常の一コマだろう。笑顔をつくったり、悲しそうな顔をしてみたり、私たちは日常的にさまざまな表情をつくって、「演技」をしているのである。このような日常の私的な場面でも行っている感情管理が、労働場面において転用されたらどのようなことが起きるか、というのがホックシールドの問題設定である。つまり、労働場面において私たちの感情経験が管理され、コントロールされることが、労働者にとってどのような意味をもち、どのような効果をもたらすのか、という問題である。

人物紹介

[*5] アーヴィング・ゴフマン（Erving Goffman, 1922～1982）
アメリカの社会学者。日常生活における相互作用について、日常のなにげない集まりから精神病棟まで幅広く分析を行った。ドラマツルギー・アプローチやフレーム分析を用いた分析を展開した。主著『行為と演技』『儀礼としての相互行為』。なお、ゴフマンについては、第12章（p.101）も参照。

② 表層演技と深層演技

ホックシールドは、「感情管理」を表層演技と深層演技に分けて論じた。

表層演技とは、ボディランゲージやつくり笑いのような、自分の外見を変えようとするものである。自分の外見をなんらかの形で加工し、それによって楽しさや悲しさ、つらさなどのなんらかのメッセージを発し、相手になんらかの感情経験をもたらすということである。

それに対して、深層演技とは、幸せそうに、あるいは悲しそうに「見えるように」努力するのではなく、自分のなかにわき起こした感情を自発的に表現するような種類の演技のことである。つくり笑いではなく、「心の底からの」「自然な」笑いが「自発的に」つくりだされるようになることこそ、深層演技と呼ばれるものである。だが、この深層演技も「演技」であることには違いない。

そして、問題になるのは、深層演技という「自発的」で「自然な」感情管理が感情労働として企業にコントロールされるときである。「自発的」で「自然」であるはずの感情が、商品化するために「人為的」に、そして「不自然」に使用されることによって、労働者は自分の「本当の気持ち」がわからないというような状況に陥るのである。

3　商品としての「スマイル」

　ここまで、感情労働の基本的な枠組みを押さえてきたので、ここで冒頭に述べた「スマイル０円」について分析を加えてみよう。

　まず、ハンバーガーチェーン店に「スマイル０円」を掲げてあることの意味である。メニュー表に書かれているということは、たとえそれが「０円」であっても、企業側は「スマイル」は「商品」であるということを認識し、提示しているということである。そして、メニュー表に書かれているということは、客は店員に対して「スマイル」をオーダーすることが可能である、ということである。

　また、「スマイル」というのはハンバーガー店で働く店員が客に対して実際に笑顔で応答するということであるので、それはつまり感情労働であるということを意味する。

　ただし、他方で、「０円」というところにも注目する必要がある。「０円」ということは無償で提供しているということである。無償でということは、「スマイル」を実際に提供する店員にとっては稼ぎにつながらないということである。別の言い方をすれば、「不払い労働（アンペイド・ワーク）」であるともいえる。

　さらに、企業は「スマイル」というものに対して「価値」を認めていない、ともいえる。正確にいえば、「スマイル」はあったほうがよいが、なくてもよいものと位置づけられている、と考えられる。というのも、「スマイル」で店舗の稼ぎを導き出しているわけではないからである。

　実際このハンバーガーチェーン店は一度「スマイル」の表示を取り去っている。しかしさまざまな要望があったということで、復活させている。つまり、企業にとっては「余分なもの」として「スマイル」は位置づけられていた。だが、顧客にとっては「あったほうがよいもの」と感じられていたということである。

　まとめよう。「スマイル」は、店員にとってはある種の無償労働として位置づけられている。また、企業にとって、「スマイル」は「商品」として認識されてはいるが、その重要性は低く必ずしも必要ではないと位置づけられている。他方で顧客にとっては、「スマイル」はないよりは、あったほうがよいものであると考えられている。

　それぞれの立場によって「スマイル」の位置づけは異なっている。このような隔たりがあるということは、感情労働というものがある意味適切に位置づけられていない、適切な評価を受けていないと考えることができる。

　もちろん、感情労働を行っている職業にはさまざまなものがあり、それぞれの職業によって、あるいは職場によって、その位置づけは異なっているであろう。いずれにせよ、感情労働というものが私たちの社会において広がりつつあるということは理解しておく必要があろう。

3 感情労働と疎外

1) 感情労働の否定的な効果

　感情労働も労働である以上、肉体労働や頭脳労働と同じように疲労する。みなさんも、大学の友人との関係性で悩んだり、日常生活のなかで対人コミュニケーションに疲れてしまったりすることはないだろうか。労働ではないが、日常生活における他者との関係の維持やコミュニケーションをすることで他者に気づかいをし、疲れてしまうというのはよくあることである。感情労働の場合も、顧客やクライエントに対して笑顔を振りまいたり、自分自身の感情を抑制したりすることで疲労が蓄積すると考えられる。

　そのような感情労働による疲労やストレスのなかでも、特に問題になるのは次のようなことである。

　1つ目は、バーンアウトや抑うつ状態に陥ることである。バーンアウトは燃え尽き症候群とも呼ばれ、看護師や教師に関する研究のなかでたびたび言及されてきたものである。目標をもって教育や看護に携わり、人一倍心血を注いで仕事に打ち込んでいたが、あるとき突然、まったくやる気を失って無気力状態になってしまうというものである。

　2つ目として、無感情状態、感情麻痺の状態になってしまうことである。これはすでに述べた深層演技によって「本当のもの」であると感じられる感情と、「つくり出した」「偽りのもの」であると感じられる感情の間に乖離が起こり、なにが自己の感情かわからない状態に陥り、その結果自己の感情を参照することを断つという「感情麻痺」に陥るということである。

　3つ目として、自己の感情を操作した結果、感情管理をし、感情労働をすること自体を否定的にとらえ、それによって自己に対して否定的な見方をしてしまうようになるということである。

　このように感情労働によって、否定的効果がもたらされることがある。これらのことを総称して、「感情からの疎外」[*6]と呼んでもよいかもしれない。自分自身のなかでわき起こる「感情」というものが、自分自身のものであるとは思えない、よそよそしいものであると感じられてしまうこと、これが感情労働の否定的な効果である。

2) 感情からの疎外を超えて

　感情は私たちの「内側」から「自然」にわいてくるなにかであると、私たちは

用語解説

*6　疎外
　G.W.F.ヘーゲルらが体系的に用い、K.マルクスが経済分析にまで適用したことで広く知られるようになった概念。もともと人間が労働によって生み出した生産物（商品）が人間の手を離れ、それ自体が力をもち、逆にそれが人間を支配するようなものとして立ちあらわれるようになることをいう。広義には、人間の精神活動が生み出す文化的生産物（観念、宗教）によって人間が支配されることも疎外という。

用語解説

*7 社会構築主義
「客観的」「自然」「本質的」であるとされるものが、実は人の手を介して「つくられた=構築されたもの」であるとする指摘を含む理論的立場のこと。社会問題の社会学あるいはジェンダー／セクシュアリティの社会学、科学知識の社会学などの諸領域において論争が展開された。

考えている。もちろん、社会構築主義[*7]のような立場から考えれば、そのように「自然」と考えられるものであっても、実は社会的な影響を免れない、つまり感情も社会的につくられる、ということができる。そのような意味では「本当の感情」などないのかもしれない。

本章で取り上げた、私的な感情を商品として公的に利用するという「感情労働」という労働のあり方は、現代社会に広く流通しており、多くの労働者が感情労働を日夜行っている。そのこと自体は、特別歓迎すべきことでも否定すべきことでもないだろう。だが、「スマイル０円」に関する考察で見てきたように、感情労働が企業や社会のなかで適切に位置づけられていない、あるいは適切に評価されていないという部分に関しては、さらなる社会的議論が必要である。また、前項で見たように、感情労働には感情労働特有の問題、否定的な影響があることも事実であり、そのような否定的な影響に対してどのように向き合っていくのかについても忘れてはならない重要な論点である。

現代社会では、私たちに感情に関する問題が生じた場合、精神科や心療内科の医師や心理カウンセラーなどに助けを求めることが一般的になりつつある。実際、街中に数多くの心療内科の看板があふれるようになってきたのはここ数十年のことだ。精神科といえば、かつてはスティグマ[*8]が付与されるようなものだったが、それが今ではカジュアルなものになりつつある。だが、それは、あくまでも対処療法でしかない。本章で見てきた感情労働の広がりということと、メンタルヘルスの台頭にはなにか関連があると考えることも可能である。

最後に、本章では言及できなかったが、感情労働はジェンダーの問題とも非常に密接に結びついている。[*9]感情労働は一体どのような人びとによって担われているのか。本章での議論を入り口にして、感情労働についてさらに考えてもらいたい。

用語解説

*8 スティグマ
もとは罪人や奴隷の体に刻印された「烙印」のことを意味する。単なる印というだけでなく、障害やなんらかの欠点や欠損などに対する「望ましくない」「汚名」といったネガティブな価値付与を意味する。

お薦め本

*9 ジェンダーという表現はほとんど出てこないが、「伝統的な女性労働」としての看護、「セクシュアリティ」とのかかわりということを意識しながら感情労働について論じたものとして、武井（2001）がある。

まとめの問題

感情労働の特徴を押さえたうえで、自身のアルバイトの特徴についてまとめてみよう。また、そのアルバイトは感情労働の特徴をもっているのかどうか、もっているとしたら具体的にどのような特徴をもっているのか、まとめてみよう。

【ポイント】
・まずはアルバイトで行っている仕事の内容について、具体的に書き出してみよう。
・感情労働の特徴については、たとえば武井（2006）が参考になる。

調べてみよう

「国勢調査」（総務省統計局）のホームページを訪ね、どのような産業でどのような人びとが労働者として働いているのかについて、年齢別、男女別でまとめてみよう。

第10章 なぜ結婚する人が減っているのか？

いま、本章を読んでいるみなさんは、「まわりの友人の大半と同じように」中学を卒業し、高校を卒業し、大学に進学したのでしょう。そして、漠然と大学卒業後は就職をして、適当な時期に結婚して子どもをもって……と考えていることでしょう。なぜなら、「親をはじめ、大半の人がそうしている（だから、自分もそうなるだろう）」から。しかし、はたしてそうなのでしょうか。進学や就職のように、まわりの動きに同調するように結婚する／できるのでしょうか。

従来の研究は、未婚化の要因として、高学歴化にともなう女性の社会進出の増加や、非正規雇用の増加による男性の経済力の低下（=「条件」の悪さ）をあげるものが多い。これ以外に未婚の要因がないか考えてみよう。

keywords　未婚化　晩婚化　人口の減少

1　「結婚」のすがた

1　有配偶率と未婚率の変化

「国勢調査」より15歳以上の男女別に配偶関係の推移を確認してみよう。図10-1からわかるように、日本における有配偶率は男女ともに1955年から1980年にかけて男性は8.1ポイント、女性は8.5ポイント上昇するが、その後緩やかな減少に転じている。2015年時点の有配偶率は男性60.9％、女性56.3％であり、高度経済成長期以前の1950年時点の水準に近くなっている。なお、女性は死別が多いため男性よりも有配偶率が低く、その証左に2015年の未婚率を見ると男性31.8％、女性23.2％と男性のほうが高くなっている。

有配偶率と異なり、長期的にみると上昇の一途をたどっている指標がある。生涯未婚率である。1950年に男性1.5％、女性1.4％であった生涯未婚率は、2015年には男性は約16倍の23.4％、女性は約10倍の14.1％にものぼっている（総務省統計局「国勢調査」）。

\ここも/
CHECK
*1 「国勢調査」（総務省統計局）について、詳しくは、第9章注1（p.74）を参照。

用語解説

*2 高度経済成長期
第二次世界大戦後の1960年代に日本が急速な経済成長を遂げたことをいう。一般的には1954年に始まり、1973年秋の石油危機（オイルショック）の頃までの19年間を指すといわれている。この間に「神武景気」「岩戸景気」「オリンピック景気」「いざなぎ景気」が起こった。政治では、1960年6月の新安保条約の発効を受けて退陣した岸信介内閣のあとに、池田勇人内閣が誕生し、「所得倍増計画」を実現していったことが有名である。

用語解説

*3 生涯未婚率
生涯未婚率とは、50歳時点で一度も結婚をしたことがない人の割合を意味する、人口統計において用いられる用語である。今後の予測値も含めた推移については、第14章（図14-2, p.119）も参照。

データの説明

*4 「人口動態調査」
（厚生労働省）は、日本の人口動態事象を把握し、人口および厚生労働行政施策の基礎資料を得ることを目的とした調査である（https://www.mhlw.go.jp/toukei/list/81-1.html）。

用語解説

*5 合計特殊出生率
15歳～49歳までの女性の年齢別出生率を合計したものを「合計特殊出生率」といい、1人の女性がその年齢別出生率で一生の間に産む子どもの数を示す指標として用いられる。

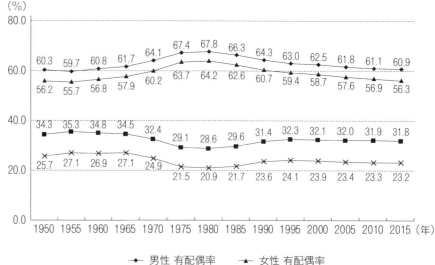

図10-1　有配偶率と未婚率の変化

出典：総務省統計局「国勢調査」より筆者作成

② 平均初婚年齢の上昇──晩婚の増加

生涯未婚率と同様に、長期的にみると上昇の一途をたどっているのが平均初婚年齢である。「人口動態調査」によると、平均初婚年齢は1950年に男性25.9歳、女性23.0歳であったものが、2015年には男性31.1歳、女性29.4歳と大幅に上昇した。これにともない、第1子出生時の母親の平均年齢も24.8歳から30.7歳へと上昇した。

日本においては「未婚の母」はそう多くはないため、初婚年齢の上昇は生物学的に女性が子どもを産める期間の短縮あるいは産めないことにつながる。「晩婚化」と「少子化」がセットで議論されるのはこのためであり、日本において平均初婚年齢が上昇する間に少子化も進行していくこととなった。合計特殊出生率は、21年ぶりに高水準となった2015年においてさえ1.46であり、人口を維持するに足る（人口置換水準）とみなされる2.07に遠く及ばない。

③ 「適当な相手」がいれば結婚するつもり？

生涯未婚率の上昇や平均初婚年齢の上昇は、いったいなにを意味するのだろうか。「日本人の意識調査」および「出生動向基本調査」から探ってみよう。

第10回「日本人の意識調査」によると、結婚することについて「必ずしも結婚する必要はない」と考える人は、1993年の51％から2018年の68％まで17ポイント

も上昇している。一方、「結婚するのが当たり前だ」と考える人は45％から27％へと18ポイント減少しており、この結果は、価値観の多様化に伴い約7割の人にとって、結婚は「してもしなくてもよいもの」となったことを示している。

しかし、第15回「出生動向基本調査」を見ると、すこし様相は異なるようである。2015年時点で独身の18歳～34歳の調査対象者のうち、「いずれ結婚するつもり」と答えた人は男性85.7％、女性89.3％にものぼっている。長期的にみると、「一生結婚するつもりはない」との回答が微増傾向にあるものの、それでもなお未婚者のうち9割弱は結婚する意思をもっているということになる。つまり、彼らは最初から結婚するつもりがない／したくないのではなく、結果として結婚していないにすぎないのである。

では、なぜ彼らは結婚していないのだろうか。同調査は「独身にとどまっている理由」も尋ねている。18歳～24歳の回答では「まだ若すぎる」「まだ必要性を感じない」「仕事（学業）にうちこみたい」が理由として多くあげられるが、25歳～34歳になると男女ともに「適当な相手にめぐり会わない」が最大の理由としてあげられている。つまり、自分にとって「適当な相手」にめぐり会えれば結婚しようと思っているということである。では、結婚するのに「適当な相手」とは、いったいなにが「適当」なのだろうか。未婚者が結婚相手に求めているものはなんなのだろう。

データの説明

*6 「日本人の意識調査」（NHK放送文化研究所）については、第4章注12（p.36）を参照。また、「出生動向基本調査」は国立社会保障・人口問題研究所が行っている調査である（http://www.ipss.go.jp/site-ad/index_Japanese/shussho-index.html）。

2 結婚相手に求めるものの変化

1 「手鍋下げても……」から「三高」へ

花婿とその親族の世襲身分が花嫁より高い婚姻を、文化人類学の用語で「上昇婚（hypergamy）」といい、この逆を「下降婚（hypogamy）」という。日本においても、社会経済的地位を含む上昇婚をした女性を指す「玉の輿」という言葉がよく知られている。これとは逆に、階層上の地位が同じ者、あるいは比較的類似点が多い者同士の婚姻を「階層同類婚」という。

このような学術用語ではなく、流行語のようにその時代ごとに女性と結婚をめぐる、あるいは女性が結婚相手に求める条件を指す言葉が存在する。今の学生は知らない人が多いが、「手鍋下げても」という言葉がある。これは、「好きな男性と結婚できるなら、使用人を雇わず自分で煮炊きするような暮らしでも構わない」という意味であるが、しばしば「好きな男性と結婚するなら貧乏暮らしでも構わない」という意味でも用いられていた。お見合い結婚が多かった時代には、好きな相手と恋愛結婚することに至上の価値があったのだろう。

1970年以降を見ていくと、1980年代後半から1990年代初頭のいわゆるバブル時

代には、男性がモテる条件として「三高」があげられていた。バブル景気を反映してか、「高学歴、高収入、高身長」という、きわめて物質的で判別しやすい条件である。女性が望む結婚相手の条件としてもこの「三高」があげられ、「三高」男性がもてはやされていた。[*7]

② 「三平」を経て「四低」へ

バブル時代が終焉を迎え不景気に転ずる頃、結婚相手に対する条件も変化を見せる。この時期、マスメディアにおいて女性の結婚相手に求める条件が「三高」から「三平」へ、すなわち「高学歴、高収入、高身長」から「平均的な年収、平凡な外見、平穏な性格」へと変化した、という報道が相次いだ。[*8]

バブル時代の終焉とともに、高学歴・高収入・高身長と高望みをするのではなく、「平均的な」ものしか求めなくなった、すなわち地に足が着いたように見えるが、はたしてそうであろうか。ここで重要なのは、「年収」以外は既存の統計資料において平均値が存在しないことである。「平均的な年収」についても、「最近の国勢調査によると、30代正規雇用者の平均年収はウン百万円だから……」と考える人がどれくらいいるだろうか。女性が望む結婚相手の条件は、バブル時代のわかりやすい「三高」から、なんとも基準の曖昧な「三平」へと変化した、といえるだろう。

さらに2008年のリーマンショックという世界的な経済状況の悪化を経て、女性が結婚相手に望む条件も「三平」から「四低」へ、すなわち「平均的な年収、平凡な外見、平穏な性格」から「低姿勢、低依存、低リスク、低燃費」へと変化した。[*9]これらは「女性に威張らない、家事を女性に頼らない、リストラされない、節約できる男」を意味する。結婚相手に望む条件に家事への参加や堅実さを求めるという、安定志向が強まったとも考えられる。

女性を中心に述べてきたが、先述した「出生動向基本調査」においては男女双方に結婚相手の条件として考慮・重視するものを尋ねている。男女とも「人柄」をもっとも重視し、「家事・育児の能力」「自分の仕事への理解」「容姿」「共通の趣味」がそれに続く。また、女性は男性に比べ「経済力」「職業」「学歴」を重視している。ここから、「四低」のうち「威張らない、家事を頼らない」は男女ともに共通した結婚相手に求める条件であることがわかる。また、同調査においては、近年結婚相手の条件として「経済力」「職業」を考慮・重視する男性が増加傾向にあることも指摘されている。女性の就労率が上昇し、性別役割分業意識が薄れつつある現在、結婚相手に求める条件においてジェンダー差はなくなっていき、女性にも「リストラされない、節約できる」ことが求められる日も近いのかもしれない。[*10]

CHECK *7 八代尚宏は、1992年にノーベル経済学賞を受賞した米国の経済学者G.S.ベッカーの理論をわかりやすく解説し、結婚や家族の意味を経済学的側面から問い直した（八代 1993）。

CHECK *8 小倉千加子は、「結婚の条件は、女性の学歴に応じて『生存』→『依存』→『保存』と変化している」とし、高卒女性は「夫婦で力を合わせて働き」生活できる相手、短大卒女性は専業主婦になり安心して子育てができるための「給料をきちんと運んでくれる」相手、四大卒女性は現在の自分の生活環境を変えなくてもよい相手を求めている、と述べている（小倉 2007）。

CHECK *9 詳しくは、以下のサイトを参照。ダイヤモンドオンライン（https://diamond.jp/articles/-/16612）、婚活ニュース（https://www.kon-katsu-news.com/news_a0VFITs1vm.html?right）など。

CHECK *10 山田昌弘は、結婚について「強者連合」と「弱者連合」、すなわち強者は強者同士連帯してリスクヘッジしながらますます強者になり、連帯できない者は連帯できずリスクを個人で背負うことになるので、結果的にますます下流へと志向する、と述べている（山田 2007）。

3) 仕事も家事も育児も……

「平均的な年収」を「リストラされない」に、「平穏な性格」を「女性に威張らない」に読みかえると、「三高」「三平」から「四低」へと移るなかで、結婚相手に求める条件として容姿が重視されなくなり、代わりに「家事を女性に頼らない」「節約できる」という生活にかかわる条件が追加されたことがわかる。

1999年、厚生省（現・厚生労働省）が「育児をしない男を、父とは呼ばない」というポスターを制作し、大きな話題となった。1999年に男女共同参画社会基本法が公布され、男性の子育てへの関与が社会的責務として推奨されてはいたが、男性の育児休業取得をはじめとする育児参加は一向に進んではいなかった。このようななか、2010年に長妻昭厚生労働大臣が少子化打開策として男性の育児参加や育児休業取得促進などを目的とした「イクメンプロジェクト」を始動させた。これをきっかけに、「イクメン」という言葉が一気に世間に浸透することになる。厚生労働省によると、「イクメン」とは「子育てを楽しみ、自分自身も成長する男性のこと。または、将来そんな人生を送ろうと考えている男性のこと」である。厚生労働省の「イクメンプロジェクト」は現在も続いており、公式ソングまで存在している。[*11]

「出生動向基本調査」によると、男女ともに結婚相手の条件として「家事・育児の能力」を重視していることから、性格のよさと経済力は大前提であり、さらに家事・育児能力の高さと堅実な家計運営が求められていることがわかる。なかなか厳しい条件であるように思えるが、未婚者はこれらの点において「適当な相手」がいないから結婚する意思はあるけれど未婚の状態、すなわち無理に結婚しなくてもよい状況におかれているのだろうか。これらの変化を生み出した社会背景について、もう少し考えてみよう。

3 社会の趨勢の変化

1) 家事の省力化・外部化と女性の就労率の上昇

戦後、特に高度経済成長期には一般家庭に炊飯器、洗濯機、冷蔵庫、掃除機が普及した。1960年代にパナソニック（旧・松下電器産業）グループ創業者の松下幸之助は、家庭電気器具をつくることによって「日本の婦人を台所から解放した」と発言している。朝から晩まで家事に追われていた女性の家事負担が減少したことを示す有名なエピソードであるが、その後、食器洗浄機、洗濯から乾燥まで一気に仕上げる全自動洗濯機、掃除ロボットなど、家事を省力化するための便利な電化製品が私たちの生活の隅々に浸透している。電化製品の普及のみならず、掃

> **データの説明**
> *11 厚生労働省のホームページを参照 (https://ikumen-project.mhlw.go.jp/)。

除や洗濯、料理をはじめとする家事代行サービスも年々利用者が増えている。家事代行サービスはけっして安価とはいえないが、全自動洗濯機がなくともコインランドリーに行けばよいし、スーパーに行けば惣菜や弁当がたくさん並んでいるし、都市部においてはコンビニエンスストアがそこらじゅうにあるし……という具合に、家事は大幅に軽減することが可能となった。一昔前のように、「早くお嫁さんをもらわないと、家事が大変」ということがなくなったのである。経済力さえあれば、家事の大半は外部化が可能であるし、そうでなくとも限りなく省力化することが可能となったのである。これにより、男性にとって「妻に家事をしてもらう」というメリットはなくなった。それどころか、「結婚すると、家事を分担しろと言われたりお金が自由に使えなくなって面倒くさい」となったのかもしれない。これは、高学歴化が進み、就労率が上昇した女性にとっても当てはまることなのである。

つまり、家事の省力化・外部化と女性の就労率の上昇は、男女双方にとって結婚のメリットを感じさせづらくなったと考えられるのである。

② お見合いの減少

次に考えたいのが、「適当な相手にめぐり会わない」の「めぐり会い」、すなわち「出会い」についてである。ここで注目したいのが、恋愛結婚とお見合い結婚の推移である（図10-2）。

「出生動向基本調査」によると、戦前には約7割を占めていたお見合い結婚が

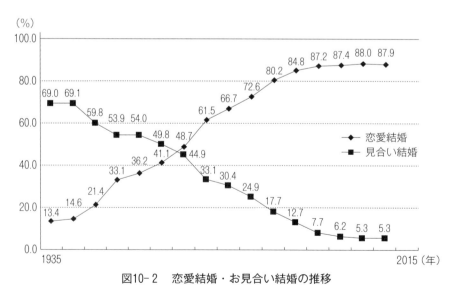

図10-2　恋愛結婚・お見合い結婚の推移

出典：国立社会保障・人口問題研究所「出生動向基本調査（結婚と出産に関する全国調査）」より筆者作成

その後一貫して減少を続け、1960年代末には恋愛結婚がお見合い結婚を上回るようになった。2015年においては、お見合い結婚は5.3％、恋愛結婚は87.9％となっている（国立社会保障・人口問題研究所 2017）。私たちは、泣く泣く意に染まぬ相手と結婚しなくともよい代わりに、「出会い」の機会も失ったのである。

また、セクシャルハラスメントへの意識が高まっている現在、恋愛や結婚の話は職場ではセクハラになりかねないリスクをともなう行為となった。これにともない、職場の上司や仕事関係者からの紹介による出会い、すなわち職場関係者の持ち込む「お見合い」の機会も大幅に減少することとなった。

このように「お見合い」による出会いの機会が減少するなか誕生したのが「婚活」という言葉である。

3）「婚活」の誕生

山田昌弘は、就職活動（就活）に見立て、「婚活」という語を考案し、提唱した（山田・白河 2008）[*12]。この「婚活」という言葉はマスメディアに大きく取り上げられ、「婚活ブーム」が到来することになる。「就活」に見立てるということは、もはや「結婚」は主体的に意思をもって活動しないと成し遂げられないものとなったことを意味する。つまり、「結婚」は「就活」並みの活動を必要とする難しいこととみなされるようになった——少なくとも、そう認識されるようになったのである。

この「婚活」という言葉の登場を待ち構えていたように、結婚に関するビジネスは活況を極めている。大手の結婚紹介所ばかりか、「婚活パーティ」「街コン」などのイベントも頻繁に実施され、インターネット上の「出会い」も数多く提供されるようになった。民間業者だけでなく、自治体も「出会い」を支援している。私たちは自分のもつネットワークのみならず、官民あげて提供する「出会い」の機会を活用しながら結婚相手を探す必要に迫られている、ともいえる。

当然、このような「婚活」には、時間もお金もかかる。リフレッシュしたいせっかくの休日に、気が合うかどうかもわからない初対面の人と会うのだから、心身ともに疲弊することも想像に難くない。そのため、「婚活」はその後「婚活疲れ」という言葉も生み出すことになった。

> ここも CHECK
> *12 「婚活」の初出は雑誌『AERA』2007年11月5日号である。

4 未婚社会って、「問題」？

1 社会レベルでの未婚化の問題

　古くは「家」と「家」のつながりが重視された、結婚。しかし、「自由恋愛」の誕生とその価値の上昇、日本国憲法において婚姻の自由が保障されたことによって、私たちは結婚相手を選べるようになった。また、結婚することについての考え方も変化し、「未婚でいること」への社会的圧力も弱くなっている。この傾向は特に都市部で顕著にみられ、私たちにとって「結婚」はしてもしなくてもよい個人的な問題となっている。これはつまり、「結婚」は進学や就職と同じく「流されるように」するものではなくなったことを意味している。働かなくては生活できないが、「結婚」はそれほど必然性をともなったものではない。自由に使える時間やお金が減り、共同生活のストレスが増えるだけのネガティブなものかもしれない。自己の利益を時間的・経済的にのみとらえれば、「結婚しない」すなわち「未婚」であることは合理的選択の結果であるといえるかもしれない。

　では、未婚化が進むことによって、なにが問題なのだろうか。先述したように、日本においては「未婚の母」は多くないため、未婚化は少子化につながりやすい[*13]。そのため、社会レベルの問題としては、労働力の減少が加速し、それにともない既存の社会保障制度の維持が困難になる。つまり、1960年代の高度経済成長期以降に正規雇用の男性労働者と専業主婦という核家族モデルを前提とし、つくり上げられた国民皆保険・皆年金をはじめとしたさまざまな仕組みの解体と再構築が必要となる[*14]。では、危機感をもって早急に既存の社会保障制度を再編し、人口を考慮した新たな制度をつくりあげることは可能だろうか。それは痛みをともなうものとなるが、各世代の国民にそれを引き受ける覚悟はあるだろうか。社会保障制度の改革を行わないのならば、大量に外国人労働者を受け入れる必要があるが、文化摩擦を乗り越えて彼ら／彼女らと共生するための意識改革ができるだろうか[*15]。

2 個人レベルでの未婚化の問題

　個人レベルではどうであろうか。ここで、「適当な人がいれば結婚したい」と考える人の多さに注目したい。この回答の多さの背後に、「結婚すること」への漠然としたあこがれのようなもの、すなわち自分に合う人との「つながり」を求める気持ちを垣間見ることができないだろうか。「家族」という存在はさまざまな意味での「つながり」を意味する。その存在が負担や重荷になることもあるが、「つながり」の希薄化が叫ばれる現代において「家族」はほぼ確実に「つながり」

ここも CHECK
*13 少子化については、第14章 (p.116)、第21章 (p.174) も参照。

ここも CHECK
*14 『平成24年版 厚生労働白書——社会保障を考える』（厚生労働省 2012）は日本の社会保障制度の変遷について、その要点を整理しコンパクトにまとめている。

ここも CHECK
*15 スイスの作家M.フリッシュは外国人労働者問題について「我々は労働力を呼んだが、やってきたのは人間だった」と語った。

を提供するものとなる。「晩婚」が増加傾向にあるのは、年を重ねて少しずつ心境が変化し、結婚のデメリットよりも「つながり」を求めるようになるからとは考えられないだろうか。

個人の自由や権利を尊重しつつ、「適当な人がいれば結婚したい」人が結婚し、子どもをもちたい人が望む数だけ子どもをもてる社会の実現は、社会レベルにおいても個人レベルにおいても非常に重要なことである。しかし、保育所建設の反対運動に顕著にあらわれているように、社会は必ずしも子どもにやさしくない。

男女ともに結婚のメリットを感じづらくなり価値観も多様化している現在、人びとが「家族をもつこと」に価値を見出す、あるいは必然的にそうせざるをえない限り、若年層の経済・雇用状態を改善したとしても、晩婚化はともかく未婚化の潮流は変わらないのではないだろうか。もしかすると、未婚化や少子化という現象は、若者が希望をもてない不寛容な社会となりつつあることを知らせる「炭鉱のカナリヤ」なのかもしれない。

まとめの問題

若年層の非正規雇用率を下げ、経済・雇用状態を改善すると未婚化は改善するのか、社会状況の変化や本文中で紹介した各種調査データを吟味して考えてみよう。

【ポイント】
- 事件や災害等も含めた大きな社会状況の変化が、結婚観や配偶者選択、子どもをもつことにどのような影響を与えているのかを考えてみる。
- 各種調査において「結婚」「家族（家庭）」のイメージがどう変化したかを吟味してみる。

調べてみよう

「出生動向基本調査（結婚と出産に関する全国調査）」（国立社会保障・人口問題研究所）のホームページを訪ね、結婚した夫婦の「出会ったきっかけ」について、第10回調査（1992年）から第15回調査（2015年）まで、年度ごとの男女別の集計結果を調べてみよう。

第11章 なぜいじめを止められないのか？

なぜ「いじめ」が起きてしまうのでしょうか。学校では、「いじめをしてはならない」「いじめられている人を助けなければいけない」「いじめの傍観者になってはいけない」などと繰り返し教えられています。しかし、社会のさまざまな場所でいじめは行われています。なぜでしょうか。本章では、いじめを生み出す集団の特徴に注目し、いじめが発生する仕組みについて考えていきます。

小・中・高校生時代に、「友だちがいじめにあっているのを見聞きしたこと」はあっただろうか。もしあった場合は、どうしただろうか。少しつらい思い出かもしれないが、振り返ってみよう。

keywords　いじめ　いじめの四層構造　傍観者

1　ありふれた出来事としてのいじめ

1　いじめとはなにか

　大変悲しいことではあるが、学校生活において「いじめ」はありふれた出来事である。これまでの学校生活を振り返って、身のまわりでいじめがまったく起きていなかったと断言できる人は少ないのではないだろうか。[*1]

　まずは統計からいじめの実態について確認していくが、その前にいじめとはなにかという点に簡単に触れておきたい。いじめの定義にはさまざまなものがあるが、日本における代表的ないじめ研究者である森田洋司は、「いじめとは、同一集団内の相互作用過程において優位に立った一方が、意識的にあるいは集合的に、他方に対して精神的・身体的苦痛をあたえることである」としている（森田1994：45）。

　やや難解な面もあるが、簡単にいえば、いじめは集団のなかで強い立場にある者が弱い立場にある者に対して、精神的・身体的苦痛を与える行為ということである。ただし「意識的にあるいは集合的に」とあるように、いじめには加害者が明確な意思をもって被害者を攻撃する場合だけでなく、集団の雰囲気や圧力に流されていわば無自覚的にいじめに加担してしまう場合がある。

お薦め本

*1　いじめ被害の悲劇的な結末のひとつが、自殺である。日本におけるいじめ自殺問題を扱った書籍として、伊藤（2014）、北澤（2015）がある。

2) 統計に見るいじめの姿

　文部科学省の調査によれば、2017年度における児童1,000人あたりのいじめ件数は、小学校で49.1件、中学校で24.0件、高校で4.3件、特別支援学校で14.5件となっている[*2]。ただし、この調査は学校（つまり先生）が認知したいじめ件数を報告したものであり、学校が把握していないいじめは統計にカウントされないという問題がある。

　そこで、生徒自身にいじめの有無を尋ねた調査を見てみよう。国立教育政策研究所の「いじめ追跡調査 2013-2015」の調査結果を表11-1に示した[*3]。ここから、2015年度の新学期に入ってから「仲間はずれ、無視、陰口」を1回以上経験したという中学生は、男子で36%、女子で37%いることがわかる。暴力をともなういじめである「ひどくぶつかる・たたく・蹴る」を経験した者も、男子で20.3%、女子で8.7%にのぼる。

　また、直接被害に遭わなくても、周囲でいじめを経験した者も多い。NHK放送文化研究所の「NHK中学生・高校生の生活と意識調査」（2012年）によれば、中学生の約30%、高校生の約17%が、今の学年になってから「友だちがいじめられているのを見聞きしたこと」があると回答している[*4]。この質問はあくまでも「今の学年になってから」の経験を尋ねたものである点には注意してほしい。それにもかかわらず、中学生の約3割は友だちのいじめ被害を見聞きしたと回答していることには驚かされる。

　このように、学校生活といじめは切っても切り離せない関係にある。それでは、なぜいじめがこれほどまでに蔓延しているのだろうか。そして、どうして私たちはいじめを止めることができないのだろうか。

表11-1　2015年6月における中学生のいじめ被害率（%）

いじめの頻度	仲間はずれ、無視、陰口		ひどくぶつかる・たたく・蹴る	
	男子	女子	男子	女子
	(n=1,066人)	(n=1,049人)	(n=1,066人)	(n=1,049人)
1回以上あり	36.0	37.0	20.3	8.7
週に1回以上	7.6	6.3	4.6	1.5
月に2～3回	7.7	9.0	4.0	1.6
今まで1～2回	20.7	21.7	11.7	5.6
ぜんぜん	64.0	63.0	79.6	91.2

出典：国立教育政策研究所「いじめ追跡調査 2013-2015」より筆者作成
注1：「1回以上あり」は週に1回以上・月に2～3回、今まで1～2回を合計し、筆者が新たに作成したカテゴリーである。
注2：丸めの誤差のため、合計が100%にならない。

データの説明

[*2] 調査名は「平成29年度 児童生徒の問題行動・不登校等生徒指導上の諸課題に関する調査」である。この調査は文部科学省が毎年実施しており、いじめだけでなく、暴行行為や長期欠席、自殺なども調査されている。調査の概要はホームページで確認できる。http://www.mext.go.jp/b_menu/toukei/chousa01/shidou/1267646.htm

データの説明

[*3] 「いじめ追跡調査」は1998年から年2回（6月と11月）実施されている。日本全体の状況を推測する際の根拠となりうる地点を選び、その市内にあるすべての小・中学校に通う小学4年生から中学3年生を調査対象としている。調査方法は集合法である。この調査は同じ児童を追跡調査しているため、小学4年生から中学3年生のいじめ経験の変化を知ることができる。

データの説明

[*4] 全国の中高生とその親を対象とした調査。サンプリング方法は層化無作為2段抽出、調査方法は生徒が個人面接法、父母は配布回収法である。有効回収数は生徒1,142人（うち中学生570人、高校生557人）(回収率63.4%)、父親969人（回収率53.8%)、母親1,230人(回収率68.3%)である。

2　教室の人間関係といじめ

1　いじめの四層構造論

　いじめは加害者と被害者がいて生じる。そのため、私たちも加害者あるいは被害者の特徴を調べれば、いじめが発生する仕組みが理解できると考えがちである。

　しかし、仮にいじめが発生しても、周囲が止めに入ったり、いじめに否定的な態度を示したりすればどうだろうか。おそらく、加害行為はエスカレートすることなく、いじめも止むだろう。日本ではいじめの約8割が教室内で起きていることが報告されている（滝 2001：62）。そうであれば、加害者と被害者の周囲にいるクラスメイトの存在も、いじめが発生する仕組みを理解するうえで重要なのではないだろうか。

　つまり、加害者と被害者の「いじめる―いじめられる」という関係だけに注目していては、いじめが発生する仕組みは十分に見えてこないのである。この点を強調し、教室内の子どもたちの人間関係に注目するのが、いじめの四層構造論である（森田 1994；2010）。この理論は長らくいじめ研究をリードしてきた、もっとも重要ないじめ理論のひとつである。

　いじめの四層構造論は、教室内の子どもを、加害者・被害者・観衆・傍観者の4つに分類する。このうち、最初の2つは説明が不要であろう。重要なのは当事者（加害者と被害者）の周囲にいる子どもたちである。周囲の子どもたちは次のように分けられる。ひとつは「いじめをはやし立てておもしろがって見ている子どもたち」（観衆）であり、もうひとつは「見て見ぬふりする子どもたち」（傍観者）である（森田 2010：131）。

　周りでいじめを見ている子どもたちのなかから仲裁者があらわれたり、直接止めに入らなくても否定的な反応を示したりすれば、いじめの継続は難しくなるだろう。これに対して、いじめをおもしろがったり、あおったりする子ども（観衆）がいれば、いじめはさらにエスカレートするだろう。この意味で観衆は加害者の立場により近いといえる。

　そして、なにより重要なのは傍観者の存在である。いじめがエスカレートするのを見て見ぬふりすることは、たしかに直接的にはいじめに関与していない。しかし、「なにもしない」ことを選択することは、暗黙のうちにいじめをしている子どもに支持を与えていることになる。つまり、観衆はいじめの加害者を積極的に支持することによって、傍観者は消極的に支持することによって、いじめを促進しているのである。[*5]

ここも CHECK
*5　ただし、加害者・被害者・観衆・傍観者の役割は固定的ではない。誰もが被害者になる可能性はあるし、時には加害者になるという意味で、教室内の人間関係が流動的であるという点には注意が必要である。

2　少なくない傍観者の存在

この説に対して、みなさんはどう感じただろうか。傍観者の存在がいじめを理解する鍵ということには納得がいっても、それほどに傍観者は多いのだろうかと疑問をもった人も多いのではないだろうか。

そこで、いじめを見聞きした際の子どもたちの行動についての調査結果を紹介する。[*6] 米里 (2001) は、いじめを見聞きした際の行動を「介入」「おもしろがり」「不干渉」「その他」に分類し、それぞれの構成比を示している。

表11-2　いじめを見聞きしたときの対応 （%）

グループ	回答	男子 (n=1,300人)	女子 (n=1,524人)
介入	いじめている人にやめるように注意した	32.8	36.4
	学校の大人の人（先生など）に助けを求めた		
おもしろがり	いじめなかったが、その人がいじめられているのを見ておもしろかった	6.6	4.5
不干渉	いじめにかかわりを持たないようにした	42.6	45.2
その他		18.0	14.0

出典：米里（2001：152）より筆者作成
注　：丸めの誤差のため、合計が100%にならない。

表11-2に示したように、男女ともに不干渉グループも多く、これに介入グループが続いている。おもしろがりグループはもっとも少ない。四層構造論と対応させると、介入が仲裁者、おもしろがりが観客、不干渉が傍観者にあたると考えられる。クラスには仲裁者も少なくないが、実は傍観者が最大勢力なのである。[*7]

さらに、たとえ友だちがいじめられていても、なんらかの行動を起こすことは難しいようである。冒頭で紹介したNHKの調査では、「友だちがいじめられているのを見聞きしたことがある」と答えた人に、どのように行動したかを尋ねている。その結果は、いじめを注意すると答えた人も中学生で約10%、高校生で約20%いるが、実に約半数は「なにもしなかった」、つまりいじめの傍観者になっていたというものであった。

3　傍観者が生まれる仕組み

1　規範意識の悪化と友人関係の希薄化？

ここからは、傍観者が生まれる仕組みについて考えていこう。もしかすると、子どもたちの規範意識は悪化しており、多くの子どもはいじめを悪いことだと考え

データの説明

[*6] この調査は国際比較を目的に、1997年に実施された。調査対象は全国の国公立の小学5年生から中学3年生の児童生徒とその保護者およびその学級に関与している教師である。サンプリング方法は層化多段抽出法であり、調査方法は配布回収法である。有効回収数は6,906人（回収率85.3%）であった。

ここも CHECK

[*7] 興味深いことに、日本では学年が上がるにつれて、傍観者の割合が上昇している（米里 2001；森田 2010）。その理由を考えてみてほしい。

ていないのだろうか。そのために、友だちがいじめられていても「たいしたことはない」と傍観を決め込んでいるのだろうか。もちろんそのようなことはない。「いじめは、どんな理由があってもいけないことだと思いますか」という質問に対し、9割以上の小学生・中学生は肯定的に回答している[*8]。つまり、傍観者の大半はいじめが悪いことだと知りながら、被害者を助けることができないでいるのである。

では、子どもたちの友人関係になんらかの変化が起きているせいで、いじめを傍観する子どもが少なくないのだろうか。実際、この無関心の背景として友人関係の希薄化が指摘されることがある（米里 2001：157）。つまり友人とのつながりが弱く、よそよそしいものになっているため、子どもたちがいじめに対して無関心になっているというのである。しかしながら、若い世代の友人関係が希薄化しているという根拠はあまりなく、多くの若者は現在の友人関係に満足しているのである[*9]（辻 2016）。

データの説明
[*8] 国立教育政策研究所の「平成29年度全国学力・学習状況調査」の調査結果。この調査は小学6年生と中学3年生を対象とした全数調査であり、約200万人が調査対象となっている。調査方法は集合法である。

ここもCHECK
[*9] 若者の友人関係については、第1章（p.8〜）を参照。

２ 「いじめはいけない」の影響力

そもそも、いじめを見聞きした際に積極的に傍観する子どもは多いのだろうか。実際にいじめを見聞きした際の行動ではなく、仮にいじめを見聞きした際にとるであろう行動を尋ねることで、この点について考えてみよう。厚生労働省の「平成21年度 全国家庭児童調査」は「クラスの誰かが他の子をいじめているのを見たときの対応」を調べている[*10]。表11-3の選択肢を見ればわかるように、この質問は実際にとった行動ではなく、仮にいじめを見たときにとるであろう行動について尋ねている。ここから、仮にいじめを目撃したとしたら、なにもしない（傍観者）ことを選択する者よりも、なんらかの対応をとる者のほうが明らかに多いことがわかる。どうやら積極的に傍観者になろうとする子どもは、多数派とはいえないようである。

それでは、多くの子どもたちを傍観者にする背景にはなにがあるのか。いじめ

データの説明
[*10] この調査は1999年から2009年まで5年に1回の間隔で計3回実施された。調査対象は小学5年生から18歳未満の児童である。調査の概要はホームページで確認できる。https://www.mhlw.go.jp/toukei/list/72-16.html

表11-3 クラスの誰かがほかの子をいじめているのを見たときの対応（%）

対応	総数 (n=1,061人)	性別		学年別		
		男子 (n=559人)	女子 (n=502人)	小学5-6年生 (n=290人)	中学生 (n=426人)	高校生等 (n=345人)
「やめろ！」と言って止めようとする	16.9	21.6	11.6	24.1	13.4	15.1
先生に知らせる	25.7	26.1	25.3	39.7	25.1	14.8
友達に相談する	36.4	25.9	48.0	22.1	39.7	44.3
別に何もしない	21.0	26.3	15.1	14.1	21.8	25.8

出典：厚生労働省「平成21年度 全国家庭児童調査」より筆者作成
注　：丸めの誤差のため、合計が100%にならない。

を傍観した理由にはいくつかのパターンがあるが、もっとも多いのは「被害者を助けたいという気持ちをもちつつも、自分にはそのような力がない」というものだったという報告がある（久保田 2008：25）。つまり、仲裁に入ったときの仕返しが怖いという「保身」（あるいはいじめへの恐怖）がいじめを傍観する大きな理由ということになる。[*11]

この「保身」を理由とした傍観は、実感としてよくわかるという読者も多いのではないだろうか。多くの場合、いじめの加害者は複数いるため、たったひとりでいじめに立ち向かうことは難しい。いじめを止めるどころか、仕返しされてしまうかもしれないからだ。反対に考えれば、クラスメイトが自分と一緒にいじめを止めてくれると期待できれば、傍観者ではなく仲裁者になることができると考えられる。

しかし、先ほど触れたように、小・中学生の大半はいじめに否定的だったはずである。いじめを止めに入ったらまわりは加勢してくれるのではないか。それにもかかわらず、なぜ保身から傍観者になるのだろうか。その理由として、いじめを強く拒絶する考えをもっている子どもが、クラスで影響力をもっていないという仮説が示されている。教育社会学者の鈴木翔によれば、「いじめはいけない」という考えを強くもっている子どもは、クラス内で友人が少なく、あまり自己主張をしない傾向がある。反対に、いじめを強く拒絶する考えをもっていない子どもは、友人が多く、自己主張も強い傾向がある。その結果として、いじめを強く拒絶する考えはクラスの主流派の意見になりにくく、いじめの仲裁に入ってもクラスメイトの支援が期待できない状況が生まれてしまうのである。ここから、「いじめはいけない」という考えはクラスで漠然と共有されているものの、子どもたちを動かすほど強い影響力をもち得ていないことがうかがえる（鈴木 2015）。

> ここもCHECK
> *11 同時に、久保田は身近で起こっているいじめを自分と切り離して考えている者も少なくないことも指摘している。つまり、いじめへの無関心も傍観する理由として無視できないといえる。

3 いじめを少なくするために

ここまで、いじめの四層構造論に基づいて、いじめが発生する仕組みと傍観者が生まれる仕組みについて考えてきた。いじめは被害者―加害者の二者関係だけで成立するものではなく、教室における人間関係に注目しなければならないという主張は、いじめは集団のなかで生み出されるという点を明確にしたという点できわめて重要である。

しかし、この理論でいじめのすべてが説明できるわけではない。第一に、傍観者あるいは仲裁者の役割をやや強調しすぎている。四層構造論に基づけば、傍観者を減らし仲裁者を増やすことがいじめを減らすための重要な方策ということになる。とはいえ、仲裁以外にも子どもたちにできることがある。それは「通報」である（荻上 2018：119-122）。つまり、自力でいじめを解決するのではなく、先生や親などにいじめが起きていることを伝え、早期に適切な介入を促すことでいじ

めに対応することも実は重要なのである。これまでのいじめ対策では仲裁者の役割が強調されてきたが、子どもたちの間での問題解決を強調するよりは、先生などの大人を巻き込んだ解決策を考えるほうが現実的だろう。[*12]

第二に、上記の点とも関連するが、四層構造論は加害者の役割を軽視しているように見えることは否定できない。国立教育政策研究所の「いじめ追跡調査2007-2009」によれば、いじめ加害はストレスやストレッサー（ストレスを生み出す要因）と強い関連がある。ストレッサーとして、勉強や教師・友人・家族との関係を調べているが、このうちもっとも大きな影響があったのは友人関係であった。「自分のしたことで、友だちから悪口をいわれた」などの経験をもつ子どもは、いじめを行いやすいのである。ここから、友人関係によって生じるストレスのはけ口として、いじめが行われていることがうかがえる。子どもたちの抱えているストレスを減らす方法を考えたり、ストレスへの適切な対処策を教えたりすることもまた重要ないじめ対策である。

第三に、いじめの四層構造論は教室内のクラスの子どもたちが、なんらかの形でいじめに関与していることを前提にしている（知念 2017：201-204）。つまり、この理論に登場するすべての子どもたちは教室でいじめが起きていること知っており、だからこそ被害者・加害者・観衆・傍観者という役割が与えられている。しかし、実際には教室でいじめが起きていることを知らない子どもも少なくない（森田ほか編 1999：108-110）。そもそも一方的な暴行ならともかく、「いじめ」と「けんか」・「ごっこ遊び」「いじり」との境界は被害者以外には曖昧である。このいじめの「見えにくさ」もまた、いじめを止めることが難しい理由の一つであるといえよう。[*13]

このように、いじめについて考えるべき問題は多い。本章で学んだ内容をふまえて、かつての学校生活を振り返ってみれば、いじめを少なくするためのヒントを見つけることができるかもしれない。

ここもCHECK
*12 改めて四層構造論を振り返ると、先生の占める位置がないことに気がつくだろう。

お薦め本
*13 本章では日本のいじめについて論じたが、海外でもいじめ被害は深刻である。海外のいじめ研究を整理したものとして、スミス（2016 [原著 2014]）がある。

まとめの問題

いじめを少なくする方法について、①いじめの四層構造論に基づいて論じたうえで、②その方法についてあなたは賛成か、反対かを論じなさい。

【ポイント】
・いじめの四層構造論は、いじめが生まれる仕組みとして「傍観者」の役割を重視する。
・いじめを少なくする方法は、荻上の研究や国立教育政策研究所の調査からも考えることができる。また、鈴木の研究も参考になる。

お薦め本
*14 いじめに関するノンフィクションやルポルタージュを探す際、加野（2011）の「ブックガイド」は非常に参考になる。

調べてみよう

いじめに関するノンフィクションやルポルタージュを読み、いじめが発生する仕組みについて考えてみよう。[*14]

第12章 なぜ若者はSNSにはまるのか？

　SNSは、みなさんの多くが日頃から慣れ親しんでいるものだと思います。SNSの普及により、より簡便に、情報の伝達、意思の疎通、自己表現ができるようになりました。若年層ほどこれらSNSを活用しているのは、サービスを利用する主たるメディアであるスマートフォンを他の年齢層よりも自在に活用できるからだけではありません。では、なぜSNSがこれほどみなさんを惹きつけるのでしょうか。本章では、SNSの機能がいかにして若年層の心理を惹きつけているのか、その仕組みについて考えます。

　あなたは、友人とのラインでのやりとりを、めんどうくさく感じながらも、相手が不愉快に思い友人関係がこわれることをおそれて、やめるにやめられない状態になったことはないだろうか。一方で、ツイッターやフェイスブックで価値観や趣味を共有できる「友人」を増やしたいとは思っていないだろうか。SNSには、仲間集団のつながりを確認する機能と、見知らぬ他者とのつながりをつくる機能があるといえる。このことが自らのSNSの利用にも当てはまるかを振り返ってみよう。

 手段的行為と自己充足的行為　承認・自己表現欲求　異質な他者の排除

1　ICTとSNS利用の動向

1　電子コミュニケーションの歴史

　ICT（Information and Communication Technology＝情報通信技術）を利用したコミュニケーションは、いまやごくありふれたものとなった。特に、SNS（Social Networking Service）の利用率は、総務省「平成30年版 情報通信白書」によれば、「インターネットで利用した機能・サービス」中、「電子メールの送受信」「ニュースサイトの利用」等に続き、「動画投稿サイトの利用」等とならんで高い。特に、「13歳～39歳」の年齢層では7割前後の利用率となっており、若年層がSNSの主要な利用者であることがわかる。[*1]

　SNS、特に「ツイッター」「フェイスブック」等は、閲覧できる者を限定していない限り、不特定多数の者に対し、文字、画像、動画が発信される。その際、「お気に入り」あるいは「いいね」といった反応が得られたり、「コメント」が書き込まれることもあれば、「リツイート」あるいは「シェア」されることでより多

データの説明

[*1] 元データは、「平成29年通信利用動向調査」（総務省）による。本調査は、満20歳以上の世帯構成員がいる世帯を対象に、層化二段無作為抽出法により、220地点4万592世帯が抽出され、平成29年11月から12月に郵送法、対象者自身が自ら記入する方法にて行われた。回収率は41.1％、有効回答数は1万6,117件であった。なお、「情報通信白書」は、アマゾンのサイトから、無料でダウンロードできる。

くの者へ投稿内容が拡散されることもある。よほど「公序良俗」に反する内容でなければ、誰もが、どのようなことでも自由に情報を発信することができる。マスコミュニケーションと異なり、そこに「編集」の手続きが加わることはない。また、アカウントを作成し情報を発信するのが非常に簡単であり、情報の流れが「双方向」であることもSNSならではの特徴である。

　それでは、このような情報発信のハードルがきわめて低い双方向のコミュニケーションを可能にするSNSが定着するに至るまでに、どのようなICTの発展があったのだろうか。

　ICTの歴史は、アメリカ国防総省の高等研究計画局による、TCP/IPと呼ばれる技術を用いた分散型コンピュータネットワークの構築にはじまる。1985年に日本でコンピュータ間通信が自由化され、1991年、スイスでHTML（HyperText Markup Language）およびWWW（World Wide Web）の技術が開発された。そして、1992年、日本で商用インターネット接続のサービスが開始され、1995年、Microsoft Windows 95の爆発的な普及により、インターネット利用が本格化することとなる。1999年には、NTTドコモがi-mode対応の携帯電話を発売し、ADSL（Asymmetric Digital Subscriber Line）の商用サービスが開始され、「ブロードバンド」の時代が到来した。2000年代に入ると、光ファイバーおよび無線通信ネットワークが拡充・整備され、「ブログ」と呼ばれる平易な情報発信のサービスが始まる。1999年には巨大匿名掲示板「2ちゃんねる」（現在は「5ちゃんねる」。アメリカ合衆国では2003年に「4chan」なる同様の掲示板が開設された）、2004年には「フェイスブック」、2005年には「ユーチューブ」、翌2006年には「ツイッター」の一般利用が始まり、翌2007年には「ユーストリーム」、2010年には「インスタグラム」、2011年には「ライン」と「スナップチャット」が、サービスを開始した。1990年代以降のICTの主要な歴史をとりまとめると、表12-1のとおりとなる。

　ブログやSNSが活用される前までは、HTMLのタグと呼ばれるプログラムを組んでウェブページを作成し、FTP（File Transfer Protocol）に基づくソフトウェアでウェブサーバーへアップロードしなければならなかった。「ホームページビルダー」に代表されるような、より簡単にウェブページを作成し、公開するソフトウェアはあったものの、個人が情報を発信するハードルは高かった。ブログと各種SNSに共通するのは、テキストベースでコマンドを打ち込む必要がなく、わかりやすいアイコンをタップあるいはクリックするだけで、容易に情報発信ができる点にある[*2]。かくして、誰もがインターネットを介して双方向のコミュニケーションをはかることが可能になった。ブログと各種SNSは、一気に情報発信のハードルを引き下げた。

> ✓CHECK
> *2　1970年代以降、民生用コンピューター等の電子機器において、GUI（Graphical User Interface）と呼ばれる、直観的にして容易にマシンを操作できるOSや応用ソフトウェアの開発が進められた。GUIの発展は、電子機器の大衆化の歴史でもあった。

表12-1　ICTの主要な歴史

年	内容	備考
1985年	コンピューター通信の自由化始まる	
1992年	商用インターネット接続サービス開始	
1995年	Windows95発売	⇒インターネット利用者急増
1999年	NTTドコモ　i-mode発売	
	ADSLの商用サービス開始	⇒ブロードバンド時代到来
2000年～	光ファイバー・無線通信の拡充	
	「ブログ」の流行	
2004年	「フェイスブック」始まる	⇒SNSの拡大 インターネットによる双方向のコミュニケーションへ
2005年	「ユーチューブ」始まる	
2006年	「ツイッター」始まる	
2010年	「インスタグラム」始まる	
2011年	「ライン」始まる	

2　SNS利用の動向

　各種SNSの利用率については、総務省情報通信政策研究所の「平成29年 情報通信メディアの利用時間と情報行動に関する調査」によれば、20代～30代で、ライン利用率が9割を超えており、フェイスブック利用率が5割前後、10代～20代で、ツイッター利用率が6割前後と高い。[*3]非対面コミュニケーションの手段は、固定電話から携帯電話の通話へ、さらにSMS（Short Message Service）と電子メール、ライン、フェイスブックやツイッターの「メッセージ」機能も含めた情報のやりとりへとシフトしているといってよいだろう。かつて、電話での通話と異なり、時間と場所の制約を受けることなくメッセージを伝達できる電子メールが主要なコミュニケーションの手段であったが、現在では、電子メールでのやりとりをめんどうくさく思い回避する若者も少なくない。コミュニケーションの手段は、総じて、より自由で、簡単に済ませることができるものへ推移しているといえる。

　もとより、ツイッター、フェイスブックとラインとでは、使い方によっては共通点も見られるが、決定的に異なる点もある。自らのツイッターとフェイスブックでの投稿内容を閲覧できる者を特定の範囲（「フォロワー」ないし「友だち」）に限定すれば、ラインの「グループトーク」と同様に、特定少数者とのコミュニケーションが成立する。しかし、投稿内容を閲覧できる者を特定の範囲に限定しなければ、不特定多数の者とのコミュニケーションの機会が開かれることになる。その点で、ツイッターやフェイスブックと、特定個人あるいは特定少数者とのコミュニケーションにその機能が限定されたラインとでは、サービス利用の用途が決定的に異なる。

📊 データの説明
*3　本調査は、層化割当無作為抽出法により、13歳から69歳までの男女1,500人が抽出され、平成29年11月に訪問留置調査にて実施された。なお、同調査報告書は、総務省のウェブサイトから閲覧できる。

■第2部■ 社会の謎を解く

　なお、近年の動向として、若者のライン離れが指摘されているが、総務省の「平成29年版 情報通信白書」と「平成29年 情報通信メディアの利用時間と情報行動に関する調査」のデータでは、逆に若者のライン利用率は年々高くなっている。とはいえ、若者のなかには、メッセージの絶え間のないやりとりに消耗しがちなラインを敬遠する者もいるのだろう。また、ツイッターは、フェイスブックとは異なり、140文字以内に書き込みの分量を制限されている。この点では、160文字以内に字数が制限されたSMSの仕様と同じであり、ツイッターに「鍵をかけて」閲覧できる者を限定する場合、SMSと同様の制限のもと、ラインのグループトークと同じく双方向のコミュニケーションでありながら、書き込みへの反応を押しつけない利点を生かした使われ方がなされているといえる。

　ICTコミュニケーションへ費やす時間の増加は、当然、それ以外の自由時間を減少させる。上記の調査でも、10代～30代において、テレビの視聴時間がここ5年間にわたって減少し、インターネットの利用時間が増加していることが明らかとなっている。また、2010年以降、スマートフォンの普及率が著しく増加し、現在ではパソコンのそれを上回っている。SNSも、パソコンよりもスマートフォン等のモバイル機器で利用される傾向が進んでいる。

2　SNSと承認・自己表現欲求

1　電子コミュニケーションの目的合理性

　前述したように、非対面コミュニケーションの手段は、固定電話から携帯電話の通話へ、そしてSMSと電子メール、さらにはスマートフォンとパソコンでのSNSへと転換してきた。携帯電話の普及期には、電車や街頭といった公共空間にて大声で通話する者に辟易したものであるが、現在ではあまりそのような光景は目にしない。代わりに、たとえば電車のなかでは、ほとんどの者が下を向きスマートフォンを目にしている光景が違和感なく見られるようになった。

　スマートフォンをじっと見入って操作する者は、みながみなSNSで記事を投稿したりメッセージのやりとりをしているわけではない。スマートフォンは、いまや、超小型・高性能のカメラ、通話機能つきのモバイルコンピュータである。電子メールを読みあるいは書く、新聞社が配信するネットニュースや電子書籍を読む、為替や株価の値動きを見る、ネットバンキングやネットショッピングを行うなど、その場に居合わせた人びとは、さまざまな用途でスマートフォンを利用している。かつて、電車のなかで、新聞や文庫本を読む者がいたときと変わらない面もあるが、ネットニュースの閲覧であれ電子書籍による読書であれ、紙媒体を必要とせず、一台のスマートフォンで行為を完結できる点で異なる。家族や友人・

【人物紹介】

*4　チャールズ・クーリー（Charles Horton Cooley, 1864～1929）
　アメリカの社会学者。「第一次集団」の概念提起者としても、よく知られている。

知人等に連絡をとりたければ、ライン、ツイッター、フェイスブック等で伝えたいことを書き送信すればよい。私たちは、特定の他者にメッセージを、時間と場所の制約を受けることなく、いとも簡単に伝え合うことができるようになった。メッセージの伝達、消費行動、資産管理等において、ICTコミュニケーション、とくにスマートフォンによるそれは、行為の目的をきわめて効率的に遂行できる手段である。

② SNSによる承認欲求・自己表現の充足

現在、進行しているのは、手段的行為におけるICTコミュニケーションの活用の増大だけではない。私たちが、ふと思いついたこと、変わった経験をしたこと等を不特定多数の者に伝えたいと思ったとき、SNSは即座にその願いをかなえてくれる。前述したように、書いた記事を編集する他者はいない。文字、画像、映像を、簡単な操作で、ダイレクトに公開することができる。なんらかの社会問題の解決のために自らの意見を広く知らしめたいという場合を除けば、その情報発信は、メッセージの公開自体が目的であり、ほかのなにかのための手段ではない。社会学では、こうした行為を、コンサマトリー（自己充足的）な行為と呼ぶ。たとえば、読書という経験でも、大学で特定の科目の単位を習得するための試験対策ないしレポート作成のためにイヤイヤながら必要な文献を読む場合、それは目的合理的行為、手段的行為である。それに対し、本を読むこと自体が楽しい、あるいは内容がおもしろくて読むのをやめられなくなったという場合、その読書は、コンサマトリーな行為といえる。SNSでの投稿は、ただたんに「伝えたいから伝える」ことで完結することが多い。

また、それは、なんらかの表現を通した自己の他者への提示でもあり、ときには、「お気に入り」や「いいね」という反応、あるいはリツイートやシェア、コメントの書き込みを期待し、他者からの承認欲求を得るべく行われることもある。インターネット上の自己は、SNS上での表現を通して他者に提示され、はじめて他者に承認された社会的存在として認識されることになる。人は、他者を通して、C. H. クーリー[*4]のいう「鏡に映った自己」(looking-glass self)[*5]を認識し、自らの自己愛を充たすべく、ときとして「印象操作」[*6]を行う。SNS上の自己は、家族、学校、職場等で他者から承認されたそれとは別に、任意に構築される。画像修正処理を行った自分の写真をインスタグラムに投稿する行為に代表されるように、「ほかの誰にも代わることができないかけがえのないわたし」をSNS上で実現すべく、SNSのヘビーユーザーのなかには、ほとんど一日中スマートフォンを手放さず、自らを見せ物にして、つぶやき続け、ときには映像をまじえて自己の日常生活を実況し、膨大な自己のかけらを表現・発信する者もいる[*7]。自己充足的な情報発信

用語解説

*5 鏡に映った自己
C. H. クーリーは、他者（の振る舞い）を自己（の評価）を映し出す「鏡」にたとえた。私たちは、自分の顔は鏡を見ないとわからない。それと同様に、自己が他者からどう思われているのかは、他者の反応を見ないとわからないというわけである。自己の社会性は、「鏡に映った自己」を観察し、自己のありさまを反省・修正することで発達する。

用語解説

*6 印象操作
アメリカの社会学者、E. ゴフマン（1922～1982）は、社会を、演技が行われる劇場の舞台にたとえ考察した。私たちは、他者からなんらかの役割を期待され、本意でなくとも、その場をやりすごすために、役割を演技する。役割演技を通して、他者の自己への評価を維持・修正する振る舞いを、ゴフマンは「印象操作」と呼んだ。なお、ゴフマンについては、第9章（p.77）を参照。

CHECK

*7 各種SNSを運営する超国家企業は、利用者のメディア接触の履歴を収集し、それらが集積した「ビッグデータ」を売却し、あるいは、SNSユーザーの興味・関心や嗜好にピンポイントで訴求できる記事や広告を配信する。N. G. カーはSNSの利用者を、皮肉たっぷりに「デジタル式小作人」と呼ぶ（カー2016［原著2016］）。

■ 第2部 ■ 社会の謎を解く

は、SNSにのめりこむほどに、自己愛を充たすための手段と化すのである。

本章第1節で見たように、いまや誰もが簡単にSNS上で自己を表現できるようになった。SNS上の自己の構築は、家族、学校、職場等で承認欲求を充たされない者にとって、もうひとつの他者の承認を求める機会となる。対面コミュニケーションにおいて承認欲求を充たされた者であっても、さらなる他者の承認を求めて、SNS上の自己の構築にいそしむ。そこにあるのは、とめどなく膨れ上がる自己愛であり、尽きることのない自己表現の欲望である。

3　SNSと社会性の喪失

1　SNSにおける社会性の欠落

ブログ、SNSといった参入障壁が低い情報発信の手段が出現した際、それらソーシャルメディアにおける自己表現の爆発的増大、リツイート、シェアされることによる情報の拡散に見られるコミュニケーションの増大が、社会システムを根底から変容させるという期待があった。しかし、ソーシャルメディアで注目され、発信した情報が参照されるのは、ごくひとにぎりの有名人か、創造的表現に秀でた者に限られている。そこに、情報発信の平等性、双方向性を見出すのは困難であり、あいかわらず従来型の、不特定多数の大量の人びとに向けたマスコミュニケーションが、ソーシャルメディア上で展開されているにすぎない。

かつて、「理想的発話状況[*8]」を保障されたあらゆる人びとが、SNS上で特定の議題について意見をたたかわせ、それが熟議を経たうえでの投票（Deliberative Polling）結果にもとづく民主主義の実現につながるという幻想があった（同様の期待は1990年代の「パソコン通信」の時代からすでにあった）。しかし、その「あらゆる人びと」の不在、すなわちごくひとにぎりの人びとの意見しかSNS上では参照されないという、身も蓋もない事実によって、そうした幻想は露と消えた。2010年から翌年にかけて、チュニジアで起こった「ジャスミン革命[*9]」においては、政府による人権蹂躙の事件の情報、反政府デモの呼びかけが、フェイスブック、ツイッター等で拡散され、それが実際に独裁政権の崩壊に結実した。しかし、実際の政治のありさまはともかく、外形的には法による支配と民主主義の手続きが整備された社会で、特定の議題についてSNSで共有された情報や意見により、政治変動が起きることはまれである。たしかに、東日本大震災による福島原発事故発生以降の反原発運動、ニューヨークのウォール街占拠運動[*10]、2015年の反新安保法制運動等において、SNSはこれら社会運動の「触媒」として大きな役割を果たした。こうした社会運動においては、「あらゆる人びと」の声がSNS上で飛び交い、一時的に世論が沸騰し、祝祭空間が出現する。しかし、祝祭は永続しない。多少

用語解説

*8　理想的発話状況
ドイツの社会哲学者、J. ハーバーマス（1929〜）は、討議において、相互の了解を得ていくためには、参加者が、自らが正しいと思うことを誠実に主張し、それへの反論の機会が対等に保障されている状況が必要であると考えた。そうした討議の条件を「理想的発話状況」と呼ぶ。なお、ハーバーマスについては、第23章（p.195）を参照。

用語解説

*9　ジャスミン革命
2010年12月、チュニジアにおいて、警察官による街頭での行商の妨害と賄賂の要求に抗議すべく、ある貧しい青年が焼身自殺を図った。事件直後の現場の様子を撮影した動画がフェイスブックに投稿され、これを機に、経済的に困窮する青年層を中心に、SNSでつながった国民による反政府デモが展開され、23年間におよぶ独裁体制は崩壊した。チュニジアの象徴がジャスミンであったことから、この政変は、「ジャスミン革命」と呼ばれた。

の政治的影響はあっても、ほどなく人びとは「日常」にもどり、SNSの舞台は、ひと握りの人びとによるマスコミュニケーションと、特定少数の人びとによる無数のパーソナルコミュニケーションへと、再び分極化する。

② SNSによる社会性の喪失

　社会関係資本（ソーシャル・キャピタル）の論者、R.D. パットナム[*11]は、人びとが相互の信頼によって取り結ばれ、社会規範によりゆるやかに統制された平等な社会的ネットワークとしての社会関係資本を、橋渡し型（bridging）と結束型（bonding）[*12]に分類した（パットナム 2006［原著 2000］）。SNSは、社会運動の沸騰期には「橋渡し型」の機能を発揮し、異質な他者を結びつけ、それが祝祭的な集合行動に結実するわけであるが、前述したように祝祭はやがて収束する。L. フェスティンガーの「認知的不協和の理論[*13]」を待つまでもなく、人びとは、信頼、社会規範、価値観を共有しない異質な人びととSNS上でつながることを好まない。仮につながったとしても、強烈な違和感や反感をもった時点で、即座に「ブロック」するだろう。すなわち、日常の、SNSが取り結ぶ社会的ネットワークは、「結束型」の社会関係資本として、必然的に「島宇宙[*14]」化するのである。たとえば、特定少数の仲間集団との関係が過剰に意識される10代の青少年にとって、ラインにおいて、「既読スルー」や「未読無視」は仲間はずれやいじめの原因となることがある。いずれにせよ、「私的世界」があらゆる公共空間に持ち運びされるモバイルコミュニケーションにおいて、オンライン・コミュニティという「内部空間」への自閉化と「外部空間」の排除ないし風景化は、必然の成り行きである。

　SNSは、自らと異質な他者との出会いとつながりを促すよりも、とくに嗜好や価値観の次元で同質的な「仲間集団」の形成を促すものである。同時に、SNSは、GPSにより捕捉された人びとの移動履歴、消費行動、ウェブページのアクセス履歴等の「ビッグデータ」により、より効率的な企業や行政の販売促進やコストカットを可能にする「システム統合」を推進する。しかし、異質な者どうしのつながり、対話、信頼の度合いを示す「社会統合[*15]」は後退し、社会の分断化、異質性の高いマイノリティの社会的排除が進行してしまうおそれがある。

　アメリカの法学者C.サンスティーンは、インターネット上で、検索や閲覧したウェブページの履歴から、個々人の興味・関心にかなった情報を得られやすくするICTの機能を、「デイリーミー（日刊自分のための新聞）」と呼んだ。また、同質的な者どうしのつながりが強化され、自らとは異質な他者との接触機会が失われて、その同質的な者が異質な者を排除する奇妙あるいは過激な思想をもち、ときにそれを実行に移すに至ることを「サイバーカスケード」と呼ぶことがある[*16]（サンスティーン 2018［原著 2017］）。たとえば、沖縄県名護市の辺野古米軍基地建設反

用語解説

*10　ウォール街占拠運動
　2008年の金融危機後、アメリカ政府は、破綻しかけた金融機関を公金を投入することで救済した。2011年7月、こうした政府と金融機関へ抗議するために、金融機関が集積するニューヨークのウォール街を占拠しデモ活動を行うことが、ウェブサイトで呼びかけられ、それはツイッター等のSNSによりまたたく間に拡散され、数か月にわたって大規模なデモ活動が展開された。

ここも CHECK

*11　パットナムについては、第8章（p.68）を参照。

用語解説

*12　橋渡し型（bridging）と結束型（bonding）
　「橋渡し型」の社会関係資本は、弱く開放的に、異質な人びとが「つながりのつながり」を拡張していく社会的ネットワークであり、「結束型」のそれは強く閉鎖的に、すでにある社会的ネットワーク内で信頼、協調、結束がさらに強化されていくつながりあいである。なお、社会関係資本については、第1章（p.10）、第8章（p.68）も参照。

用語解説
*13 認知的不協和の理論

フェスティンガー自身が例示した実験的調査に即していえば、私たちは、高価な自家用車を購入する場合、複数の車両についての大量の情報を収集し比較検討するが、A車を購入したあとは、B車ほかの情報は、広告も含めて遮断してしまう傾向が見られる。A車以外の車両に魅力を感じてしまうと、「A車を選択した」ことと「A車以外の車両のほうが購入するに値する」という判断との間に、「認知的不協和」が生じてしまうからである。

用語解説
*14 「島宇宙」化

「島宇宙」化とは、宮台真司が著作『制服少女たちの選択』(1994) で指摘した社会現象であり、同質の興味・関心や価値観をもつ者どうしが排他的で孤立した居場所に自閉していくことを意味する。

ここも CHECK
*15 ハーバーマスは、社会規範に導かれ、相互の了解と合意を意図しコミュニケーションを積み重ねることで達成される社会のまとまりを「社会統合」として位置づけ、機能遂行においてもっとも合理的、効率的な戦略的行為が積み重ねられることで達成される「システム統合」と区別した。

ここも CHECK
*16 サイバーカスケードについては、第15章 (p.126) を参照。

対運動への参加者および賛同者は、中国や韓国の反日勢力と通じているといった風評を、SNS上でとめどなく拡散するばかりか、あらゆる反政府活動を「パヨク」(「左翼」を軽蔑していう言葉) の反日工作として見なしてしまう者も少なくない。若年層における、スマートフォンとSNSの急激な普及と第二次安倍政権への支持率の高まりには、意味のある相関関係があるのかもしれない。

本章の問いに立ち戻れば、若者 (に限らないわけだが) がSNSにはまるのは、同質な「仲間集団」の「結束型」社会関係資本のなかで、脆弱になりがちな自尊感情を慰撫され、承認欲求を充たしあうことで、心理的充足感を獲得でき、ときには、積極的に自己表現を行うことで自己愛を充たす歓びに浸れるからである。しかし、そのような、「認知的協和という隔絶された繭のなか」(N.G.カー)、あるいは「繭の中のユートピア」(天野義智) に自閉している限り、異質な他者と出会い、ときに衝突しながらも共生できる信頼を取り結んでいく歓びを経験することはできないだろう。「島宇宙」化した私的世界が「携帯」されることにより、公共圏の分断と喪失が進行していくこと、これが最大の問題である。

まとめの問題

SNSが、もっぱら同質性が高い者どうしの「結束型」社会関係資本の形成につながると、どのような弊害が生まれるだろうか。

【ポイント】
・自己と異質な他者とのつながりこそが「社会」の原点である。自らの価値観と異質なそれをもつ他者を「ブロック」し、同質的な価値観をもつ者どうしによる結束が強化される世界は、「社会」と呼べるだろうか。
・アメリカの社会学者、M. グラノヴェッターの「弱い紐帯の強み」(The strength of weak ties) 学説によれば、広く薄くはりめぐらされた社会的ネットワークからは、「強い紐帯」よりも、有益な情報が豊富に得られやすい。同質性が高い者どうしのコミュニケーションには、こうした利点はない。

調べてみよう

近年、意識調査の結果から、「若者の保守化」が指摘されている。このことと、スマートフォンやSNSの普及とは関係があるといえるだろうか。ラインのニュースと新聞紙面での報道 (ただし、朝日新聞・毎日新聞もしくは各地方紙に限る) を一週間比較してみたうえで、類推してみよう。

第13章 なぜ原発は東京にはないのか？

　大量の電気を使っている東京に、原発がないのはどうしてでしょうか。遠く離れた土地に原発をつくれば、東京まで電気を送るために、膨大な数の鉄塔と長い送電線が必要となります。その費用はけっして安くはありません。東京に設置すれば、その費用はほとんどかからないはずです。ではなぜ、莫大な費用をかけてまで原発は遠隔地に設置され、東京にはないのでしょうか。この問いを通して、現代日本の原発問題について考えてみましょう。

　全国に50基以上ある原発は、日本のどこに立地しているだろうか。まずは日本地図に一つひとつ、立地点を描き込んでみよう（→章末の地図を利用してください［p.113］）。さらにそれぞれの原発立地点の郵便番号を調べてみよう。この2つの作業からなにが見えてくるだろうか。

keywords　受益圏　受苦圏　序列　格差

1　原発立地の構造

1　地図から見えてくる構図

　日本には全部で54基[*1]の原発がある。その原発の立地点を地図に描き込んでみると、なにが見えてくるだろうか。見えてくることはひとつではないが、すぐに気がつくのは、原発が過疎地に集中的に立地していること、発電している地点と消費地点が分離していることである。そこから、冒頭に書いたような疑問——なぜ、電力を一番使う大都市・東京に原発をつくらず、莫大な送電費用をかけてまで遠隔地に設置するのか——がわいてくる。

　その答えは、ある意味で簡単だ。膨大な数の鉄塔と長い送電線が必要となるというコストの問題ではなく、声に出していうかどうかはともかく、原発が側にあるのが嫌であるからに違いない。2011年の福島第一原発事故をあげるまでもなく、原発に一度なにかあれば、放射能に汚染され故郷を失うことになってしまうのだから、本音としては、原発はお断りなのだ。どこかにつくらねばならないなら、できるだけ遠くにつくり（被害を受けないか、受けたとしても少なくなる）、電気だけを送って欲しいというわけだ。

データの説明
*1　すでに運転を終了した3基と「もんじゅ」を除いた数字。

■第2部■ 社会の謎を解く

しかし、この答えだけでは不十分である。なぜなら、原発が側にあって欲しくないのは誰でも同じはずなのに、なぜ、54基の原発がすべて過疎地にあるのか、答えていないからだ。みんなが嫌がる原発という施設が、なぜ過疎地だけにあって、大都市にはひとつもないのか——これは、送電コストよりも決定的な、なにか別の理由があることを示唆している。答えは、実はそう簡単ではない。

② 「受益圏」と「受苦圏」——環境社会学の用語で置き換える

その理由を探るため、上の疑問を社会学の用語で置き換えてみよう。

ここでは、日本の環境社会学で提唱されてきた「受益圏」と「受苦圏」という言葉で補助線を引いてみる。[*2] 2つの言葉がセットになって用いられるので「受益圏・受苦圏論」と呼ばれているが、定義には3つの要件がある。主体、主体の重なり、そして地域的重なりの3つだ（舩橋ほか 1985；梶田 1988）。

第一の主体は、公共事業などの受益や受苦を受けるのはいかなる人たちかについてであり、「受益圏」と「受苦圏」とに分けられる。「受益圏」とは、なにかの便益を受ける人たちの地理的・社会的集合体を意味する。本章に即していい直せば、電気のある便利な生活を送りたいという欲求が充たされている人びとの集まりが受益圏だ。「受苦圏」は、電気のある便利な生活を送りたいという欲求が充たされず、発電にかかわる不利益・被害を受けている人びとの集まりを指す。[*3] 第二の主体の重なりは、受益と受苦が同じ主体によって共有されているか否かだ。電気生活の利便性を享受していて、なおかつ原発事故への懸念を日々感じているとしたら、受益と受苦が同一主体によって共有されている＝重なっている、ということになる。あなたが電気だけを享受する大都市の住民であるなら、受益と受苦が同一主体によって共有されていない＝分離している、ということになるだろう。第三要件の地域的重なりは、文字どおり、受益圏と受苦圏とが地域的に重なり合うか分離するかで定義される、ということだ。

「受益圏・受苦圏論」が生まれる契機となった新幹線公害を例に図示してみれば、図13-1の平面図のようになる（図13-1）。受益圏は駅前から大きく拡がっている。しかし、受苦圏は線路沿いに線状になっていて、受益圏とは重なっていないことがよく理解できるだろう。

受益圏・受苦圏論のユニークさは、図13-1のように、被害者と加害者の分布が分離していることに着目する点である。受益圏と受苦圏が重なっていれば、受苦は自分に返ってくるので問題がわかりやすい。しかし、受益圏と受苦圏とが分離している場合、受益圏にいる人びとに受苦は見えないので、問題自体が共有されにくく、解決は困難となる。[*4] このように受益圏・受苦圏の概念は、受苦の分布の仕方が、問題解決の成否や、当事者間の対話の難易度までも規定してしまうこ

✓ここも✓
CHECK
*2 君たちも数学の図形問題で、一本の線を書き入れるだけで解き方が見えてきた経験をしたことがあるだろう。それと同じで、社会学においても適切な言葉を補助線のように書き込んでみると、問いがより明確になり、答え方が見えてくるものだ。

✓ここも✓
CHECK
*3 世間的には「受益者」「被害者」といったほうが通りがよいだろうが、そのようにいってしまうと見えなくなってしまう点があるので、わざわざこのようにいうのだ。以下の説明をよく読んで、この受益圏・受苦圏論の効能を実感してほしい。舩橋ほか（1985）、梶田（1988）、帯谷（2004）、植田（2016）、堀川（2012；2017）を参照。

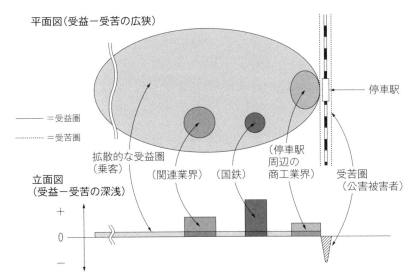

図13-1 新幹線をめぐる受益圏・受苦圏の分布(平面図)とその深浅(立面図)

出典:舩橋(2012:41)

とを描き出す点にある(堀川 2017)。「誰が受苦を受けているのか」だけでなく、その受苦がどのように分布し、受益と重なっている/重なっていないことまで含めて考えるのが特徴なのだ。

つまり前項の「みんなが嫌がる原発という施設がなぜ過疎地だけにあって、大都市にはひとつもないのか」という疑問は、環境社会学の言葉に置き換えれば、ひとまず、「受益圏と受苦圏の分離」という構造として描けるように思われる。

2 受益圏・受苦圏論が示すこと

① 広大な受益圏と局所化された受苦圏

では、「受益圏と受苦圏の分離」といい直して、なにが見えてくるのだろうか。それに答えるために、まずはそれぞれの圏域の中身を見てみよう。

受益圏はどのくらい拡がっているだろうかと問うなら、日本全国にわたると答えられる。[*5] 日本のどこにいても、電線でつながってさえいれば、電力の恩恵を受けられるからだ。

では、受苦圏はどうだろう。原発が立地したり稼働することで受ける不利益や被害は、原発が立地する周辺地域に限られている。たとえば、米の風評被害があったとしたら、その地域の米が買い控えられることはあっても、日本の米すべてが買い控えられるわけではない。「原発が立地する○○地域産以外のお米を買う」というのが普通だろう。このことから、受苦圏は原発周辺の狭い範域に限られる

――― 側注 ―――

ここも CHECK

*4 ここでも新幹線公害を例にとろう。新幹線公害とは「新幹線の走行にともなう騒音、振動、電波障害、砂利や水などの飛散、日照妨害等が相乗しながら沿線住民にあたえている生活妨害、睡眠妨害、精神的被害、健康被害の総体」(舩橋ほか 1985:ⅰ)のことである。沿線住民は激烈な騒音と振動に日夜、悩まされている(受苦)が、新幹線の乗客は静かで快適な車内から車窓風景を楽しんでいたりする。その車内から受苦が存在することを想像することは難しい。乗客には、騒音問題は存在しないのだ。遠くの原発から送られてくる電気を消費するだけの人にとっても、原発立地をめぐる地域政治や稼働後の不安などの問題は見えていないだろう。

ここも CHECK

*5 厳密にいうなら、東京電力福島第一原発の受益圏は東京電力会社のサービス圏内であり、日本全国ということにはならない。ここでは便宜的に、原発が発電する電力の恩恵に浴する人びとは、日本全国にわたると考えておくことにする。なぜなら、東京電力における受益圏の構図は、北海道電力でも関西電力でも、論理的にみて同一であるからだ。

ということが理解できる。

つまり、「受益圏と受苦圏の分離」という構造は、より正確には「広大な受益圏」対「局所化された受苦圏」という形で分離していると記述できることになる（舩橋ほか 1985；堀川 2017）。

❷ 深さを考える――見えてくる不平等な構造

受益圏と受苦圏は、ただ分離しているだけなのだろうか。両者の差は広狭だけなのだろうか。ここでは、図13-1の立面図を見ながら、受益と受苦の深さについて考えてみることにしよう。

立面図は、受益が広くて薄く拡がっていることを示している。新幹線事業から収益を得ているJR（旧・国鉄）は、背の高い棒グラフのように描かれている。駅前の商工業者や鉄道関連業界も新幹線の恩恵を受けているので、ある程度の高さでプラス方向に棒グラフが延びている。それに比べて、時たま新幹線を利用するだけの一般乗客の便益は非常に薄く拡がっていることがわかる。

他方、受苦圏は狭く深いことが同じ立面図から見てとれるだろう。騒音や振動は距離に反比例して減衰するので、受苦圏は線路沿いの狭い範囲に限られている。その狭い圏域のなかに住む人びとは、目の前のテレビの音もかき消されてしまうほど激烈な騒音に数分おきにさらされている。だから図13-1にあるように、受苦は深い渓谷のようにマイナス方向に延びて描かれている。受益圏と分離していることも明らかだ。

つまり、受益圏と受苦圏は分離しているだけでなく、広くて薄い受益圏と狭くて深い受苦圏という非対称な構造が不平等なものでもあることが見えてくる。なぜなら、受益だけを享受する圏と、受益なしに受苦だけがある圏が存在するからだ。新幹線事業からの収益を得ている企業・業界は、その事業によって発生する受苦を被っていないだけでなく、他人（受益を享受できない線路際に住む人びと）に受苦を負わせていることを、図13-1は示している。そしてその立場が交替できないという非対称な構造は、きわめて不平等でもあるというべきだろう。「受益だけ」「受苦だけ」という圏域があり、その構造が固定化している状態――これを不平等と呼ばなかったら、なんと呼ぶのだろうか。

受益圏・受苦圏論の言葉で補助線を引いて見えてきたことは、「広くて薄い受益圏」対「狭くて深い受苦圏」という不平等な構造が存在しているということであった。

3 なぜ不平等なままなのか

1) 原発立地の「合理性」

　では、そのような不平等な構造がなぜ、そのまま存在し続けているだろうか。不平等なら平等になるように変えればよいのに、どうしてそのままなのか。それとも、その構造にはなんらかの「合理性」があるから存続しているのだろうか。

　合理性の中核として、コストがあげられる[*6]。ある社会にとって合理的ということは、いい換えれば、社会がそのコスト支出に合意している（あるいは容認している）ということだ。どんなによいこと・ものであっても、そのコストが高すぎれば、社会での合意は得られず、存続できないだろう。つまりコストが高すぎるので合理性がないと判断されるということになる。だからここでは、社会にとっての合理性を判断する一指標として、コストを取り上げて考えてみたい。

　「広くて薄い受益圏」対「狭くて深い受苦圏」という不平等な構造を、原発に即していい直せば、原発の受苦がある特定の地域社会にだけ狭く深く集中しているのに対して、原発の受益は広く薄く、全国に拡がっているという不平等構造は、なぜ存続しているのか、そこにある「合理性」とはなんだろうか、ということになるだろう。その際の指標は、すでに述べたコストだ。幸い、このコストから原発の合理性を問うという課題に真っ向から答えようとしている本がある。その名も『原発のコスト』だ（大島 2011）。

　大島（2011）は、タイトルどおり「原発は本当に経済的なのか」と問う。換言すれば、原発には経済合理性があるのか、社会にとって原発は適正なコストであるのか、と問うている。そして、実際に膨大な計算をもとにコストを割り出していくのだが、その際には、①コストがすべて計算に含まれている、②便益がすべて計算に含まれている、③正確な計算がなされている、④その計算に基づいて判断している、という4つの前提が満たされていなければならないとする。

　日本政府による「答え」では、原子力発電の発電コストがもっとも安価とされている（表13-1）。

　しかし、この数値には多くの問題点があり、十分な「答え」とはいえない。政府の計算は、これまでの発電事業の実績値ではなく、モデルプラントによる想定値にすぎないからだ。つまり、「いくらかかっているか」という問いに対して実際にかかっている費用ではなく、「○○の条件で原発を運転してみるとこうなります」というシミュレーションでしかないのである。かように計算モデルが不適切であることに加え、予測にあたって実績から乖離した想定値が用いられているので、実際にコストがいくらかかっているのかを示してはいないということであ

> ✓ここも
> CHECK
>
> *6　もちろん、コストがすべてではない。しかし、コストを度外視することは現実的ではないだろう。「父の形見の腕時計」はコストをかけて修理するかもしれない（そのコストを容認する）が、同様にコストをかけて想い出の品すべてを残していくことは、通常、しないだろう。それだけのコストを負担できる財源がなければ、コストをかけてまで残す価値のあるものかと考えざるをえないからだ。このような意味で、コストは合理性の中核をなすように思われる。

表13-1 政府計算による各電源の発電コスト

電源	発電コスト
太陽光	49円／kwh
風力（大規模）	10～14円／kwh
地熱	8～22円／kwh
水力（小規模を除く）	8～13円／kwh
火力（LNGの場合）	7～8円／kwh
原子力	5～6円／kwh

出典：大島（2011：89）より筆者作成
注　：数値は、経済産業省総合資源エネルギー調査会電気事業分科会コスト等検討小委員会が提示した2010年のものである。

> **用語解説**
>
> **＊7　私的コスト**
> 私的コストは、電力会社が発電事業を行うにあたって支払うコストである。他方の社会的コストとは、社会全体で負担するコストで、国民一人ひとりが税金という形で負担している。
>
> **＊8　社会的コスト**
> 政策コストとは、技術開発費用や立地対策費用などをいう。環境コストは、環境破壊やその対策費用である。事故コストは、文字通り、事故対策にかかる費用で、損害賠償費用や原状回復費用などが含まれる。バックエンドコストとは、使用済核燃料の処理・処分コスト、廃炉にかかわるコストのことで、発電後に生じるのでこのように呼んでいる。数万年にわたる高レベル放射性廃液の超長期保管の費用もこれに含まれる（大島 2011：88-128）。
>
> **＊9　電源三法に基づく交付金**
> 電源開発促進税法、特別会計に関する法律（旧電源開発促進対策特別会計法）、発電用施設周辺地域整備法に基づく各種交付金等を指す。

る（大島 2011：88-96）。それに、先の４つの前提も満たされてはいない。

　大島（2011）が指摘する重大な問題点は、計算の仕方であろう。原発の発電コストは、私的コスト＊7だけでなく、社会的コストも含まれるのだから、それらを網羅する計算モデルを使って計算しなければいけないと大島はいう（大島 2011：96-101）。ここで詳しくは論じられないが、社会的コスト＊8には、政策コスト、環境コスト、事故コスト、バックエンドコストなどといったものがある。わかりやすくいうなら、電源三法に基づく交付金＊9などの立地対策コストや、福島原発事故にかかる膨大な事故対策費用、放射性廃棄物の超長期にわたる貯蔵・管理コストをも含めて計算する必要がある、ということである。私たちが車を買うときにも、車両価格だけでなく、燃費や税金、自動車保険料などのランニングコストも「コスト」として考慮に入れるはずだ。こうしたランニングコストをまったく計算に入れないで買い物をすることはありえない。そうでなければ、最悪の場合、「買ってはみたけれど、維持できなくて手放さざるをえない」ということになってしまう。

　先の４つの前提を満たすように計算してコストを割り出すなら、原発に経済合理性はない。仮に事故対策コストを含めないで再計算してみたとしても、原子力発電のコストは他の電源に比してきわめて高く、「経済性がないことは明白である」（大島 2011：114）。

２　「すべての土地は平等」というわけではない──土地のヒエラルキー

　では、なぜ、そのように合理性がないものが存続しているのだろうか。

　ここでは、冒頭で原発立地点の郵便番号を調べてみようと書いてあったことを思い出してみよう。原発とまったく関係がないように思えたこの作業が、ひとつのヒントを提供してくれる。

実際に郵便番号を調べてみれば、「54基ある原子炉…（中略）…のうちの35基、64.8％は郵便番号が9XXである。日本の原子力発電所は、9XXに集中している」（長谷川 2011：40）ことがわかるが、これは白地図へのプロット作業から見えてきた「原発が過疎地に集中的に立地していること」を再確認しているだけだろうか。

　いや、そうではない。「100-0001は東京都千代田区千代田1-1、皇居の郵便番号である。…（中略）…。価値の中心は皇居にあり、郵便番号の数字の大きさは、価値の中心からの距離を示している。郵便番号が9XXというのは、沖縄県や北陸地方、南東北が日本の周辺部に位置することのシンボルである」（長谷川 2011：41）という記述をあわせて考えるなら、すべての土地は平等の価値をもっているわけではなく、そこには「中心―周辺」という序列構造（ヒエラルキー）がある、ということがわかってくる[*10]。だから、たんなる再確認ではないのだ。むしろ、この郵便番号調べから見えてきたのは、土地の価格だけではなく、価値観やステータスという面でも、土地には序列があるということである。「郵便番号は日本における価値のありか、日本独特の『都鄙感覚』をわかりやすく示している」（長谷川 2011：41）といえるだろう。

　だから原発は過疎地に集中しているという空間的配置だけではなく、価値においても周辺的な位置に集中立地されているということができる。

> ✓ここも
> CHECK
> *10 「郵便番号が1XX（東京都）や2XX（東京都・千葉・神奈川県）、5XX（大阪府など）の都府県に原子力発電所はない」（長谷川 2011：40）との指摘も合わせて考えてみよう。

3　格差で動く原発

　不平等な構造が存続しているのは、「中心―周辺」という価値の序列構造（ヒエラルキー）があるからだということが見えてきたわけだが、それはとりもなおさず、そこに格差が存在しているということでもある。

　格差があるから押しつけが起こる。電力という受益は欲しいが受苦はごめんだという本音は、格差がない平等な関係のなかでは認められない。格差がなければ、誰も受苦だけをもたらす原発を受け入れはしないが、逆にいうなら、格差があるから原発を受け入れざるをえないということになる。もちろん、「周辺」におかれた、つまり価値の序列のなかで劣位におかれた過疎地は、喜んで原発を受け入れるわけではない。先にも述べたように、誰だって嫌なものは嫌なのだ。

　だからこそ、電源三法交付金という莫大な、いわば「迷惑料」で受け入れさせようとすることになる。財政難にあえぐ過疎地にとって、その巨額の交付金は起死回生の財源に見えるに違いない。まさに「原子力発電は、地域間格差を前提に過疎地に立地されてきた」（長谷川 2011：113）のだ。受け入れるのは「苦渋の選択」であったり、「悪魔の選択」であったにちがいない。

　原発は、格差があるから動く。「中心―周辺」という価値の序列構造における大きな格差があるから、不平等な構造が温存され続けてきた。その格差が、一方

■第2部■ 社会の謎を解く

的な受益圏と一方的な受苦圏を固定化しているように思われる。

4　結論・なぜ原発は東京にはないのか

　なぜ、原発は東京にはないのか。ここまで見てきたのは、地域間格差を前提に、大規模電力消費地が迷惑施設である原発を過疎地に押しつけてきたという構造である。

　もしも受益圏と受苦圏とが一致していれば、つまりもしも原発を郵便番号が1XXや2XX、5XXの地域に立地させようとすれば、原発への向き合い方はまったく異なったものになるはずである。なぜなら、受益がもたらす受苦が、受益を享受する人にも見えてくるからだ。分離していたら見えない受苦も、重なっていれば見えてくる。受苦が自分に返ってくるとしたら、福島原発事故の災禍は他人事ではなくなってくるからだ。[*11]

　なぜ、原発は東京にはないのか——この問いを「受益圏・受苦圏」という言葉に置き換えて考えてみることで見えてきたことは、社会の公平性、公共性が十全に確保されていない構造的要因であるように思われる。

お薦め本

*11　迷惑施設の立地をめぐる紛争については、アルドリッチ（2012［原著 2008］）を読むとよいだろう。日本の公害問題について興味をもったのなら、舩橋（2001；2012）、友澤（2014）を読んでみたい。福島第一原発事故以後の社会について考えてみたいと思うなら、手始めに、飯田ほか（2011）、松本（2012）、大澤ほか（2013）を読んでみるのがよいだろう。

まとめの問題

「原発再稼働に賛成か反対か」と聞かれたら、あなたならどう答えるだろうか。①賛成の論拠と反対の論拠をそれぞれ簡潔にまとめ、②自分自身の意見とその論拠をまとめてみよう。

【ポイント】
・新聞（朝日新聞や読売新聞）が実施している世論調査で、10年前と比べて、原発への賛否がどう変わってきたかを調べてみよう。
・原発を受け入れた側の事情は、永井（2015）が参考になる。そこにどのような受け入れの理由・事情があったかを書き出してみよう。

調べてみよう

あなたの家の1か月の電気料金はいくらだろうか。また、契約可能な電力供給会社は何社あるだろうか。そうした会社の電気料金も比較してみよう。

● 第13章 ● なぜ原発は東京にはないのか？

―― ワークシート ――

● 原発の立地点を描き込んでみよう

第14章 なぜ「家族」を求めるのか？

学校を卒業したら遅かれ早かれ異性と結婚して子どもを育てる、といったいわゆる「普通の」家族生活は、日本ではいつ頃から始まったものなのでしょうか。多くの人は、結婚は「本能」によって人間が人間になる前から、子育ては「母性」によって自然と女性によって行われてきた、と思っているかもしれません。本章では、現代日本の家族が経験してきた変化と、現代の家族が抱える問題をふまえて、これからの家族の形について考えていきましょう。

あなたにとって、「家族」とは誰のことを指すのだろうか。あなたが「家族」と考える人びと（人間以外でもよい）をリストアップし、「家族」の範囲や条件について話し合ってみよう。

keywords　近代家族　結婚　子育て　親密性　同性婚

1　結婚と家族はどんなふうに変わってきたか

① 「普通」の結婚と家族——家族は原始時代から変わらない？

みなさんは、いつかは誰かと結婚したい、と思っているだろうか。それとも、理想の相手が見つからないならずっと結婚しなくたってかまわない、と思っているだろうか。多くの人は、お父さんとお母さんが恋愛を経て結婚し、夫婦と子どもだけで仲良く生活しながら、お父さんが会社で働き、お母さんは主に家で家事・育児を担うといった、いわゆる「普通の」家庭をイメージしているかもしれない。

しかし、私たちが考えるこうした「普通の」家族もまた、「近代家族[*1]」と呼ばれる歴史的に特殊な共同生活・子育ての形態であり、昔から日本にあったものではないと考えられている。[*2] 日本には、中世からさまざまな形で存在し、近代化のなかで明治時代に整備された「イエ制度[*3]」と呼ばれる男系直系の家族制度が存在しており、現代の夫婦家族制度とはさまざまな面で大きく異なるものであった（米村 1999）。私たちのよく知る「普通の」家族について考えるためには、一昔前の家族についても考えてみる必要があるだろう。

さらに、今日ではこのような「普通の」家庭はもはや多数派ではない。表14-1に示したように、お父さん、お母さん、子どもからなる家庭（夫婦と子ども世

用語解説

[*1] 近代家族
感情革命によって共同体のなかから近代市民社会に適合的な形で生み出された、父・母・子の核家族を中心とした家計・共同生活・子育ての単位。非親族の排除や、子ども中心主義、性別役割分業などを特徴とする。なお、核家族とは一組の夫婦とその夫婦から生まれた未婚の子からなる家族のことをいう。核家族は、人類社会に普遍的な社会集団であると考えられている（濱嶋ほか編 2005）。

お薦め本

[*2] 近代家族については、落合（1989）で優れた説明がなされている。

114

表14-1 「国勢調査」にみる世帯構成の変化(%)

年	親族のみの世帯					その他の親族世帯	非親族世帯	単独世帯
	核家族世帯							
	核家族総数	夫婦のみ	夫婦と子ども	男親と子ども	女親と子ども			
1970	56.7	9.8	41.2	0.8	4.9	22.7	0.3	20.3
1975	59.5	11.6	42.5	0.8	4.6	20.8	0.2	19.5
1980	60.3	12.5	42.1	0.8	4.9	19.7	0.2	19.8
1985	60.0	13.7	40.0	0.9	5.4	19.0	0.2	20.8
1990	59.5	15.5	37.3	1.0	5.7	17.2	0.2	23.1
1995	58.7	17.4	34.2	1.1	6.0	15.4	0.3	25.6
2000	58.4	18.9	31.9	1.2	6.5	13.6	0.4	27.6
2005	57.9	19.6	29.9	1.3	7.1	12.1	0.5	29.5
2010	56.3	19.8	27.9	1.3	7.4	10.2	0.9	32.4
2015	55.8	20.1	26.8	1.3	7.6	8.6	0.9	34.5

出典:国立社会保障・人口問題研究所「人口統計資料集(2019年)」より筆者作成
注 :総務省統計局「国勢調査」による。数値は一般世帯に占める割合。世帯の家族類型は、2005年調査までの「親族世帯」および「非親族世帯」を、2010年調査から「親族のみの世帯」「非親族を含む世帯」に変更した。

帯)の割合は年々低下している。2015年では、「夫婦と子ども世帯」の占める割合は26.8%に過ぎないのである。これに対して、「夫婦のみ」世帯や「単独世帯」(ひとり暮らしの世帯)の割合は年々上昇している。特に「単独世帯」の伸びは顕著であり、2010年には「夫婦と子ども世帯」を逆転している。「お父さん、お母さん、子ども」からなる世帯よりも、「ひとり暮らし」のほうが多い時代に日本社会は突入しているのである。

ここからもわかるように、われわれが「家族」と呼ぶ集団の形態は時代や社会によってさまざまに変化する。次に、家族形成のきっかけとなる結婚の変化を考えてみよう。

2 お見合いの変化と恋愛結婚の誕生——本人不在のお見合い?

現在では、恋愛感情を抱いた人に告白をして、交際を経て結婚して子どもをもつことが当たり前だと思われるかもしれない。しかし、結婚によってゴールを迎えるような「恋愛」という考え方が西洋から日本に輸入されたのは、大正時代だと考えられている(加藤 2004;ノッター 2007)。恋愛結婚が普及するより前に人びとを結びつけていたのは、主に仲人と呼ばれる仲介役によって男女をとりもち結婚させる、「お見合い」という制度だった。

しかし、昔のお見合い結婚を、現代の「婚活サービス」と同じようなものだと考えてしまうのは危険なことである。お見合いに本人が同席するようになる以前は、お見合いは親同士で行うものであって当人は同席せず、当然拒否権があるわ

用語解説
*3 イエ制度
近代化以前の日本の武家や農村に存在した、祖先崇拝と長男子相続を軸とした直系家族制度であり、単に「家(いえ)」とも呼ばれる。イエもまた近代家族であるかどうかについては論争がある。

用語解説
*4 世帯
世帯とは、住居と生計の大部分を共にする人びとの集団を指す。そのため、同じ家に住み、家計の大部分を共にしていれば、血縁関係のない人も同一の世帯員となる。反対に、血縁関係があったとしても、別の家に住み生計を共にしていない場合(単身赴任中の父親など)、その人は同じ世帯の一員とはいえない。

CHECK
*5 単独世帯の増加の背景には、未婚者の増加、離婚の増加、高齢者の増加(配偶者と死別した者の増加)など、さまざまな理由が考えられる。

お薦め本
*6 家族の形態だけでなく、「誰を家族とみなすのか」という家族認知もまた時代や社会によって変化する可能性がある。たとえば、今日ではペットを家族とみなす人も少なくない。なぜこのような変化が起きたのだろうか。興味のある人は、山田(2007)を手に取ってほしい。

CHECK
*7 恋愛結婚とお見合い結婚の割合の推移については、第10章(図10-2、p.86)を参照。

■ 第2部 ■ 社会の謎を解く

けでもなかった。新郎新婦は結婚式ではじめて顔を合わせることも少なくなかった。結婚はあくまでも家と家のものであって、個人同士のものではなかったからである。こうした結婚が、恋愛感情に基づく個人のものであるという考え方が主流になっていくには、戦後の高度経済成長期[*9]を待つ必要があった。現在でも、結婚式の招待状の差出人が男性2人の連名になっている場合があるが、これは男性同士の結婚式や披露宴が行われるわけではなく、披露宴とは両家の家長（新郎新婦の父親）が、2つの家の結婚を広く認めてもらうためのものであったことを意味している。これに対して、現代の婚活サービスはあくまでも恋愛の端緒、恋愛のための出会いのきっかけをつくるためのサービスであり、大部分が恋愛結婚のなかに取り込まれていることがわかる。

> お薦め本
> *8 「婚活」については、第10章（p.87）を参照。なお、婚活の実態については山田・白河（2008）に詳しいので、一読をお薦めする。

> CHECK
> *9 高度経済成長期については、第10章（p.82）を参照。

2 少子化と子育てをめぐる諸問題

① 少子化――子どもが減ってなにが悪いの？

こうして、結婚が親同士の主導によるイエ同士のものから、恋愛感情に基づく個人同士のものになるにつれて、私たちの家族とそれに基づく社会は大きな変化を遂げてきた。その最大の問題は少子化[*10]と呼ばれるものである（松田 2013）。

少子化によって生まれる子どもの数が少なくなれば、人口の比重は次第に医療の発達により寿命が長くなった高齢者のほうに偏っていくことになり、これをあわせて少子高齢化と呼ぶ。こうした少子化にともなう急激な人口構成の変化は、ある程度の人口が維持されることを想定してつくられている年金や社会保障制度の運用を難しくする点で、もっとも重要な課題であると考えられている。たとえば、2017年の日本の人口は4分の1以上（27.7％）が65歳以上の高齢者であり（総務省「人口推計」）、働き盛りの世代2人で一人の高齢者を支えなければいけない状況に近づいており、社会保障制度の改革とともに、さまざまな観点から少子化対策が進められている。

> 用語解説
> *10 少子化
> 人口における出生力率の低下のことをいう。通常は合計特殊出生率（詳しくは、第10章[p.82]を参照）の低下によって表される。これが人口置換水準（詳しくは、第21章[p.175]を参照）を下回ると人口は減少に転ずる。なお、少子化については第21章（p.174）も参照。

② 待機児童と子育て支援――保育所が足りないなんて日本だけ？

しかし、子どもが減っているにもかかわらず、子どもを預けるための保育所が足りない待機児童と呼ばれる状況も問題になっている（猪熊 2014）。子育ての多くが女性の手によってなされ、あるいは、子育ては基本的に女性の仕事だという考え方が根強い日本では、子どもを預ける先が見つからないことは、学校を卒業してせっかく就職した企業であっても、女性が仕事を辞めたり非正規雇用[*11]に切り替えたりして家で子どもを育てるしか選択肢がないことを意味している。そのた

> CHECK
> *11 非正規雇用については、第5章（p.41）を参照。

め、国レベルや自治体レベルで、保育所の拡充や事業所内保育所の奨励など、働く両親のための待機児童対策が進められている。

これに対して、「すべての子どもが小学校に入れるのに、すべての子どもを保育所に預けられないのはなぜか」と問われることがある。たしかに、待機小学生というのは聞いたことがない。実際、欧州では子どもができたら保育所に預けることができるのは親の権利であり、国や自治体にはそれを保障するために保育所等を整備する義務があるため、待機児童という概念は存在しない。こう考えてみると、待機児童問題は、予算の問題や保育士不足の問題といった制度や資源の問題というよりも、子どもを育てる責任が親と自治体の間でどのように分担されるべきかについての議論であることがわかるだろう。

3 父親の育児参加と孫育て

子どもを保育所に預けられないとしたら、もっと身近な人と協力しあうのはどうだろうか。近年では父親の子育ての重要性に注目が集まっている。政府も「イケメン」をもじった「イクメン＝楽しんで家事育児を行う父親」というコピーで、子育てする父親を後押ししようとしている。[*12] これまで日本の近代家族においては、夫であり父である男性が会社での労働に専念するのに対して、妻であり母である女性は家庭が主な役割とされ、仕事をせずに、あるいは仕事を辞めるか労働時間が短く柔軟な非正規雇用という形態にとどまることで、もっぱら子育てにかかわることが求められていた。いわゆる「男（夫）は仕事、女（妻）は家庭」という性別役割分業である。これに対して、女性も自らのキャリアを求めて正規労働者（正社員）として社会進出するにつれて、男性もまた家庭進出して家事育児を担うべきことが議論されている。

しかし、日本は先進諸国に比べて父親が育児に参加したり、育児に参加するために仕事を休んだりすることが、きわめて少ない国である（図14-1）。意識のうえでは子育てに参加したいと思うようになったとしても、家庭を理由に仕事を休んだり任せたりすることができないか、できたとしても評価が下がることと引き換えでなかなか言いにくい状況がある。これは、女性に家庭のことを任せる代わりに、男性を仕事に専念させることで経済成長を遂げてきた、性別役割分業に基づく日本型雇用が今なお根強いことを意味している。

もしお父さんが頼りにならないとしたら、頼りになるのはおじいさんやおばあさんかもしれない。こうした祖父母による子育て支援は、「孫育て」「育爺」[*13] などと呼ばれ、三世代同居の促進などを通じて、子育て支援に組みこもうとする向きもある。しかし、こうした祖父母による孫育ては、「たまたま」祖父母が元気で、近くに住んでいて、喜んで子どもを引き受けてくれるといった場合に限られる。

> ✓ここも CHECK
> *12 「イクメン」については、第10章（p.85）も参照。

> ✓ここも CHECK
> *13 メディア上などでは、育児を手伝う祖父母のことを育爺（イクジイ）・育婆（イクバア）と呼ぶことがある。いずれも造語である。

第2部　社会の謎を解く

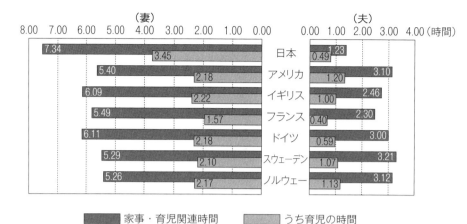

図14-1　家事時間の国際比較（6歳未満の子をもつ夫婦）

出典：内閣府『平成30年版 少子化社会対策白書』
注　：内閣府資料による。Eurostat "How Europeans Spend Their Time Everyday Life of Women and Men"（2004），Bureau of Labor Statistics of the U.S. "American Time Use Survey"（2016）および総務省『社会生活基本調査』（2016年）より作成。日本の数値は、『夫婦と子供の世帯』に限定した夫と妻の1日当たりの『家事』『介護・看護』『育児』および『買い物』の合計時間（週全体）である。

このような条件が満たされることは、必ずしも多くはないだろう。

3　新しい共同生活の形

① 晩婚化と未婚化──結婚しないの？ できないの？

　子育て以前に、そもそも結婚しない人、とりわけ結婚したくても結婚できない人が増えていることもまた、日本でも大きな社会問題となっている。こうした変化は、「晩婚化」（初婚年齢の上昇）や「未婚化（非婚化）」と呼ばれており、上に述べた少子化の要因のひとつとされている（松田 2013）。[*14]

　未婚化については、すでに第10章で簡単にふれているが、ここでは将来予測も含めて、もう少し詳しく見てみよう。図14-2に示したように、以前は95％以上の人が50歳までに一度は結婚していたのに対して、現在20代の若者が50歳になるころには、女性では5人に1人、男性では3人に1人が一度も結婚できていない時代になると予測されている。[*15] いま教室に座って授業をきいているみなさんのなかの3分の1から4分の1が一生結婚できない計算になる。こうした晩婚化・未婚化は、大枠においては医療の発達や女性の社会進出、教育の長期化などを背景としており、世界中の国で生じてきた問題であると考えられている。

　しかし、晩婚化・未婚化の原因や扱われ方は、先進諸国と日本の間では大きく異なっている。一方で、もともと結婚前に同棲を経験するという文化が強かった

☑CHECK
*14　未婚化については、第10章（p.81〜）も参照。

☑CHECK
*15　50歳までに一度も結婚していない人は、人口学的には生涯未婚とみなされる。生涯未婚率については、第10章（p.82）も参照。

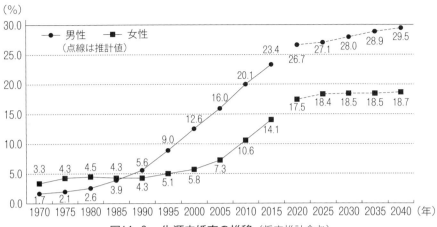

図14-2　生涯未婚率の推移（将来推計含む）

出典：内閣府『平成30年版　少子化社会対策白書』

注　：1970年から2015年までは各年の国勢調査に基づく実績値（国立社会保障・人口問題研究所「人口統計資料集」）。2020年以降は推計値（「日本の世帯数の将来推計（全国推計2018年推計）」をもとに内閣府作成）であり、2015年の国勢調査をもとに推計を行ったもの。45歳〜49歳の未婚率と50際〜54歳の未婚率の平均である。

　欧州においては、法的に結婚しなくても税制上の優遇や福利厚生、子ども手当を含む社会保障が十分に受けられるようになったことで、法的に婚姻するメリットが薄くなり、晩婚化・未婚化が進んできたという側面がある。他方で、結婚前に同棲することが忌避されてきた日本では、法律婚とそれ以外のカップルを厳しく区別する社会規範が強く、依然として法的に結婚しなければ税制上の優遇や社会保障を受けられない状態にもかかわらず、晩婚化・未婚化が進んでいるという特徴がある。

　とりわけ、結婚相手として男性に経済力を求める風潮が今なお強い力をもち、経済的に弱い男性が結婚できないことが、晩婚化・未婚化の原因であり問題であるとして議論されてきた。ただし晩婚化・未婚化の原因はこれだけでなく、上で述べた保育所の不足を含めた家族・子育てに対する公的支援の不足や、結婚・出産に際した女性の就労継続に対する社会的支援が不足していることなどが関係していると考えられている。日本でも将来の不安なく結婚・出産ができるような制度的な支えについて検討する必要がある。

❷　同性婚と同性パートナーシップ制度──結婚して子どもをもてるのは男女だけ？

　結婚したくてもできない人は、異性を好きになる人たちに限られたことではない。私たちの社会における結婚が男女に限られていることを問題と考え、異性ではなく同性のパートナーと結婚したいと考える人びとが、結婚制度の変革を求めて声をあげている（南 2015）。たとえば、欧州ではオランダ、ベルギー、デンマー

■第2部■ 社会の謎を解く

クなどをはじめ、20以上の国が婚姻法を改正して異性の結婚と同じように同性との結婚を認めるようになったほか、それ以外の多くの国でも結婚という名前ではないとしても結婚と同等の権利を保障するなんらかの同性パートナーシップ制度をもっている。[*16]

他方で日本では、国単位ではこうした制度は存在しないが、世田谷区、渋谷区をはじめとする地方自治体や特別区の単位で、独自に「同性パートナー」を結婚と同等に認める制度の運用が始まっている。現時点では、具体的な権利保障というよりも、象徴的な意味合いの強い制度であるが、今後は他の自治体や国レベルの制度化につながっていくことが予想されている。[*17]

> **用語解説**
> *16 同性婚
> 自らの性別と同じ性別の相手との結婚を指し、婚姻法によって結婚として認められるものと、結婚とは別の制度であっても結婚と同等ないしそれに準ずる権利を付与するパートナーシップ制度やシビルユニオン制度を含む。

> **ここも✓CHECK**
> *17 渋谷区、世田谷区が2015年11月に制度の運用を開始して以降、同様の制度を導入する自治体は増加傾向にある。2019年4月現在では、20の自治体がなんらかの形で同性パートナーシップ制度を導入しており、現在も議論が続いている。

3 共同生活と親密圏——家族じゃないと一緒に暮らせない？

近代的な結婚の枠組みがゆらぐ一方で、結婚しないからといって生涯孤独であるとは限らないということも重要である。たとえば、「未だ結婚していない」という意味の「未婚」は、いつかは結婚する／したいということを前提としているのに対して、積極的に結婚しない人やカップルを「非婚」と呼ぶことがある。[*18] もちろん、結婚しないことは誰とも恋愛しないことでも誰とも一緒に暮らさないことでも、誰とも親密なつながりをもたないことでもない。独身であっても、夫や妻と死別や離別した後でも、親しい友人と、気のあった仲間と、一緒に暮らしていくことは可能である。[*19] こうした、非血縁・非恋愛に基づく共同生活形態は「ルームシェア」や「シェアハウス」、「コレクティブハウス」等と呼ばれ、「テラスハウス」といったドラマや映画でも取りあげられるようになっている（久保田 2009）。

ここまで述べたような、同性とのパートナー関係やシェアハウスを通じた緊密な関係など、従来の異性との恋人・結婚関係を超えて広がる人びとのつながりを、「親密圏」[*20]という言葉で表現することがある。

みなさんは、「それでも私は異性と結婚して、子どもをもちたい！」と思うかもしれないし、それはもちろんかまわない。ただ、私たちが家族を求めるとき、私たちが求めているのは、好きな人を独占することだろうか、経済的に協力しあうことだろうか、安心して誰かと共に暮らすことだろうか、それとも、かわいい子どもを育てたいからだろうか。家族を求める動機がなんであれ、それは必ずしも男女の間にだけ、法的な結婚のなかにだけ、性的なつながりのなかにだけ、存在しうるものではないはずだろう。

> **ここも✓CHECK**
> *18 そのため、一度も結婚していない人が増加する現象を「未婚化」ではなく、「非婚化」と呼ぶ場合がある。

> **ここも✓CHECK**
> *19 友人や知人と居住する世帯は「非親族」世帯と分類される。表14-1（p.115）からその推移を確認してみよう。

> **用語解説**
> *20 親密圏
> 家族でなくとも、人びとの身体的・情緒的な生を支える基盤となりうるような具体的なつながりや場を指す。家族であってもDVや虐待によって生を支えられなければ親密圏ではない。

第 14 章　なぜ「家族」を求めるのか？

まとめの問題

「今後の日本社会では、家族を形成せず孤独な人びとが増える」という意見について、①本文を参考に賛成と反対それぞれの見解をまとめ、②どちらの見解を支持するのか理由を含めて論じてみよう。

【ポイント】
・賛成の見解をまとめる際には、表14-1や図14-2を参考にするとよい。
・反対の見解をまとめる際には、本章第3節を参考にするとよい。

調べてみよう

お父さんやお母さん（おじいさんやおばあさん）が、これまで出席した親戚や知り合いの結婚披露宴の招待状を大切に取っておいていないか聞いてみよう。もしあれば、差出人の宛名を確認して、披露宴が行われた年代や地域などを比較してみよう。

第15章 なぜネット上で「炎上」が生じるのか？

近年、ネット上の投稿がきっかけとなって、特定の組織または個人が急に人びとの話題の的となり、ときにはその発言や行動について厳しく責任を追及され、激しい批判の対象となる「炎上」が多く見られます。こうした現象は、ネット上のコミュニケーションがもつ特徴とどういう関係にあり、そして、なにを背景にして生じるのでしょうか。これらについて、本章では、国内外の研究例をもとに考えていきます。

あなたはネット上で自分が関心をもったニュースを他の人に伝えようと考えたことがあるだろうか。伝えようと考えた場合、それはどういった相手にどういう手段で、そしてどういう気持ち（動機）から伝えようとしたのだろうか。最近の例をもとに考えてみよう。

keywords フレーミング　脱個人化　サイバーカスケード　集団極性化

1 「炎上」をどう考えるか——定義と実態

1 「批判」としての炎上？

インターネット上で日々さまざまな情報がやりとりされるなかで、炎上という現象は、ある対象について、否定的・攻撃的な内容の情報が大量に流通することで人びとの注目を集める。近年の研究からまとめられた定義でも、炎上は「ある人物や企業が発信した内容や行った行為について、ソーシャルメディアに批判的なコメントが殺到する現象」（田中・山口 2016：5）とされる。これは、怒りにみなぎる多数の人びとがネッ

表15-1　ある企業名を検索語としたツイートの投稿状況

	実数	比率(%)
検索語関連全ツイート数	44,784	
サンプル数	864	
①容認ツイート数	69	9.6
②中立ツイート数	471	65.6
③批判ツイート数	178	24.8
④無関係ツイート数	146	
④を除く①〜③の合計	718	100
批判ツイート数推定値	11,103	
1ツイート者比率		92.6
2ツイート者比率		5.5
3以上ツイート者比率		1.9
合計		100

出典：田中・山口（2016：132）より筆者作成（一部改変）

ト上で執拗に批判を続けているとするような、一般のイメージにも合致するところだろう。

では実際に、特にCMの内容がツイッターで炎上して注目を集めた、ある企業についての炎上当時の投稿状況について調査したデータを見てみよう[*1]（表15-1）。ここでは、調査者が内容から「批判ツイート」と判断した投稿の数と、投稿回数別の投稿者の比率が示されている。この結果から、たしかに投稿全体の4分の1程度は相手への批判が含まれているものの、9割以上のツイートは1人が1回行うのみで、続けて投稿しているような状況は見られない。少なくとも企業についての投稿が批判的なコメントだけで埋め尽くされ、それが執拗に繰り返されるという状況は示されていない。実際に批判的な投稿をした経験のある人の比率も、全体の1％前後にすぎないとされる[*2]（山口 2018）。

2 さらし者にすること

さて、こうした結果から、炎上のなかで人びとが行っていることは、実際は攻撃や批判である可能性は低いに違いない、と単純に考えてよいだろうか。もちろん、そうではなく、実際に炎上の対象となった相手が大きな社会的損失をこうむっているのは事実であるし、その事実の裏に人びとがもつ相手への敵意を感じることもできるだろう。しかしながら、自らで積極的に「批判」として意味づけながら投稿をしている人が現実には少ないと考えられる以上、炎上を「批判的なコメント」としてだけとらえる視点には限界がある。

そこで、ここでは炎上に対する別の考え方を取り入れてみたい。それは、相手を「ネット上でさらし者にすること（online shaming）」で、相手にとって恥となることや、プライバシーにかかわる情報をネット上で発信・転送する行為に注目するものである（ロンソン 2017［原著 2015］）[*3]。この視点を最初に提示したジャーナリストのジョン・ロンソンが取材した例では、ツイッター上で人種差別ともとれるジョークを一度発言した女性が、のちに自身の解雇に発展するような炎上に巻き込まれたとき、次のような出来事があった。その発言をした直後、彼女は国際線の飛行機に搭乗したのだが、そのフライト中に発言が爆発的に拡散する一方で、搭乗便の運航情報や、彼女が目的地に到着したときの写真までもが彼女のアカウント名と共に拡散していたという。本来、飛行機の運航時刻や空港にいる人物の写真がただ投稿されるだけでは、それらを「批判」と受け取ることはできないが、このような状況のなかで、それらの投稿は明らかに彼女を「さらし者」とすることで攻撃していたのだった[*4]。

たしかに、近代以前の社会では「公の場で恥をかかされる（public shaming）」こと自体がひとつの刑罰として扱われていたという（ロンソン 2017［原著 2015］：

データの説明

[*1] 田中・山口（2016）の著者が、ある企業CMに関する炎上事件が発生した時期のツイートから、その企業名を検索語に採集したものを集計した結果である。約4万4,000件のツイートから864のツイートが無作為な形で抽出（サンプリング）され、その内容が分類されている。リツイートしただけのものはすべて②の中立に分類されている。

ここも CHECK

[*2] 今回取り上げた炎上のデータは規模としては大きいものの、時期や内容は限られたものである。どのような炎上がどのくらいの規模で発生しているか、あるいは炎上に参加したことのある人への調査結果などをよく調べてみよう。

ここも CHECK

[*3] インターネット上の俗語（スラング）でも実際に「さらす」という言葉でこうした行動が呼ばれている。

ここも CHECK

[*4] このような実例はロンソン本人による講演動画に詳しい（「ジョン・ロンソン ネット炎上が起きるとき」で動画を検索するとすぐ見つかる）。

93-102)。このように考えれば、特に批判的なコメントを加えなくても、ただ情報を転送（リツイート）することもまた、「さらし者にする」ことに加担する以上、相手への攻撃になり得るし、その投稿数自体が結果として相手への敵意を表現することにもなるだろう。[*5]

2 炎上とオンライン・コミュニケーション

CHECK
*5 そのため、田中・山口 (2016) の調査で見られたように、炎上の投稿について、単純なリツイートを「中立」のものとして除外して集計してしまうことには問題があるかもしれない。みなさんには、ここまでの部分をふまえて、ほかにどのような投稿内容の分類方法があるかについても考えてみてほしい。

1 フレーミング

以上のように「炎上」についての2つの考え方（「批判」としての炎上、さらし者にすることとしての炎上）があることを確認したうえで、そうした現象がオンラインでのコミュニケーションであることとどのように関係するのかについて見ていこう。

まず批判的なコメントを相手に投稿する場合、それがネット上で行われていることが、このような攻撃を生じやすくなる要因となっているのだろうか。

この問題については、オンラインでの文字によるコミュニケーション（CMC[*6]と呼ばれる）が可能になった1990年代から、実験的な手法による研究が積み重ねられてきた。そこで当初から中心となっていたのは、「手がかりの喪失」という考え方である。この考え方によれば、CMCにおいては、相手の社会的な属性や、顔の表情などの視覚的な手段といった、対面的なコミュニケーションで得られるような、さまざまな手がかりが失われてしまう。その結果、CMC上では対面状況と比較して感情的な表現が多くなり、攻撃行動のような、通常の社会規範に反した行為（フレーミング[*7]）が見られやすくなるという。

現代のソーシャルメディアでも、写真や動画などで視覚的な情報は得られるものの、特に親密な関係でない場合は文字だけでのやりとりが普通である。さらに属性上の手がかりなども得にくいため、こうしたフレーミングが生じやすく、そのために炎上のような現象が生じやすくなると考えられる。

用語解説
*6 CMC
コンピュータを介したコミュニケーション（Computer-Mediated Communication）の頭文字をとったもの。1990年代は文字をスクリーンに表示するだけでやりとりが行われていたので、オンラインで匿名のまま文字だけを用いて行われるコミュニケーション、という意味あいが強い。

用語解説
*7 フレーミング
「炎上」と同じく、こちらも「炎が燃え上がる (flaming)」という意味に由来している。

2 脱個人化と社会的アイデンティティ

フレーミングが生じるもうひとつのしくみとして、「脱個人化 (de-individuation)[*8]」と呼ばれるものがある。これは、匿名的な状況では、個人が集団に埋没し、個々の違いを認めることができなくなった結果、通常の社会的な規範が弱まり、社会的に望ましくない行動が生じやすくなるというものである。[*9] 脱個人化は街路での集団による暴動など、現実の空間で見られるものであるが、オンラインでの匿名化された状況でも同様に作用すると考えられている。

用語解説
*8 脱個人化 (de-individuation)
社会心理学者P. ジンバルドーが実験により発見した現象を名づけたもの。没個人化、没個性化とも呼ばれる。

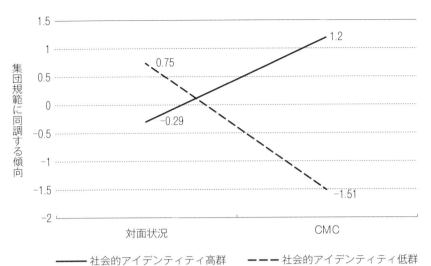

図15-1　社会的アイデンティティの状態による集団規範への同調の変化

出典：鈴木（2017：319）より筆者作成

> *9　脱個人化の状態において、個人が見知らぬ他人に対して非常に攻撃的な態度を取ることを実験的に明らかにした「スタンフォード監獄実験」が有名で、ジンバルドー（2015［原著 2007］）に詳しく書かれている。

しかし、脱個人化は必ずしも社会的に望ましくない行動だけをもたらすとは限らない。たとえば慈善活動への参加など、規範的に望ましい行動は、かえって匿名状況のほうが生じやすいといわれている。これには、さらに社会的アイデンティティという考え方が関係している。大学の在学生としての意識など、集団への所属意識は、社会的アイデンティティの一種とされる。この社会的アイデンティティが高められている状態は、個人の違いを越えて集団に一体化しているという意味で、脱個人化とみなされる。つまり、社会的アイデンティティが高められている状態での脱個人化は、集団の規範に対して望ましい行動をもたらすと考えられる。

以上の脱個人化による効果は、図15-1のような実験結果として確かめられる。ここでCMCは脱個人化が生じている状況として想定され、社会的アイデンティティが低い集団では集団規範に従わない、いわゆる反社会的な傾向が強くなるのに対して、社会的アイデンティティが高い集団では、逆に集団規範に同調する傾向が強くなる。

こうした考え方から、炎上のもうひとつの側面として、先述したある女性の人種差別発言への反応について典型的に示されているように、社会的なルールに対する不正や違反に関しての告発が多いことが注目される。つまり、このような炎上は、たんなる感情的な攻撃としてではなく、社会的なルールからの逸脱者に対する批判として、炎上参加者のもつ規範意識の高さから生じていると考えられる。

■第2部■ 社会の謎を解く

3 情報の拡散がもつ社会的な力

1 サイバーカスケード

　次に、ネット上で「さらし者にすること」の意味について考えてみよう。単純には、相手の（否定的な）情報をより多くの人にアクセスできるようにすることと考えられるが、そのこと自体はテレビなどのマスメディアでも可能である。むしろ、情報の発信をオンラインで行うことの最大の特徴は、情報を受け取った人が次々と続けて他の人に拡散していくプロセスに求められる。

　このような情報交換のプロセスは「サイバーカスケード」と呼ばれている。カスケードとは本来多段上の滝を意味するが、イメージとしてはシャンパンタワーのようなものと考えるとわかりやすい。[*10] 最上段の1つのグラスを情報の発信源とすると、注がれた液体は次の段の4つのグラスに流れ、さらに下段の9つのグラスへ……といった次第で次々と広がっていく。こうした増殖を繰り返すことで、情報の受信者は短期間で膨大な数に達する。

> **ここも CHECK**
> *10 シャンパンタワーを見たことがない人は、ユーチューバーのヒカキンが制作過程の動画を公開しているので、こちらを見るとイメージがしやすいだろう（https://youtu.be/WnJ230xDZ4I）。

2 情報カスケード

　以上の概念を提唱したC.サンスティーンによれば、オンライン上のカスケードは2種類の効果をもつという（サンスティーン 2018［原著 2018］:134-138）。

　ひとつは「情報カスケード」としての効果で、人びとがある対象への意見を形成するとき、自分が独自にもつ情報や判断に頼ることをやめ、ただまわりの人がそういっているから、ということで他の人から来る情報に一方的に依存してしまう、という効果である。このような状況では、本来はいろいろな考え方ができるはずの問題について、非常に単純化したひとつの考えや、あるいはまったく合理的・科学的に根拠がない、いわゆるフェイク・ニュースのような情報が圧倒的な形で広がってしまうことがある。

　こうした情報カスケードが炎上に対してもたらす効果を考えたとき、まず問題となるのは、批判的な内容の流通について、それぞれの発信者がどれだけ自主的に判断して参加しているのかわからなくなってしまうことだ。[*11] 現実にはほんの一部の人だけが批判的な投稿をしているのに対して、他の人はただ大勢に従っているだけだとすれば、炎上の規模がいかに大きくても、実際は「から騒ぎ」をしているにすぎない可能性がある。さらに、流通している情報がただ相手のことを「さらす」ためだけのような内容である場合は、さらにその意味は不明確なものとなるだろう。その一方で、炎上の標的となった対象者にとっては、拡散した規模の

> **ここも CHECK**
> *11 この点は、「予言の自己成就」（R. K. マートン）と呼ばれる現象として、古くから流言（うわさ）が伝わるときの特徴として考えられてきた。人は流言を完全に信じていなくても、ただそれを伝え合うことがある一方で、流言が広まった結果から、事実とは関係なくその内容を信じ、実際に流言のとおりに行動してしまうことがある。

大きさがそれだけで重いダメージをもたらす。

3) 評判カスケード

さらにサイバーカスケードは、「評判カスケード」としての効果をもつとされる。評判カスケードとしての効果とは、人びとが、ある問題について、なにが正しいか・どうすればよいか、といったことを自分で判断できると考えているにもかかわらず、自分の信用や評判を失わないために、自分の判断とは別に、その他大勢の人がすることに従うという効果である。つまり、他の人が考えていることが正しいと思っていなくても、自分の考えとの違いや対立から相手から悪く思われてしまうことがないように、とりあえず相手の考えに同意してしまうような態度を、それぞれの人が相手の考えを拡散する形でとってしまう。その結果、間違っていると思われる考え方に誰も反対を唱えなくなってしまうのだ。

特に対象への攻撃的な行動である炎上に対して、評判カスケードがもたらす効果は深刻であるといえる。ネット上で相手を「たたく」ことや「さらす」ことが偏見や悪意に満ちたものであり、そうした行動自体が道徳的に誤っていると一般的に考えられていたとしても、評判カスケードの効果によって、結局それに異を唱える人がいなくなってしまい、炎上がもつ破壊的な力を誰もがコントロールできなくなる。

このように多数の圧力から少数派になることをおそれて反対意見をいわなくなってしまう過程は、これまでマスメディアについても指摘されてきた。*12 インターネットはメディア自体がカスケードをつくり出すことにより、その効果を、従来のマスメディアよりも大きなものにしていると考えられる。

> **ここも CHECK**
> *12 「沈黙のらせん」（N. ノイマン）と呼ばれる現象で、マスメディアが伝えている意見が多数派の意見として認知されてしまうと、人びとは孤立したくないという心理から、多数派の意見と違う意見を表明しにくくなる。その結果、多数派の意見はさらに拡大し、それ以外の意見はさらに縮小していくというらせん的な過程が生じる。

4 集合的な意識のもつ可能性

1) 集団極性化

これまで炎上に関連して見てきたオンライン・コミュニケーションの特徴には、人びとが所属する集団の規範や、ある一定の人びととの間で多数派となっている意見など、集合的な意識が関係していることが確かめられた。ここからは少し見方を変えて、集合的な意識がオンライン・コミュニケーションによってどのような可能性をもつようになるのか、という点について見ていく。

集合的な意識がもつ効果の研究では、一般に「集団極性化」と呼ばれる効果があることが確かめられてきた。ある2つの方向に意見が分かれるトピックについて、個々の人によって、あるひとつの方向が正しいという意識がもたれていると

しよう。このとき、人びとが集団として話し合いをすることで、その方向の選択がより正しいという意識を強め、行動がより極端な方向に向かうという集団極性化が生じる。その要因としては、個人としての考えに対して、集合的な確信や裏づけがもたらされることで、自分が正しいという意識が強められるという仕組みのほか、個人が集団からの評判を得たいがために、あらかじめ集団において優勢となっている意見に同意を強めるという仕組みが確かめられている。

これらの仕組みを、先に見たサイバーカスケードと関係づければ、オンライン・コミュニケーションが集団極性化にとって大きな意味をもつことがわかるだろう。つまり、オンラインではどういった意見が多数派であるかを確かめるのが容易で、個人が集合的な確信を得ることができるため、それだけ極性化が生じる可能性が高くなるというものである。また、特にソーシャルメディアでは、自分と同じような考え方をしている人と直接につながりをもつことによって、日常的にその確信を強めることができる。また近年ではハッシュタグ[*13]という方法によって、自分の関心に近い投稿にアクセスすることが容易になっていることから、さまざまな集団について極性化が生じる機会もそれだけ多くなっていると考えられる。

2 分断と炎上

さて、このようにさまざまな集団について極性化が生じることで、突きつめれば、人びとがそれぞれ違った方向に分断され、社会がバラバラになる可能性も高まると考えられる。しかし、これに対してみなさんは、個々の人びとが全体を見渡しながら多様な意見を確かめたうえで、どちらが「本当の多数派」であるかを判断すれば特に分断など生じないのではないか、という疑問をもたれるかもしれない。しかし、近年はインターネットでの情報サービスの技術の展開により、日常的に個人が接触する情報は、人工知能による学習のような仕組みによって、あらかじめ個人の信念や好みに合わせて選択した形で提供されているという[*14]。

さらに、こうした状況で「確証バイアス」という心理的メカニズムが働くことにより、人びとは自分の信念に従った情報だけをより求め、信念に反するものは無視をすることから、情報検索システムの発展などとはうらはらに、人びとが全体を見渡せるような機会は少なくなる。そのため、ネット上で個々人が自分にとっての「多数派」をつくり出し、そこでの集合的な意識に従って極性化が発生すると、社会全体として見たときには大きな分断が生じる可能性がある。

近年に見られる炎上は、このような集団極性化による分断を背景としながら、一方が他方の立場を無視するにとどまらないで、積極的に攻撃するために用いられている側面がある。オンラインでの集団極性化は、実際に議論や意見などを交換しなくても、ただ情報に接触するだけでも生じることから（サンスティーン 2018

用語解説

*13 ハッシュタグ
ネット上への投稿内に「＃＋キーワード」による記号を埋め込むことで、ほかの人びとが興味を引く投稿や情報を見つけやすくするものである。近年では、身辺に生じたセクシャル・ハラスメントを投稿して告発するためのハッシュタグ#MeToo（ミートゥー）が普及し、それ自体が社会運動の代名詞ともなった。

お薦め本

*14 このようなフィルタリングと呼ばれる技術により、人びとが個人の固定観念に閉じこもってしまうことの問題が、パリサー（2016［原著 2011］）によって指摘されている。著者本人の講演動画もある（「フィルターバブル」で動画を検索）。

［原著 2018］：99）、炎上のなかで、対立する相手に関する特定の情報を「さらす」ことで、一方の集団による他方への否定的な意識を、情報カスケードと確証バイアスの効果によって一方的な形で増幅することも可能になる。

3　集合的な意識の可能性

　以上から、炎上という現象にまつわる背景のいくつかが明らかになったと思う。みなさんのなかには、本章のなかからなんとか炎上を食い止めるような糸口が見つからないだろうかと、期待していた人がいるかもしれない。残念ながら、「さらし者にすること」について見たように、炎上がはっきりとした個人の批判的な意識から生じているのかどうかが明確ではない以上、個人の意識に対処するだけで解決することは難しく、カスケードが展開するなかで、みなさん自身が意識しない間に炎上の拡散に加担してしまうような可能性も否定できない。

　ひとつの対処の可能性として、人びとがインターネットのなかに閉じこもることなく、なるべく社会全体を見渡せるような仕組みがあれば、少なくとも分断をあおるような炎上は防げるのではないか、ということが考えられる。それでは、そのような仕組みを具体的にどのように築いていけばよいのだろうか。みなさんには、インターネット以外のメディアの果たす役割や、それらに見られるコミュニケーションの特徴をあらためて考えることなどによって、炎上という難題に引き続き取り組んでいってもらいたい。

> ここも CHECK
> *15 「社会全体」について考えることは、公共圏という空間的な広がり（第23章［p.195］を参照）のなかで現実を考える可能性をもたらす。マスメディアによるジャーナリズムはその可能性に貢献するものとされてきたが、近年ではインターネットとの関係から再検討がなされている（大石 2016）。

まとめの問題

　人びとの意見が分かれる社会問題として、どのようなものがあるか、いくつか考えてみよう。合わせてそれぞれの問題について、世間一般の人びとによる賛成と反対の比率がどの程度であるかをあらかじめ予想してみよう。

【ポイント】
・比率が等しく分かれる問題だけを考える必要はなく、どちらかに偏った比率を予想してもよい。
・アメリカの研究例では、地球環境問題は自分が生きている期間に大きな脅威となるかどうか、遺伝子組み換えが人体に有害かどうか、といった問題が取り扱われているが、いずれも実際の世論調査では賛成と反対にそれほど大きな差はない。しかし回答者の支持政党別によって比率に大きな差が見られ、そこに集団極性化の効果があると考えられている。

調べてみよう

　上記の問題についての実際の人びとによる意見の分布が、世論調査の結果ではどのようになっているのかについて調べてみよう。みなさんが考えた予想上の比率と実際の比率の差が大きい場合、その差がどうして生じるのかについて考えてみよう。

第16章 なぜ〈体育会系〉は就活で人気なのか？

体育学系部員限定の就職支援会社が存在し、毎年体育会系部員限定の就職セミナーが開催されています。しかし、なぜ体育学系部員限定なのか、疑問をもったことはありませんか。おそらく体育会系部員には、企業にとって好ましい特性が備わっていると期待しているからでしょう。一方で、近年は学生、社会人スポーツでさまざまな不祥事が報告されています。いったい、体育会系部員にどのような特性があると考えられているのでしょうか。一緒に考えていきましょう。

特定の人物や集団を、「体育会系（のノリがある）」と表現することがある。あなた自身もそのように人にいったり、あるいは人からいわれたりしたことがあるかもしれない。では、どのような人物や集団を指すときに用いられる表現なのだろうか。「体育会系」からイメージされるキーワードを列挙してみよう。

keywords 社会化　社会意識　機能集団　体育会系

1 体育会系神話

1 体育会系就職

2012年出版の『体育会系はナゼ就職に強い？』という本に、要約すると次のような記述がある。「一般学生は成績がよくても、機転は利かない、コミュニケーション能力はない、緊張感もない、簡単に辞めるので企業にとっては無用の存在。それに対して体育会系学生は、勉強は苦手でも、積極的で、我慢強く、辛抱ができ、チャレンジ精神をもったたくましい人間がそろっている。ルールを守る、挨拶もできる、上下関係もしっかりしているし、入社後早くリーダーになれる」（百瀬ほか 2012：10-12）。体育会系部活動出身の筆者でもこそばゆくなるような体育会系礼賛本だが、体育会系学生の非学力的要素を賞賛する内容となっている。体育会系部活動に所属しない学生からすると非常に腹立たしい内容だろうが、このようなステレオタイプがあるのも、経験的に理解できるのではないだろうか。

なかば通説化している「体育会系は就職に強い」だが、積極的に体育会系就職が行われるようになったのは大正末期から昭和初期にかけてである（束原 2011）。それまでの学力偏重主義への反省などが、体力、精神力、度胸、決断、協調性な

どの非学力的要素を重視する傾向を生み出し、体育会系就職を後押しする形になったという[*1]。

では現代でも、体育会系が就職に有利な状況があるのだろうか。これについては、有利とはいえなくなっているという見解と、いまだに有利であるという見解が存在する。

前者の例として、岡本（2006）は、就職活動と大会・試合が重なるため、むしろ一般学生と就職を競い合うのは圧倒的不利だとし、「かつてよりかなり厳しくなっている」と指摘する。ただし、「かつてより」という相対的な評価であり、有利さが消滅したとまではいいきっていない。25社の人事担当者への聞き取り調査を行った葛西（2012）は、全25社から体育会系部員と一般学生とで採用プロセスは同様であるという回答を得ている。ただし、個別のインタビューでは、「体育会系を採りたい、ということで、アスリート系の紹介会社を使っている」「体育会系の学生を積極的に採りたいと思っている。体育会系は、大好き」といった回答を得るなど、有利さはある程度存在していることがうかがえる。

後者の例として、梅崎（2004）が行った調査では、スポーツ系クラブに所属していた学生は他の学生と比較して成績が悪いうえに、じつはOB・OGネットワークをさほど使っていないにもかかわらず、第一希望に就職できていることが明らかになっており、体育会系であることがプラスに働いていると指摘されている。また、株式会社ディスコが2016年度卒業生を対象に行った調査でも[*2]、体育会系と一般学生とで6月時点での内定率にこそ大差はないが（ただし、エントリー数は体

> **✓ CHECK**
>
> [*1] 1911（明治44）年以降、東京朝日新聞（現・朝日新聞）が紙上で「野球害毒論」を展開している。「選手悉く不良少年」等の批判に対して、擁護派が「知育万能主義」と応戦するなど舌戦が繰り広げられており、社会全体が手放しで体育会系を賞賛していたわけではないことがうかがえる。

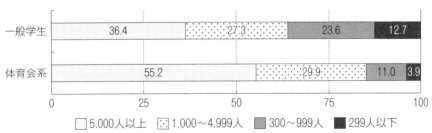

図16-1　一般学生と体育会系における就職決定先企業規模（従業員数）の違い（％）
出典：株式会社ディスコ「体育会学生の就職活動調査」より筆者作成

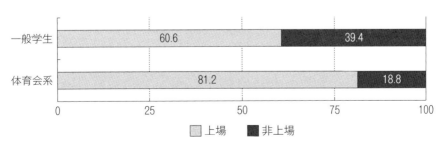

図16-2　一般学生と体育会系における就職決定先企業の株式上場の有無（％）
出典：株式会社ディスコ「体育会学生の就職活動調査」より筆者作成

> **データの説明**
>
> [*2] 株式会社ディスコが、体育会系学生283名、一般学生1,021名を対象に行った「体育会学生の就職活動調査」。その他の就活関係調査も閲覧可能（https://www.disc.co.jp/career_research/）。

■第2部■ 社会の謎を解く

育会系が平均約14件少ない)、体育会系のほうが大企業や上場企業に就職を決定しているという結果が得られている（図16-1、図16-2）。

② 4年神様、3年天皇、2年平民、1年奴隷

さて、ここまでなにげなく「体育会系」という言葉を使ってきたが、これはじつに不思議な言葉である。かつて筆者は大学部活動についての研究をしているときに、なにげなく「体育会系」を『大辞林』『広辞苑』『現代用語の基礎知識』『イミダス』で調べたことがあるのだが、いずれにも掲載されておらず驚いたことがある。現在は少なくとも『広辞苑［第6版］』で確認することができ、「運動部員のような気質・雰囲気があること。先輩・後輩の上下関係に厳しく、強い精神力を重視することなどをいう」とある。ともかく、頻繁に耳にする言葉でありながら、じつははっきりとした定義がないという意味で、不思議なのである。

ここでは、『広辞苑』の指摘する先輩・後輩の上下関係の厳しさに注目してみよう。実際に大学体育会系部活動ではどの程度上下関係が厳しいのだろうか。まずは1979年の古いデータを紹介しよう。多くの強豪部活動を擁している大学で、体育会系部員を対象に上級生との関係性を質問している[*3]。

実に90%以上が上級生に「絶対服従」という興味深い結果となっている（図16-3）。一般学生との比較は行われていないが、現在上級生に絶対服従している一般学生がどれぐらいいるだろうか。

続けて、筆者が所属する研究グループが、2004年から2005年にかけて九州・山口の大学生を対象に行った「『体育会系』のイメージに関する調査」の結果を紹介しよう（以下、「大学生調査」という）[*4]。質問はやや異なるが「コーチやキャプテンの指示に、選手は全面的にしたがうべきだ」という問いに対して、体育会系部員の約半数が「全面的にしたがうべき」と回答している（図16-4）。

大学生調査では「先輩と後輩の上下関係ははっきりしているか」という質問も行っており、肯定的回答は文化系部員で43.2%であったのに対し、体育会系部員では68.1%であった。

データの説明

*3 強豪運動部を数多く擁する私立大学の運動部員288名を対象に実施した部活生活調査。

データの説明

*4 筆者の所属する研究グループが九州、山口の7大学1,285名を対象に行った「『体育会系』のイメージに関する調査」。「体育会系」という言葉に対して大学生がもっているイメージを学術的・中立的な立場から明らかにすることを目的とした調査である。

図16-3 上級生には絶対服従である（n=285人）（%）

出典：山岸（1992：82-83）より筆者作成

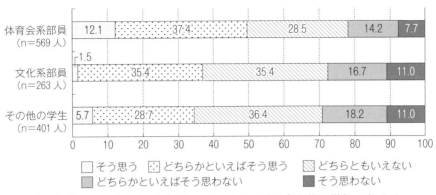

図16-4　コーチやキャプテンの指示に、選手は全面的に従うべき（％）

出典：「『体育会系』のイメージに関する調査」（2005年）より筆者作成

　日本の大学体育会系部活動の先輩・後輩関係については、誰が言い出したのか「4年神様、3年天皇、2年平民、1年奴隷」というフレーズがあり、このようなタテ社会は、程度の差こそあれ、〈体育会系〉の特徴のひとつということができる。

　もちろん、体育会系部員は生まれながらに上級生には絶対服従という意識をもっているわけではない。私たちは集団に所属する際、その集団で必要とされる規範、価値観、振る舞い方などを身につけることを要求される。その過程を、社会学では社会化[*5]と呼ぶ。つまり、体育会系部員は他の大学生とどのような違いがあるのか、という問いは、体育会系部活動においてどのような社会化が行われているのか、という問いに置き換えられる。次節では、運動部の機能集団としての特徴に注目して、そこでどのような社会化が行われているのか考えていこう。

> **用語解説**
>
> *5　社会化
> 　特定の集団や社会に共有されている規範や価値観を身につけていく過程のこと。幼少期に行われる基本的な社会化を第一次社会化と呼ぶ。社会化はそれで終わりではなく、私たちは所属するさまざまな集団、学校、部活動、会社などによって社会化の作用を受けるのであり、これを第二次社会化と呼ぶ。社会化については、第7章(p.61)も参照。

2　体育会系部活動と企業の共通点

1　機能集団としての体育会系部活動と企業

　体育会系部活動には、多くの場合、勝利を得るという目的がある。一方、企業にも、他社との競争に勝つこと、利益を上げるという目的がある。このように、なんらかの目的を達成するために形成された集団のことを機能集団[*6]と呼ぶ。体育会系部活動において目的を設定し、その実現のために知恵と努力をつぎ込んだ経験は、たしかに企業にポジティブに評価されても不思議ではない。

　目的が明確な機能集団には、官僚制[*7]という特徴があらわれやすい。官僚制の特徴として、「職階制」「専門化」「規則の支配」「公私の峻別」「文書主義」などがあげられる。これらのうち、体育会系部活動にも比較的あらわれやすい「職階制」「規則の支配」「専門化」について見ていこう。

> **用語解説**
>
> *6　機能集団
> 　特定の機能を果たすために人為的に組織化された集団のこと。一方で、明確な目的をもたず、自然発生的な傾向が強い集団を基礎集団と呼ぶ。近代化にともない機能集団が大量に登場するようになり、さまざまな社会学者が独自の視点から、集団を基礎集団と機能集団に類型化している。この用語は公務員試験等に頻繁に出題される。

■第2部■ 社会の謎を解く

用語解説

*7 官僚制
　機能集団が効率よく目的を達成するために行う合理的な組織運営のあり方のことで、規模の大きな機能集団にあらわれやすい。「官僚制」というと行政組織をイメージしてしまうかもしれないが、学校、病院、企業などのあらゆる機能集団が官僚制化している。

ここもCHECK

*8 松繁（2005）は、ホワイトカラー業務ではさほど筋力を必要としないこと、戦略や戦術でいえば囲碁や将棋が勝ること、スポーツ選手が特別に礼儀正しいわけではないことから、「神話」と表現している。

お薦め本

*9 暴力的だったスポーツがルールに則って行われるようになった過程を社会の変化と関連づけて分析した名著が、エリアス＆ダニング（2010 [原著1986]）である。

　「職階制」とは、平たくいえば会社における上司と部下の関係である。しかし上司と部下の関係は、常に良好とは限らない。相性の合わない上司もいるだろうし、理不尽な要求を突きつけられることもあるだろう。職場の人間関係に適応できずに辞めていく新入社員は、しばしば「五月病」と表現される（第二次社会化の失敗ともいえる）。このような人間関係への耐性は、通常の学生生活や授業で習得することは困難であるが、前節で見たように、体育会系部員にはこの理不尽さを含めた上下関係への耐性を期待できる。

　「専門化」については、「アメフト神話」を紹介しよう。団体競技にはさまざまなポジションに分かれて競い合うという特徴がある。なかでもアメリカンフットボールの特徴として、戦術や戦略の重要性と並んで、徹底した分業があげられる。企業で求められる戦略性、分業の重要性を内面化しているため、「就職はアメフト」という神話がある。たしかに、アメフトは東証一部上場企業への内定率が高い部活というデータがある（束原ほか 2017）。

　「規則の支配」とは、ルールに則り職務を遂行することである。企業は規則の枠内で競争を行うし、会社内の業務も規則に則って行うことが要求される。同様に、ほぼすべてのスポーツにはルールが存在し、それを遵守して競技することを求められる。また、体育会系部活動内にも不文律を含めた独自の規則が存在し、それに則って活動することを求められるのみならず、その規則を身につけることによってはじめてメンバーの一員として認められるという側面がある。

　以上のように、体育会系部活動と企業にはさまざまな共通点があり、体育会系部員が重宝され、場合によってはコネで就職していくのは、それなりの理由があると考えられる。

2　官僚制の逆機能

　このような官僚制の特徴が、集団に属する人間に対して好ましくない影響を与えるという指摘もある。これは、社会学では官僚制の逆機能と呼ばれている。では運動部によって過度に社会化された体育会系部員には、どのような好ましくない影響が出ると考えられるだろうか。

　まずは「職階制」から見ていこう。理不尽さを含めた上下関係への耐性を身につけているといえば聞こえはよいが、理不尽な要求に対してノーといえないということでもある。2018年の日本大学アメフト部の危険行為に代表されるように、近年明るみになったさまざまな競技団体におけるパワハラを見ても明らかであろう。職場の人間関係で大きなストレスを抱えこんだ場合は、辞職するのもひとつの選択肢である。しかし、耐性や体力を期待されて就職しているために、無理を重ねて取り返しのつかないほど疲弊することもあるだろう。OB・OGとのコネク

用語解説

*10 官僚制の逆機能
　機能集団が目的を効率的に達成するために官僚制化したにもかかわらず、非効率的な結果をもたらしてしまう現象を「官僚制の逆機能」と呼ぶ。たとえば、役所や大学事務の窓口で職員の機械的な対応に不快な思いをしたり、面倒な手続きに「どこが効率的なのか」とうんざりした経験はないだろうか。

ションで入社した場合はいっそう辞めにくく、深みにはまる可能性もある。

「専門化」と「規則の支配」はどうだろうか。職階制の下位にいけばいくほど、自由裁量は制限されるため、与えられた役割を指示や規則どおりに遂行せざるを得なくなる。体育会系部活動においては、自由裁量があるのは指導者とキャプテンなど一部に限定されるため、その他の部員は指示や規則に動くだけの受動的パーソナリティを内面化することになる。葛西（2012）の調査でも、体育会系は体力、人当たりのよさ、実行力、貫徹力、規律性には秀でているが、課題発見力、計画力、創造力、論理的思考、企画力、知識ではその他の学生より劣ると人事担当者が評価している。

たしかに、自分に与えられた役割を、指示や規則に忠実に遂行することが必要なこともあるだろう。しかし、前例にとらわれず状況によって適切な判断を下し、臨機応変に対処できる人材こそが、現在企業に求められているのではないだろうか。つまり、たんに大学で体育会系部活動に所属していたことが、仮に就職で有利に働いていたとしても、昇進など職業生活までを有利にするとは限らない。職業生活において重要なのは、部活動で仕事に役立つスキルを習得できているかどうかなのだ。

> ✓ここも CHECK
> *11 2018年だけでも日本大学アメフト部監督とコーチによる選手への危険行為の強要、日本レスリング協会女子強化委員長による選手への練習制限とそのコーチの配置転換、日本ボクシング連盟会長による助成金の不正流用強要が話題となった。また、ほかの競技団体でも指導者と選手間、先輩と後輩間でのパワハラが明るみとなった。

3 「体育会系」の社会意識──その光と陰

1 性別役割分業意識

ある社会や集団に所属しているメンバーに共通して見られる意識を、「社会意識」と呼ぶ。では、体育会系部員は社会化の結果、どのような社会意識をもつのだろうか。

どちらかというと好ましい印象をもたれがちな体育会系だが、大学スポーツのみならず、プロや社会人スポーツでも性犯罪やパワハラなど、さまざまな不祥事が報道されている。ここではあえて陰の側面について2つ紹介しておこう。

まずは大学生調査データを用い、部活動別に性別役割分業への賛否を見てみよう。部活動と性別役割分業意識になんの関係が……と思うかもしれないが、スポーツ社会学ではめずらしくない比較である。図16-5のように、体育会系部員ほど性別役割分業意識が強いことがわかる。*12 なぜ、体育会系部員はマッチョなのだろうか。

私たちがよくメディアで視聴するスポーツは、筋力・瞬発系がものをいう競技が多い。これらは生物学上、男性が優位であることは経験的に理解できるだろう。実際に競技している体育会系部員は、これを拡大させて「すべてにおいて男性が優れている」と錯覚してしまうのである。さらに、「男性が外で働き、女性は家

> ✓ここも CHECK
> *12 東京、大阪、福岡の高校生を対象に2013年に実施した意識調査でも、体育会系部員は性別役割分業に肯定的という結果が得られている。詳しくは、友枝編（2015）を参照のこと。

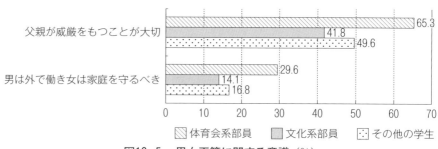

図16-5　男女平等に関する意識（%）

出典：「『体育会系』のイメージに関する調査」（2005年）より筆者作成

庭を守る」イメージに近い女性マネージャーの存在も、性別役割分業意識に影響しているといえよう。「男性が外で働き、女性は家庭を守るべきだ」に賛成する傾向は男性体育会系部員で強く、38.9%に達する。さらに県大会以上の強豪チームの男性体育会系部員に限定すると、44.2%まで上昇する。このような男性体育会系部員がコネで大企業に就職し、要職に就くようになると、そこで働く女性にとっては居心地の悪い会社になってしまうだろう。

> CHECK
> *13 女性体育会系部員の11.7%と比較すると、その数値の高さがわかるだろう。なお、女性マネージャーの24.0%が性別役割分業を肯定しているのも興味深い。

2　パワハラはなぜなくならない？

　最後に、どうしても近年話題になっているスポーツ集団におけるパワハラについて触れておかねばなるまい。体育会系がタテ社会であり、先輩と後輩、指導者と選手において理不尽さを含めた上下関係が生じやすいことはすでに見てきたとおりである。その関係性は、しばしば職場にもち込まれてしまうことがあるだろう。では、不快な経験をした後輩や選手が、先輩や指導者という立場になったときに、同じような事態を繰り返さないために構造を変えようとしないのはなぜだろうか。

　それは、たんに自分たちが理不尽さを発揮する番になったという喜びではないだろう。私たちは自分が不快な経験をしたのに他人がそれを経験しないのは不公平だ、という妙な平等意識をもつことがある。人間は同じ社会に生きる他者との比較のなかで幸・不幸を感じる生き物である。自分が経験した理不尽を、後輩や選手が経験しないのは不公平であり不快であるため、その構造を変える動機づけを失ってしまうのである。

> CHECK
> *14 自分より幸せな人がいると不幸を感じ、逆に不幸な人がいると幸せを感じるという経験はないだろうか。このような個人の態度や意見の形成に際して自分に影響を与える対象を準拠集団と呼ぶ。社会学者R.K.マートンは準拠集団との関係から生じる不満を相対的剥奪感と呼んだ。

　また、大学部活動は退部することもできるし、少なくとも卒業すればそのような関係性から抜け出すことも可能である。しかし、スポーツ推薦で入学した学生や、卒業後もスポーツで生活するとなると話は別である。スポーツ推薦で入学した学生は、多くの場合、部活動中心の生活になり、学業は二の次になりがちである。学業で知識やスキルを身につけることができなかった体育会系部員にとって

は、就職にはOB・OGのコネや学校の推薦が重要であり、退部はそれを自ら放棄することにほかならない。結果として、理不尽な関係性も甘受せざるを得なくなる。また、卒業後スポーツで生活するといっても、競技者としてのキャリアは短い。競技を退いた後もその業界で生活していくためには指導者を目指すことになるが、上役と対立したり、業界のさまざまなしきたりに背くことは、指導者としての将来を危険にさらすことになる。このようにして、パワハラめいた関係性は温存されてしまうのである。

　以上、体育会系と就活の関係を切り口に、体育会系の一般的傾向について概観してきた。しかし、「体育会系はこうだ」というステレオタイプをつくり上げてしまうのは過度な一般化になってしまう。筆者自身も選手として、指導者として多くの体育会系部員と接してきたが、企業の人事担当者のみならず、世間の体育会系へのステレオタイプに違和感を覚えてきた。それは、「最近の若者はこうだ」というステレオタイプに当てはまらない若者がいるのと同様である。スポーツにも個人競技と団体競技があり、楽しむことを目的としている部活動もあれば全国レベルの成績を残す部活動もある。指導者にもいろんなタイプがある。現実に、就職に有利な競技とそうでない競技があることも指摘されている（束原ほか 2017）。一般的な傾向を明らかにすることも重要だが、下位集団に分けてそれぞれの特性を分析していくことの重要性を忘れてはならない。本章に興味をもった君たちには、ぜひとも「体育会系」というステレオタイプ崩しにチャレンジしてほしい。

まとめの問題

あなたが冒頭で列挙した体育会系のキーワードが、実際にどの程度当てはまっていたか本章で確認してみよう。本章だけで明らかにならなかった場合は、先行研究を読んで明らかにしよう。

【ポイント】
・仮に当てはまっていても、部活動を下位集団に分けるとどうなるかを考えてみよう。
・先行研究を参考にする場合は、社会調査を用いた研究を探してみよう。

調べてみよう

体育会系限定の就職支援会社の資料やホームページを閲覧し、実際にどのような支援が行われているか、そしてどのような体育会系へのステレオタイプが背景にあるのかを確認してみよう。

用語解説

*15　下位集団
　ある集団の内部がより小さな集団に分かれている場合、その小さな集団のことを下位集団と呼ぶ。部活動であれば、団体競技と個人競技や、強豪チーム、平均的チームと弱小チームなど、さまざまな観点から下位集団を見出すことができる。

第 3 部

社会の未来を考える

第3部では、社会学の立場から、社会の抱える課題への向きあい方を示し、社会の「未来」について考えていきます。

第17章　「格差と不平等」にどう向き合うか？
第18章　「子どもの貧困」にどう向き合うか？
第19章　「地球環境問題」にどう向き合うか？
第20章　「大規模災害」にどう向き合うか？
第21章　「人口減少」は地域社会をどう変えるか？
第22章　「移民」は社会をどう変えるか？
第23章　21世紀における社会と公共性

第17章 「格差と不平等」にどう向き合うか？

　私たちが生きる社会では、高所得で安定した仕事につき、多くのチャンスに恵まれる人がいる一方で、不安定で所得の低い仕事につき、さまざまなリスクにさらされる人がいます。こうした格差は、自身の努力や能力の結果生じた「個人の問題」といえるでしょうか。本章では、生まれた家庭や性別など個人の責任に還元できない要因から生じる格差の実態や背景について考えたいと思います。

　私たちの社会では、学歴が高く、地位の高い職業につき、たくさんのお金を稼ぐ人がいれば、そうではない人もいる。では、これらの差はどのような要因によって決まるのだろうか。自由に考えてみよう。

keywords　格差　機会の不平等　社会階層

1　格差と不平等

1　さまざまな格差

　多くの人びとが手に入れたいと望むモノは、社会のなかで均等に配分されていない。ある人はそうしたモノをたくさんもち、ある人は少ししかもたない。たとえば、所得について考えてみよう。図17-1は、世帯の年間所得分布について、「国民生活基礎調査」の結果を示したものである。[*1] ここから、日本社会においてどの程度の金額で生活する世帯が、どの程度の割合を占めるかについておおまかに把握できる。棒グラフの上の数値は全体を100％とした割合である。図17-1から、年間所得1,000万円以上の世帯が11.7％いる一方で、200万円未満の世帯が19.6％いることがわかる。人びとの間で所得は均等ではないのである。

　お金以外にも、人びとにとって望ましく、均等に配分されていないモノはあるだろう。たとえば、高所得でやりがいのある職業もあれば、低所得で不安定な職業もある。それ以外にも、学歴、情報スキル、健康、社会的つながりなど、さまざまなモノを想定できる。ある人は、多くの知識を有し、健康で、仲間と交流する一方で、知識が少なく、不健康で、孤立した人びとが存在する。このように社

データの説明
*1　「国民生活基礎調査」（厚生労働省）は、所得などの国民生活の基礎事項を把握するため昭和61年以降3年ごとに実施されている。調査結果の概要は、ウェブサイトで公開されている。https://www.mhlw.go.jp/toukei/saikin/hw/k-tyosa/k-tyosa16/index.html

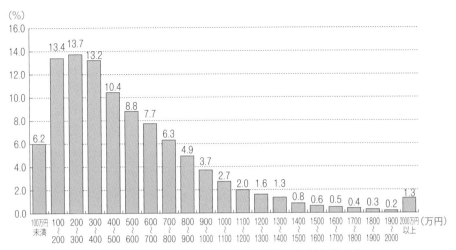

図17-1　年間所得金額階級別世帯数の相対度数分布

出典：厚生労働省「平成28年　国民生活基礎調査」より筆者作成

会的に望ましい資源（モノ）は人びととの間で均等に配分されていない。この状態を「格差」と呼ぼう。[*2]

2　なぜ格差は生まれるのか

　では、なぜ「格差」は生まれるのだろうか。みなさんは、その原因として、努力や才能、運といった個人的な要因を思い浮かべるかもしれない。逆境のなかでも人一倍努力することで、運よく成功のチャンスをつかみ、多くの資産をもつ人もいれば、努力をせず、才能にも恵まれなかったため、貧しい生活を送る人もいるという考えである。しかし、一方で、個人を超えた要因によって格差が生まれたと考えることもできる。たとえば、生まれたときの家庭の豊かさや性別などによって、大学に行くチャンスや地位の高い職業につくチャンスは異なるかもしれない。このように社会的に望ましい資源を得る機会（チャンス）が均等でないことを「機会の不平等」という。

3　学歴・職業・所得への着目

　社会学における社会階層論という分野は、以上のような「格差」と「機会の不平等」の実態や背景を探究してきた。社会階層論が特に注目する格差が、学歴・職業・所得であり、この3つの資源は強く関連する。たとえば、職業は、K.マルクス[*3]が「資本家による労働者の搾取」に注目して以来、その格差に焦点が当てられてきた。職業格差の基準については長く議論がなされてきたが、大規模な官

CHECK

[*2]「結果の不平等」とも呼ばれる。本章では取り上げなかったが、格差（結果の不平等）それ自体の程度や変化を調べる研究が、経済学を中心に展開している。たとえば、大竹（2005）は、日本における所得格差の趨勢とその背景について分析している。なお、国際的にみたとき、日本の所得格差はけっして小さくない（厚生労働省2012：106-107）。所得格差の大きさとともに、第18章（表18-1、p.152）で示されている、わが国における子どもの貧困率の高さにも注目しておくことが重要である。

人物紹介

[*3]　カール・マルクス（Karl Heinrich Marx, 1818〜1883）
　ドイツ・プロイセン王国の学者。「資本家による労働者の搾取」「階級闘争の歴史」といった視点から、資本主義社会を分析・批判した。その思想は、哲学・経済学・社会学などの幅広い学問分野にくわえて、社会主義運動や労働運動にも大きな影響を与えた。多くの著作は、F.エンゲルスによる協力を得て執筆されている。主著『資本論』『共産党宣言』。

僚制組織や専門家集団があらわれる現代では、専門的な仕事や管理的な仕事が高い職業と分類されることが多い。こうした職業では金銭以外にも、雇用保障、年金、訓練機会、自律性など多くの報酬が付与される傾向にある（Goldthorpe 2007）。そして、学校制度が普及する現代社会では、学歴が専門・管理的な職業階層につくチャンスに大きな影響をおよぼす。

このとき、人びとの間で学歴・職業・所得の資源の量は異なり、その程度によって序列化されるグループを想定することができるだろう。この状態を「階層」と呼ぼう。社会階層論は、私たちが生きる社会には、多くの資源を有する「階層」が存在する一方で、資源が少ない「階層」も存在するという視座から社会を分析するのである。[*4]

> **お薦め本**
> *4 社会階層論についてより詳しく学びたい人には、原・盛山（1999）をお薦めする。海外における諸理論を検討しながら、SSM調査（注6を参照）を用いて、日本の階層構造を理論的・実証的に分析している。

2 親の階層と機会の不平等

① 「親から子への職業階層の移動」を問う

本節では、地位の高い職業につくチャンスは、親の職業によって異なるか否かという「機会の平等・不平等」について考えよう。これは、社会階層論が古くから関心を向けてきた「世代間の職業階層の移動（社会移動）」に関する問いである。前述のとおり、社会には、高所得で地位の高い職業につく「階層」と、低所得で地位の低い職業につく「階層」が存在する。では、この階層は親から子へと継承され、社会移動が起こりにくいのか、それとも社会移動は頻繁に起こり、親の階層とは関係なく、子は地位の高い職業につく傾向にあるのかという問いである。[*5]前者は、親の階層による機会の不平等が存在する閉鎖的な社会であり、後者は、機会の平等が実現した開放的な社会といえる。

この問いが重要な意味をもつのは、後者の開放的な社会が、私たちが生きる社会において目指される理念であるからだ。資本主義社会では、自由な競争の結果、生起する「資源の格差」すなわち「階層」はある程度、許容される傾向にある。しかし、そうした「資源の格差」は本人の業績によって生じるべきであり、生まれた家庭といった属性によって生起すべきではない。誰もがスタートラインは同じで、資源を獲得するチャンスは平等に与えられるべきという理念である。よって、この理念に反する閉鎖的な社会は公正ではないと考える。そして、社会階層論においても、産業化が進展するなかで、人びとの階層を決める原理が属性から業績へと移行し、閉鎖的な社会から開放的な社会へ向かうという予想が示されたのである（Treiman 1970）。

> **用語解説**
> *5 社会移動
> 社会移動とは、職業や所得などで測定される人びとの地位が、世代間あるいは世代内で変化することを指す。本研究では、職業階層の世代間移動に焦点を当てたが、個人の職業キャリアにおける移動の構造などを問う世代内移動の研究も存在する。

② データから見る社会の閉鎖性・開放性

では、私たちが生きる社会は開放的／閉鎖的な社会、どちらであるだろうか。2005年のSSM調査[*6]を用いて、データから日本の傾向を確認しよう。表17-1は移動表といって、父の職業別に子（男性）の職業の分布を示したものである。職業は8つに分類している。専門職や管理職は高所得で安定的な仕事であり、熟練・半熟練・非熟練ブルーカラーは相対的に所得が低い傾向にある。各行の合計は100%であり、各列の%は父がある行の職業であった子のうち、何%がある列の職業についたかを示す。

たとえば、父職：専門×子職：専門の45.8%は、父が専門職だと45.8%の子が専門職であることを示す。父職：非熟練×子職：専門の6.8%と比べると、親の職業によって子が専門職につくチャンスが異なることがわかるだろう。また、対角線上の数値は、親の職業と同じ職業に子がついた割合を示すが、どれも大きな数値を示す。仮に、親の職業と子の職業がまったく関連しない開放的な社会ならば、親の職業によって、子の職業の分布は変わらない（このとき、どの列でも子の職業分布は、合計の列の分布と同じになる）。しかし、実際の表は、それとは大きくへだたる。現代の日本社会は親から子へ階層移動が起こりにくい閉鎖的な社会であり、親の職業階層による機会の不平等が存在するのである。

そして、この階層間の機会の不平等は長期的に変化せず、安定的に維持されたことが明らかにされている（石田・三輪 2009）。戦後から現在に至るまで日本社会は、経済発展、産業構造の転換などさまざまな変化を経験してきた。しかし、そうした変化にあらがうように、社会移動の閉鎖性は維持されているのである。

データの説明

*6 SSM（社会階層と社会移動）調査は、日本社会の格差や不平等の実態や背景を把握するために、1955年以来10年ごとに実施されてきた。最新の2015年の結果はウェブサイトで公開されている。http://www.l.u-tokyo.ac.jp/2015SSM-PJ/report.html

表17-1　世代間移動表（2005年・男性）（%）

		子職								n（人）
		専門	管理	事務	販売	熟練	半熟練	非熟練	農業	
父職	専門	45.8	9.9	14.5	13.7	6.1	3.1	4.6	2.3	131
	管理	17.8	24.3	16.5	15.2	16.1	7.8	1.3	0.9	230
	事務	15.1	18.1	29.1	9.0	12.1	10.1	4.0	2.5	199
	販売	10.8	10.8	12.3	34.9	18.4	7.1	4.7	0.9	212
	熟練	11.0	10.8	13.5	7.8	35.8	12.0	6.5	2.5	399
	半熟練	8.9	12.9	15.6	8.0	22.2	25.8	5.3	1.3	225
	非熟練	6.8	4.1	8.1	4.1	31.1	27.0	14.9	4.1	74
	農業	5.3	9.1	11.3	6.8	23.0	15.1	8.5	20.9	470
	合計	12.8	12.7	14.9	11.8	22.3	13.1	6.0	6.5	1,940

出典：三輪・石田（2008：90）の補表2005年・男性・旧8分類をもとに筆者作成
注　：数値は行パーセント、nは各行の回答者数の合計。

3　なぜ教育機会の階層間格差は維持されるのか

　なぜ親の職業階層によって、子が地位の高い職業を獲得するチャンスに格差が生じるのだろうか。社会階層論が注目するのは、「親の階層（学歴・職業・所得）→子の学歴→子の職業」という「学歴」を介した影響である。すなわち、親の階層が高いことで、子は教育達成をしやすく、そのことで子は地位の高い職業につくという因果である。ゆえに、社会階層論は、「教育機会の階層間格差」の実態と背景に強い関心をもつ。

　では、なぜ親の階層が高いと子は教育達成をするチャンスが高く、階層が低いとチャンスが低いのだろうか。まず思いつくのが経済的資源である。お金のある家庭では、親は子に塾などの学外教育を受けさせることができるし、大学の学費も出すことができる（経済資本説）。一方、文化的資源の重要性も指摘されている。家庭に本がたくさんあり、美術館や博物館に行く習慣がある家庭では、子は幼少期から知識や教養、語彙などを自然と身につけ、それらは学業の成功につながると考えられる。高い階層の家庭では、こうした文化資本を多く有す傾向にあり、ゆえに子は教育達成をしやすいという主張である（文化資本論）。

　そして、社会関係に関する資源も重要である。たとえば、社会心理学モデルは、大学に価値を置き、進学をすすめる重要な他者（親や教師、友人）の存在が、子の進学意欲を高め、教育達成につながることに注目する。親の階層が高いほど、そうした社会関係を多く手にする傾向があるため、親の階層が教育達成に影響するのである。また、「人びとは自身の階層が下降することを回避する」と考えて合理的な選択を行った結果、階層間の教育機会の差が生起することを数理・計量的に分析する研究も存在する（相対リスク回避説）。そのほかにも、さまざまな理論が提示され、検証がなされている。[*7] 多くの理論に共通するのは、親の階層によって経済・文化・社会的資源は異なっており、これらが影響することで子の教育達成に階層差が生まれるという視点である。

> **お薦め本**
> *7　ここでは各説を一言でまとめたが、それぞれ精緻で厚みのある理論的・実証的研究が存在する。荒牧（2016）は、教育機会の階層間格差について、海外の諸説をまとめたうえで日本での適応可能性を検討し、仮説検証している。この問題について詳しく学びたい人には読むことをお薦めする。文化資本論はブルデュー（1990［原著 1979］）、社会心理学モデルはSewell et al. (1969)、相対リスク回避説はBreen & Goldthorpe (1997) を参照されたい。

3　社会階層論の視座

1　個人を超えた要因による格差

　「親の階層」以外にも、さまざまな要因による「機会の不平等」が存在する。たとえば、性別である。先に見た移動表は、父親と息子について職業の関連性を見たものだが、なぜ母親と娘ではないのだろうか。それは、一定割合の女性が職業自体をもたないため、男性のように全体の結果を確認できないからである。職業は賃金などの報酬をもたらす重要な資源であるが、女性は人生を通じて、職業

に長期間つかず、生涯所得が相対的に低い傾向にあるのだ。

では、なぜ女性は男性に比べて職業を継続しないのだろうか。さまざまな理由が考えられる。女性は仕事よりも家事・育児に専念することを自発的に選択したのであり、男女の差は「機会の不平等」とはいえないと考える人がいるかもしれない。しかし、たとえ、本人が自発的な選択と認識していたとしても、その選択の背後には、私たちが生きる社会の制度や環境の影響があるはずだ。会社が採用や昇進で男性を優遇し、女性を差別した結果、仕事に意欲をもてずに会社をやめたかもしれない。夫の協力が少なく、家事や育児が自身に集中することで、仕事との両立が難しくなり、仕事をやめるケースもあるだろう。育児休業の取得や短時間勤務制度の利用が難しいことが影響したかもしれない。こうした社会的要因が女性の職業継続をはばむならば、男女の間の職業や所得の格差は公正ではない「機会の不平等」と考えることもできるだろう。[*8]

性別以外にも、人種、国籍、地域など、さまざまな要因による「機会の不平等」が存在する。社会階層論は、生まれたときのさまざまな属性が、人生におけるチャンスやリスクに影響することを示し、そうした格差を生むさまざまな社会的要因について考察するのである。

> **お薦め本**
> [*8] 男女の階層差に関する研究は多くあるが、近年の優れた研究として、山口（2017）がある。山口は、日本における男女の働き方の格差の実態と背景を理論的・実証的に探究している。

② 学歴・職業・所得のつながり

学歴・職業・所得の関連性も、社会階層論の中心的なテーマである。たとえば、「職業と所得の関連」を問うことは、現代社会では、いかなる職業においてどの程度の報酬がなぜもたらされるのかを問うことを意味する。報酬格差の要因のひとつとして、高いスキル（技能）を要する職業にはスキルを有す人がつき、ゆえに高い報酬が付与されると考えることができる。このスキルによる格差は、公正であり、ある程度は許容できると考える人もいるだろう。他方、同じ内容の仕事をしていても、「正規／非正規」といった雇用形態の違いによって、賃金や解雇リスクが異なることもある。[*9] また、特定の職業は、「女性が多い」「労働組合率が低い」といった理由で、賃金が低く解雇リスクが高くなるかもしれない。これらの報酬格差は公正でない格差として問題化される可能性があるだろう。このように職業間の報酬格差とその原因を考えることは、格差の正当性を社会に問いかけることにつながるのである。

学歴が職業や所得に与える効果も重要なテーマである。学歴の効果は自明であるようにみえるが、その程度は、国や時代、そして性別などの属性によって異なる。科学技術が発展し、グローバル化・情報化するなかで、学歴による所得格差は拡大するのか、それとも高学歴化は大卒の価値の相対的な低下をもたらし、そのメリットを下げるのか。学歴の違いだけでなく、高校の学校タイプ（普通科／

> **お薦め本**
> [*9] 日本では他の先進国に比べて正規／非正規の報酬格差が大きく、その実態と背景を考えることは重要な研究テーマである。これを検討した研究として、太郎丸（2009）、有田（2016）が参考になる。

職業科）や大学のランクは、職業や雇用形態、企業規模にどのような影響を与えるのか。日本では、女性は男性に比べて、学歴の効果が弱いことが議論されてきたが、今後、それは変化していくのか。このような学歴の効果を詳しく把握することは、現代日本社会の階層構造の特徴を理解することにほかならないのである。

3 さまざまな格差を生む要因

　これまで、学歴・職業・所得に焦点を当ててきたが、それ以外にも社会的に望ましい資源は存在する。たとえば、知識や情報スキル、社会的つながり、自律性、職場環境、仕事のやりがい、余暇活動、社会的・文化的活動、政治参加、趣味、消費、健康、居住環境、幸福などさまざまな資源が想定される。単調でストレスの多い職業もあれば、やりがいがあり、自律性の高い職業もある。安全で教育が充実し、近隣とのつきあいが良好な地域もあれば、犯罪が多く住民サービスが欠如した地域もある。時間に追われ、お金がなく、さまざまな消費や活動をできない人もいれば、知識があり、多くの人びとと交流し、幸福感の高い人もいる。このように、さまざまな資源は均等に配分されておらず、格差が存在するのだ。

　そして、すでに見てきたように、これらさまざまな格差は、さまざまな社会的要因の影響を受けて形成される。第一に、親の階層や性別、人種といった生まれたときの属性に強く規定される。第二に、学歴・職業・所得とも強く関連する。学歴が高く、職業の地位が高く、経済的資源を多くもつ人びとは、そのほかのさまざまな資源を獲得できるチャンスにも恵まれる。

　このように社会階層論の問いは、「親の階層による子の学歴・職業の格差」から始まって、「さまざまな要因による、さまざまな資源の格差」へと広がっていく。社会階層論は、現代社会に無数に存在する「さまざまな要因による、さまざまな資源の格差」が、どの程度存在し、なぜそうした格差は生成・維持されるかについて考察するのである。格差が生成する要因は、個人だけに還元できるものではなく、公正ではないさまざまな格差が存在する。社会階層論は格差の実態と背景を探究することによって、格差の正当性を社会へと問いかけ、容易になくならない格差を解消する糸口を見つけ出そうとするのである。それは、現代において公正な社会を構想するうえで不可欠な視座だといえるだろう。

第 17 章　「格差と不平等」にどう向き合うか？

まとめの問題

「世代間の職業階層の移動（社会移動）」と「教育機会の階層間格差」について簡単にまとめたうえで、なぜ親の階層によって子が教育達成をするチャンスに差が生まれるかについて考えてみよう。

【ポイント】
・経済的資源だけでなく、文化的・社会的資源にも注目する。
・本章で紹介した複数の説を組み合わせたり、自身の経験を振り返りながら、あなた自身のオリジナルの仮説を考えてみよう。

調べてみよう

新聞記事やインターネットを用いて、社会的要因による格差についての具体例を調べてみよう。それは、「いかなる要因によるどのような資源の格差」であるのかを示したうえで、その格差が生起する原因について考えてみよう。

第18章 「子どもの貧困」にどう向き合うか？

子どもの貧困とはどのような問題なのでしょうか。たんにお金がないことなのでしょうか。子どもの貧困は、親などを含めた家族・世帯の貧困問題です。では、親が貧困なのは努力が足りないからなのでしょうか。「自己責任」と切り捨てることは簡単です。しかし、それは問題の解決につながるのでしょうか。本章では、貧困と社会の関係をひもときながら、子どもの貧困の現状、その社会的要因、貧困を減らすための方向性について考えます。

子どもへの虐待事件が起こる背後には、どのようなことが考えられるだろうか。親、子ども、近隣、学校、福祉関係機関、警察、社会保障制度、雇用、景気など、いろいろな観点から、考えられる要因をできるだけ多く書き出してみよう。また、みなさんが書き出したもののなかで、相互に関係するものはあるだろうか。もしあるとすれば、それらはどのようにつながっているのだろうか。考えてみよう。

keywords　子どもの貧困　相対的貧困　貧困の連鎖　社会的排除

1　子どもの貧困とは

1　貧困とはなにか――お金がない、つながりがない、希望をもてない

子どもの貧困問題とは、貧困な環境におかれた子ども[*1]が、低学力、虐待、疾病、自信のなさ、孤立感など、さまざまな点で大きな不利益を被ることである。

では、貧困とはどのような状態なのだろうか。お金がないため衣食住に事欠く状態を思い浮かべる人もいるだろう。たしかに、お金がないこと（経済的貧困）は貧困の中心をなすものである。しかし、お金がないことは、多くの場合、相談したり助けてくれたりする人や社会とのつながりがないこと（社会的孤立）や生きる希望をもてないこと（精神的困窮）とからみ合いながら生じている。[*2]

ここでは、貧困を、そうした3つのことが相互に関連しあいながら生活に著しく支障をきたしている状態であると考えよう。

2　子どもの貧困はなぜ問題なのか

子ども期に貧困であることは、さまざまな不利益をもたらす（阿部 2008）。幼

用語解説

[*1] 子ども
ここでは児童福祉法や子どもの貧困率算出の年齢区分に依拠して18歳未満の人と考える。

CHECK

[*2] その典型はホームレス状態にある人びとである。ホームレス支援に長くかかわってきた奥田知志は、ホームレス状態とは「ハウスレス」と「ホームレス」の複合だという（奥田 2006：14-20）。宿なし状態である「ハウスレス」はここでの経済的貧困、「ホームレス」は社会的孤立と精神的困窮にあたる。

第18章　「子どもの貧困」にどう向き合うか？

少期の環境によってさまざまな機会を奪われ、人生のスタートラインに著しい不公平が生じることは正義に反する。

また、子ども期の貧困は（第3節で述べるように）その人の生涯にわたって不利な影響を与える。さらにその子が成長して親になれば、そうした不利な状況は世代を超えて引き継がれることになる。このような貧困の連鎖によって格差が固定化されてしまえば社会全体の活力は損なわれ、社会の持続可能性も低下してしまうだろう[*3]。

3　どこからが貧困なのか——絶対的貧困と相対的貧困

では、どこからが貧困なのだろうか。食べるものがなく栄養失調となっている、お金がなく医者にかかれない。これらは絶対的貧困[*4]状態におかれた子どもたちである。また、虐待を受け学校に行けなかったり、親から放置されて死んでしまったりする子どもの事件が報じられることもある。そういった子どもたちが貧困状態にあることは明白だ。

「学費がなくて大学に進学できない」「お金がないので携帯がもてない」といった場合はどうだろう。日本全体が貧しかったころに生まれ育った人たちのなかには「私たちが若かったころはもっと大変だった」という人もいる[*5]。岩田正美によれば「貧困は人びとのある生活状態を『あってはならない』と社会が価値判断することで『発見』されるものであり、その解決を社会に迫っていくもの」である（岩田 2007：9-25）。それゆえ、どの水準を社会が「あってはならない」と考えるかによって、貧困はあったり、なかったりする[*6]。どこからが貧困なのか、線引きは難しい。

現在、先進諸国の大多数では、その判断の基準として相対的貧困という考え方が用いられている。それはP. タウンゼントの相対的剥奪という概念を根拠のひとつとしている。タウンゼントによれば「個人、家族、諸集団は、その所属する社会で習慣になっている、あるいは少なくとも広く奨励または是認されている種の食事をとったり、社会活動に参加したり、あるいは生活の必要諸条件や快適さを獲得するために必要な資源が欠けているとき、全人口のうちでは貧困状態にある」という[*7]（Townsend 1979：31；岩永・岩田 2018：45-46）。つまり、相対的貧困とは、その社会で「その社会のほとんどの人が享受している『ふつうの生活』を送ることができない状態」である（阿部 2011：65）。

CHECK
[*3] 子どもの貧困対策は基本的人権の遵守や福祉の向上に直結する。同時にそれは社会的投資としての機能ももつ（武川 2017：65）。子どもの貧困対策が大きな社会的投資効果をもつ（社会的損失を抑える）ことについては、阿部（2014）や三菱UFJリサーチ＆コンサルティング（2015）を参照。

用語解説
[*4] 絶対的貧困
絶対的貧困の概念のひとつとしてB.S.ラウントリーの「第1次貧困」がある。それは「収入を注意深く管理し出費を切りつめたとしても、その所得が家族の身体的効率の必要最低限を満たすのに不十分な状態」と定義された（武田 2014：132）。

CHECK
[*5] 「昔のほうが大変だった」にいかに向き合うか。正面から反論しても、相手は否定された感情を抱くだけで対話は難しくなる。湯浅誠は、そうした言説には「力を込めて肯定」し、心理的なひっかかりをとったうえで、子どもの現状や社会の将来について問題を投げかけたほうが伝わる可能性が高まるという（湯浅 2017：39-44）。

CHECK
[*6] 貧困は「ない」ことにされやすいテーマであった。西澤晃彦によれば、日本では高度成長の開始とともに「1965年には貧困の実態調査が打ち切られ、『豊かさ』とは無縁に生きる人びとの存在は以後なかったこととされた」という（西澤 2010：17）。

2 どのくらいの子どもが貧困なのか

① 子どもの貧困率の現状と推移

データの説明

*7 タウンゼントによる相対的剥奪アプローチについては、岩永・岩田（2018）を参照。

「ふつうの生活」には「食事、衣服、住宅の『衣食住』はもちろんのこと、就労やレクリエーション、家族での活動や友人との交流、慣習といったこと」が含まれ、「それらの費用は、社会全体の生活レベル」によって決定される（阿部 2011：65）。ただし、この費用の算出はなかなか難しい。基準となりうる暮らしの形は多様である。

そこで、貧困、とりわけ経済的な貧困状態の測定においては、守られるべき最低限度の生活費を貧困の基準とすることが行われている。これは政策的な対応を行う根拠としても重要だ。ここでは、子どもの経済的な貧困状態を示す指標として子どもの貧困率（相対的貧困率）を取り上げよう。[*8] これは、貧困とされる基準（貧困線）を下回る所得しかない世帯で暮らす子ども（18歳未満）が、すべての子どものうちどのくらいいるのかを示したものである。

CHECK

*8 同じく「相対的」という言葉が使われているが、ここでの相対的貧困率は、前節で述べた相対的貧困にある人の比率を直接示すものではないことには注意が必要だ（松本 2016：34）。

その算出方法を簡単に説明しておこう。ほとんどの子どもには所得はないため、子どもの経済的な生活水準は世帯の可処分所得[*9]をもとに測られる。世帯全体の可処分所得は世帯員が増えれば当然増加するので、世帯人数によって調整する必要がある。その際、単純に世帯人数で割るのではなく、世帯人員の平方根で割って

用語解説

*9 可処分所得
可処分所得とは、収入から税金や社会保険料等を除いたいわゆる手取り収入である。

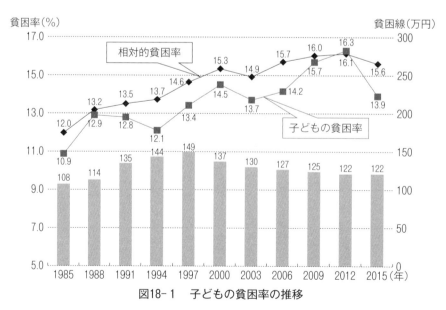

図18-1 子どもの貧困率の推移

出典：厚生労働省「平成28年 国民生活基礎調査の概況」より筆者作成
注　：相対的貧困率：貧困線（等価可処分所得の中央値の半分）に満たない世帯員の割合。
　　　子どもの貧困率：子ども全体に占める、貧困線に満たない子どもの割合。

調整する。こうして調整された可処分所得を世帯の等価可処分所得という。その中央値（平均ではなく、金額をもとに全員を順番に並べた場合の真ん中に位置する人の値）の半分の額が貧困線となる。

この貧困線を下回る等価可処分所得しか得ていない人の割合が相対的貧困率である。子どもの貧困率とは、子どもの相対的貧困率（子ども全体に占める貧困線に満たない子どもの割合）のことである。この算出方法は、OECD（経済協力開発機構）の作成基準に基づいており、国際比較をしやすいという利点がある。

図18-1によれば、2015年時点の子どもの貧困率は13.9％である。2012年（16.3％）からは2.4ポイント低下しているものの、子どもの7人に1人は貧困状態にある。人口でいえば約280万人だ。また、1985年からの推移を見ると、多少の上昇と下降はあるものの、趨勢としては上昇傾向を示していることがわかる。

2) 世帯構成と子どもの貧困

子どもの貧困は世帯の経済状況によっても大きく異なる。「国民生活基礎調査」によれば、「子どもがいる現役世帯（世帯主が18歳以上65歳未満の世帯）」のうち、「大人が1人」の世帯の相対的貧困率は50.8％にのぼっている。「子どもがいる現役世帯」全体の相対的貧困率は12.9％、「大人が2人以上」の世帯では10.7％であり、「大人が1人」世帯の相対的貧困率は際立って高いことがわかる。

また、ひとり親世帯のうち、母子世帯の経済的な貧困は特に深刻である。「全国ひとり親世帯等調査」によれば、①母子世帯の母の81.8％は就労しているものの、就労による平均年間収入は200万円（父子世帯は398万円）にとどまること、②母子世帯の51.4％は預金金額が「50万円未満」であること、③生活が「大変苦しい」と答えた人の比率は、全世帯では23.4％であるのに対して、母子世帯では45.1％にのぼることなどが見て取れる。

3) 子どもの貧困率の国際比較

子どもの貧困率はOECDの基準に基づいて算出されており、国際比較が可能である。データは少し古いが、子どもの貧困に関する国際比較を表18-1に示す。

国際的に見て日本の子どもの貧困率はけっして低くない。子どもの貧困率（15.7％）はOECD加盟国34か国中25位（上から10番目の高さ）であり、OECDの平均（13.3％）を上回っている。とりわけ、子どもがいる現役世帯のうち「大人が1人」の世帯の貧困率は高く、加盟国のなかで最悪であった（内閣府 2014：30）。これは母子世帯の貧困率がきわめて高いことによるものだろう。

ここもCHECK
*10 これは、世帯人数が増えるほど家賃や光熱費など世帯員共通の生活コストは少なくなる傾向があるためである。たとえば、可処分所得が200万円の1人世帯と800万円の4人世帯ではどちらも1人あたりの可処分所得は200万円だが、家賃や光熱費など生活にかかるコストは後者のほうが小さくなる。

ここもCHECK
*11 「国民生活基礎調査」（厚生労働省、第17章注1 [p.140]を参照）によれば、2015年の日本の貧困線は122万円（年間）であった。

データの説明
*12 日本でこれまで算出の基礎データとして用いられてきたのは厚生労働省の「国民生活基礎調査」の所得分布であった。ただし、近年、総務省の「全国消費実態調査」による子どもの貧困率も提示されており、その値は「国民生活基礎調査」をもとにした値よりも低い（2015年では7.8％）。

ここもCHECK
*13 「国民生活基礎調査」（厚生労働省）をもとに算出された貧困線は生活保護基準とも近い値となるが、それは生活保護基準もOECDの基準に非常に近い考え方に基づいているためである（阿部 2008：48）。

ここもCHECK
*14 阿部彩は、多くの人が「平等社会」を信じていた1985年時点で、すでに子どもの貧困率は10.9％となっており、子どもの貧困が「新しい」社会問題ではなかったことに注意を促している（阿部 2014：7）。

第3部 社会の未来を考える

用語解説

*15 「大人が1人」の世帯
ここでの「大人」には親以外の世帯員（たとえば祖父母、18歳以上のきょうだいなど）も含まれるため、この値は厳密にいえば「ひとり親世帯」の貧困率ではない。ただし、ほぼそれに近い値と考えてよいだろう。

お薦め本

*16 家族構成だけでなく、親の年齢、子どもの年齢、親の就労状況などによっても子どもの貧困率は異なる。関心のある人は、子どもの貧困白書編集委員会編（2009）などで確認してほしい。

✓ここも／CHECK

*17 全世帯に占める母子世帯の比率は高くはないものの、世帯の数自体（推計値）は123.2万世帯（父子世帯18.7万世帯）とけっして少なくはない。

✓ここも／CHECK

*18 世帯の収入源は、就労だけではない。手当などもある。だが、それらを含めても母子世帯の母親自身の平均年間収入は243万円にすぎない。なお、父子世帯のそれは420万円である。

✓ここも／CHECK

*19 ユニセフの推計（2012年）でも「2000年代半ばにおいて、日本の18歳未満の子どもの貧困率は、先進35か国のなかで上から9番目の高さ」であり、「1人あたりGDPが3万1,000ドル以上の国に限ると、日本は20か国中4番目に子どもの貧困率が高い国」であった（阿部 2014：9-11）。

表18-1 相対的貧困率の国際比較

	相対的貧困率			子どもの貧困率		\multicolumn{9}{c}{子どもがいる世帯の相対的貧困率}
							合計			大人が1人			大人が2人以上	
順位	国名	割合	順位	国名	割合	順位	国名	割合	順位	国名	割合	順位	国名	割合
1	チェコ	5.8	1	デンマーク	3.7	1	デンマーク	3.0	1	デンマーク	9.3	1	ドイツ	2.6
2	デンマーク	6.0	2	フィンランド	3.9	2	フィンランド	3.7	2	フィンランド	11.4	1	デンマーク	2.6
3	アイスランド	6.4	3	ノルウェー	5.1	3	ノルウェー	4.4	3	ノルウェー	14.7	3	ノルウェー	2.8
4	ハンガリー	6.8	4	アイスランド	7.1	4	アイスランド	6.3	4	スロヴァキア	15.9	4	フィンランド	3.0
5	ルクセンブルク	7.2	5	オーストリア	8.2	5	オーストリア	6.7	5	英国	16.9	5	アイスランド	3.4
6	フィンランド	7.3	5	スウェーデン	8.2	6	スウェーデン	6.9	6	スウェーデン	18.6	6	スウェーデン	4.3
7	ノルウェー	7.5	7	チェコ	9.0	7	ドイツ	7.1	7	アイルランド	19.5	7	オーストリア	5.4
7	オランダ	7.5	8	ドイツ	9.1	8	チェコ	7.6	8	フランス	25.3	7	オランダ	5.4
9	スロヴァキア	7.8	9	スロベニア	9.4	9	オランダ	7.9	8	ポーランド	25.3	9	フランス	5.6
10	フランス	7.9	9	ハンガリー	9.4	10	スロベニア	8.2	10	オーストリア	25.7	10	チェコ	6.0
11	オーストリア	8.1	9	韓国	9.4	11	フランス	8.7	11	アイスランド	27.1	11	スロベニア	6.7
12	ドイツ	8.8	12	英国	9.8	12	スイス	8.7	12	ギリシャ	27.3	12	スイス	7.2
13	アイルランド	9.0	12	スイス	9.8	13	ハンガリー	9.0	13	ニュージーランド	28.8	13	ハンガリー	7.5
14	スウェーデン	9.1	14	オランダ	9.9	14	英国	9.2	14	ポルトガル	30.9	13	ベルギー	7.5
15	スロベニア	9.2	15	アイルランド	10.2	15	アイルランド	9.7	15	メキシコ	31.3	15	ニュージーランド	7.9
16	スイス	9.5	16	フランス	11.0	16	ルクセンブルク	9.9	15	オランダ	31.3	15	ルクセンブルク	7.9
17	ベルギー	9.7	17	ルクセンブルク	11.4	17	ニュージーランド	10.4	17	スイス	31.6	15	英国	7.9
18	英国	9.9	18	スロヴァキア	12.1	18	ベルギー	10.5	18	エストニア	31.9	18	アイルランド	8.3
19	ニュージーランド	10.3	19	エストニア	12.4	19	スロヴァキア	10.9	19	ハンガリー	32.7	19	オーストラリア	8.6
20	ポーランド	11.0	20	ベルギー	12.8	20	エストニア	11.4	20	チェコ	33.2	20	カナダ	9.3
21	ポルトガル	11.4	21	ニュージーランド	13.3	21	カナダ	11.9	21	スロベニア	33.4	21	エストニア	9.7
22	エストニア	11.7	22	ポーランド	13.6	22	ポーランド	12.1	22	ドイツ	34.0	22	スロヴァキア	10.7
23	カナダ	11.9	23	カナダ	14.0	23	オーストラリア	12.5	23	ベルギー	34.3	23	ポーランド	11.8
24	イタリア	13.0	24	オーストラリア	15.1	24	ポルトガル	14.2	24	イタリア	35.2	24	日本	12.7
25	ギリシャ	14.3	25	日本	15.7	25	日本	14.6	25	トルコ	38.2	25	ポルトガル	13.1
26	オーストラリア	14.5	26	ポルトガル	16.2	26	ギリシャ	15.8	26	スペイン	38.8	26	アメリカ	15.2
27	韓国	14.9	27	ギリシャ	17.7	27	イタリア	16.6	27	カナダ	39.8	26	ギリシャ	15.2
28	スペイン	15.4	28	イタリア	17.8	28	アメリカ	18.6	28	ルクセンブルク	44.2	28	イタリア	15.4
29	日本	16.0	29	スペイン	20.5	29	スペイン	18.9	29	オーストラリア	44.9	29	チリ	17.9
30	アメリカ	17.4	30	アメリカ	21.2	30	チリ	20.5	30	アメリカ	45.0	30	スペイン	18.2
31	チリ	18.0	31	チリ	23.9	31	メキシコ	21.5	31	イスラエル	47.7	31	メキシコ	21.0
32	トルコ	19.3	32	メキシコ	24.5	32	トルコ	22.9	32	チリ	49.0	32	トルコ	22.6
33	メキシコ	20.4	33	トルコ	27.5	33	イスラエル	24.3	33	日本	50.8	33	イスラエル	23.3
34	イスラエル	20.9	34	イスラエル	28.5	—	韓国	—	—	韓国	—	—	韓国	—
	OECD平均	11.3		OECD平均	13.3		OECD平均	11.6		OECD平均	31.0		OECD平均	9.9

出典：内閣府（2014：31）

注：元データは、OECDによるFamily database "Child Poverty"（2014）。なお、ハンガリー、アイルランド、日本、ニュージーランド、スイス、トルコの数値は2009年、チリの数値は2011年。

3 子どもの貧困はどのようにして起こるのか

1) 貧困の背後には家族・世帯がおかれた社会的な状況がある

　子どもの貧困は、多くの場合、子どもが直面している困難な状況であると同時に、同居している親などの家族を含めた世帯の貧困問題でもある。だが、注意しなければならないのは、子どもの貧困を親の責任、家族・世帯の責任に矮小化してはならないということだ。たとえば、前節では母子世帯の貧困率がきわめて高いことを述べた。しかし、これは母子世帯の母親の努力が足りないからなのか。日本の母子世帯の就労率は国際的に見てきわめて高い。にもかかわらず、貧困率は高いのである。その背景にあるのは、母子世帯の母親の非正規雇用率の高さ、最低賃金の低さ、社会保障政策の手薄さなど社会構造の問題がある。これらは個人の努力で解決できるものではない。

　子どもの貧困といった問題の本質は、親や家族・世帯がおかれた社会的な状況にある。そこに目を向けず、親や家族・世帯の努力不足や自己責任のみに原因を求めてしまえば、社会的な取り組みへの回路は閉ざされてしまう。[*20] 解決のためには、その問題が生じる背景を社会的に考える必要がある。

2) 貧困は社会的排除によってつくり出される

　子どもの貧困、そしてそれにつながる家族・世帯の貧困の問題を、自己責任や家族の責任ではなく、社会的な問題としてとらえていく際に鍵となるのが、社会的排除という考え方である。社会的排除とは、さまざまな制度や社会関係などから特定の人びとを締め出すという、社会的な過程を示す概念だ。

　湯浅誠は、社会的排除によって"溜め"[*21]が失われた状態が貧困であるという（湯浅 2008：81）。多少の日照りが続いても、大きな溜め池があれば作物には被害が及ばないが、溜め池が小さければ深刻なダメージを受ける。同様に、"溜め"が大きいほど、人は大きな衝撃に耐えられるし、困難から立ち上がる力も得やすい（湯浅 2008：78）。お金の"溜め"があれば失業してもしばらくは食いつなげる。人間関係の"溜め"が大きい人はそのネットワークで新たな職を見つけることもできるだろう。だが、"溜め"が小さい人は排除によって大きなダメージを受けるし、立ち直るのも難しくなる。

　湯浅は、"溜め"を奪う社会的排除として、①教育課程からの排除、②企業福祉からの排除、③家族福祉からの排除、④公的福祉からの排除、⑤自分自身からの排除[*22]の5つをあげている（湯浅 2008：60-61）。こうした「五重の排除」によって

✓ここも CHECK

[*20] 自己責任論が社会に拡がれば、それは無言の圧力となる。その結果、生活苦の原因が社会制度の不備によるものであったとしても「自助努力が足りないせいだ」と考え、さらに貧困は進んでしまう。

用語解説

[*21] "溜め"
　湯浅は、"溜め"を、①お金や財産のような金銭的な"溜め"、②頼れる家族や友人など人間関係の"溜め"、③自信や自分を大切にできるという精神的な"溜め"の3つに区分している（湯浅 2008：78-79）。

用語解説

[*22] 自分自身からの排除
　自分自身からの排除とは、第1から第4の排除を受け、しかもそれが「あなたのせい」とされ、さらには本人自身もそれを内面化して「自分のせい」ととらえてしまう結果、自らの尊厳を守れず、自分を大切に思えない状態にまで追い込まれることである（湯浅 2008：61）。

3 貧困はさまざまな経路を介して連鎖する

　もうひとつの悪循環は、貧困の連鎖である。貧困の連鎖とは、子ども期の貧困がさまざまな不利をもたらし、その結果、大人になってからも貧困から抜け出すことが難しくなってしまう状態をいう。子ども期の貧困は保護者（親）の貧困であることを考えれば、それは貧困が親から子へと次世代に引き継がれてしまうことでもある。[*23]

　道中隆は、ある自治体の生活保護受給世帯の記録から、被保護世帯全体の約4分の1の世帯が出身世帯（親の世代）でも生活保護を受給していたことを示している。その比率は被保護の母子世帯では約4割にのぼっていた（道中 2009：61）。

　また、阿部彩（2012；2014）は、調査データをもとに、貧困の連鎖が生じる経路について明らかにしている。[*24] 図18-2は、経路の影響力の大きさを推計する際に阿部が想定したモデルである。各要因間の矢印は経路（因果関係）を示している。

　貧困の連鎖の経路分析の結果、影響が認められた経路には「＋」がつけられている。「＋」の数は影響の強さを示す。たとえば、「子ども期の貧困」が「低学歴」をもたらす経路は「＋＋＋」となっているが、これはその経路の影響力の強さが統計的に確認されたことを示している。また、「×」は統計的には有意な影響が認められなかったことを示す。たとえば、「子ども期の貧困」は「現在の低所得」には直接的な（他の要因を介さずに）影響を及ぼしてはいなかった。

　阿部によれば、貧困の連鎖について「いちばんよく語られる『経路』は『子ども期の貧困→低学歴→非正規労働→現在の低所得→現在（成人後）の生活困窮』というもの」であり、これを「学歴―労働パス（経路）」と呼んでいる（阿部 2014：69）。図18-2では黒い矢印で示されている経路である。

　しかし、「子ども期の貧困」が「現在（成人後）の生活困窮」につながる経路はそれだけではない。たとえば、「子ども期の貧困」は直接「現在（成人後）の生活困窮」に影響を及ぼす。また、子ども期に貧困であった人は「低学歴」ではなかったとしても「非正規労働」になりやすく、「現在の低所得」を介して「現在（成人後）の生活困窮」にいたる可能性も高い。さまざまな経路を介して貧困は世代内、世代間で連鎖するのである（阿部 2014：69-70）。

　こうした貧困の連鎖のメカニズムの解明は、貧困対策を講じるうえできわめて重要である。だが、いまだ十分には明らかになっていない。上に示したもの以外にも、さまざまな要因・経路（たとえば、健康、配偶者選択、虐待等）を介して生じることが考えられる。

✓ここも／CHECK

[*23] 貧困の連鎖の存在からも、自己責任論には問題があることがわかるだろう。当然のことながら、子どもには自分が貧困であることに責任はない。だが、貧困の自己責任を問われがちな大人（親）もかつては子どもだった。そのなかには、子ども期に貧困だった人たちもいる。もちろん、貧困な家庭に育っても、それを乗り越えていく人も多い。しかし、問題はその確率だ。自己責任論は、自己責任を問えない子ども期の不利な影響（貧困の連鎖）を覆い隠してしまう。

📊データの説明

[*24] 分析対象は20歳～49歳の男女3,292名である。図18-2の「子ども期の貧困」は「15歳時点での生活が大変苦しかった」ことを、「現在（成人後）の生活困窮（食料困窮）」は「過去1年間に家族が必要とする食料を買えなかったことがある」ことを示す。また、「低学歴」は「中卒・高校中退以下」、「現在の低所得」は所得が「貧困線以下」であることを示している（阿部 2012：89-90）。

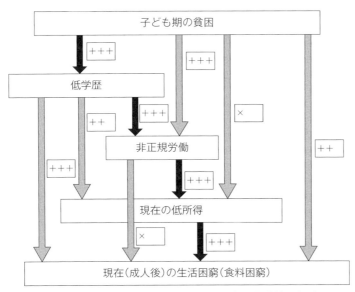

図18-2　複数の経路を想定した貧困の世代内連鎖の概念図
出典：阿部（2014：68）

4　子どもの貧困を減らすために

1）国・自治体など政府レベルでの生活保障制度の拡充

　子どもの貧困を減らすために、現在、さまざまな取り組みが行われている。
　第一は、国・自治体など政府レベルでの子どもや世帯に対する生活保障である。これには現金給付とサービス（現物）給付がある。現金給付の制度には、生活保護、児童扶養手当、各種の年金等の所得保障や就学援助、家賃補助等の家計補助などがある。税の控除なども現金給付に含まれるだろう。貧困世帯の所得はこうした再分配政策によって影響される部分が大きい。それゆえ、現金給付は生活水準の確保にはとても重要だ。また、お金は用途を限定しないため当事者がもっとも必要なものやサービスを手にすることができる。現金給付には貧困の子どもが将来貧困から抜け出す確率を高める明確な効果（所得効果）が認められている（阿部 2014：134-136）。
　一方で、保育、教育、医療など、市場原理に任せてしまうと貧困世帯に対してサービスの量と質が必ずしも確保できないものについては、サービス給付のほうが望ましい（阿部 2014：141）。ただし、サービス給付はスタッフや施設の質によるばらつきも大きく、公的な機関による質の保証も必要だろう。
　子どもの貧困に直接かかわる法律としては、「子どもの貧困対策の推進に関する法律」（子どもの貧困対策法）がある（2013年成立、2014年施行）。この法律の目

■第3部■ 社会の未来を考える

的は「子どもの貧困対策を総合的に推進すること」にある。そのために、「子どもの将来がその生まれ育った環境によって左右されることのないよう、貧困の状況にある子どもが健やかに育成される環境を整備する」とともに「教育の機会均等を図るため、子どもの貧困対策に関し、基本理念を定め、国等の責務を明らかにし、及び子どもの貧困対策の基本となる事項を定める」としている（第1条）。そのうえで、基本理念として、「子ども等に対する教育の支援、生活の支援、就労の支援、経済的支援等の施策」を「国及び地方公共団体の関係機関相互の密接な連携の下に、関連分野における総合的な取組として行われなければならない」ことを定めている（第2条）。本法に基づき、2014年、国は「子どもの貧困対策に関する大綱」を策定した。この大綱では、子どもの貧困に関する基本方針、指標、改善に向けた重点施策、調査研究、推進体制などが定められている。[*25]

なお、大綱のなかに調査研究が含まれているように、子どもの貧困を減らすための制度的な対応には、研究者も重要な役割を果たしうる。貧困を測定する指標の開発、貧困の発生や連鎖のメカニズムの解明、政策の効果測定とエビデンスの蓄積、それらに基づく財源配分の優先順位を決定する方法の開発などが進められる必要がある（阿部 2014）。

2　地域レベルでの支援

第二は、NPO、社会福祉協議会、社会福祉法人、住民組織など、地域レベルでの取り組みだ。こちらはサービスの提供が中心となる。[*26]ここには、学校や児童相談所などの公的な機関との連携も含まれる。

地域レベルでの強みは、子どもの貧困に関心をもった人たちが当事者に近いところにいるため、そうした人たちを見つけて支援につなぎやすいところにある。また、貧困の当事者に直接向き合い、コミュニケーションをとりながら、状況に応じてさまざまなサービスを提供できる。子どもはもちろん、貧困状態にある親たちのなかには、申請主義[*27]と縦割り[*28]という2つの壁にはばまれて、自分一人では生活保障の制度をうまく利用できない人たちもいる。しかし、支援者が、困っている人たちに制度について説明したり、行政の窓口に同行して申請の手伝いをしたり、必要な制度に領域をまたいで包括的につないだりすることができれば、そうした壁も乗り越えられる。これを地域で行う専門職がコミュニティ・ソーシャルワーカーである。奥田知志は、そうしたソーシャルワークとして伴走型支援を提唱している（奥田 2014）。[*29]そのイメージを示したのが図18-3である。また、奥田は、社会的に孤立している人に対しては、たんに制度につなぐだけでなく、伴走それ自体が支援だという。[*30]

こうした個人や家族への支援が可能となるためには、つなぎ先となる支援の「受

CHECK
*25 この法律の条文、大綱の具体的な内容、政府による子どもの貧困対策については内閣府ウェブサイトなどで知ることができる。なお、このほかにも「児童福祉法」「生活保護法」「就学援助法」「子ども・若者育成支援推進法」「生活困窮者自立支援法」「教育基本法」「学校教育法」など、子どもの貧困対策に直接・間接的にかかわる法律や制度がある。

CHECK
*26 これらのサービスは国や自治体の補助金などを受けて行われることも多く、政府レベルでの取り組みとも関連がある。

用語解説
*27 申請主義
制度利用のためには窓口で申請しなければならないが、社会的に孤立している人は申請が難しい。制度を知らない人、情報をくれる人とのつながりがない人もいる。さまざまな理由から、申請という手続きが制度利用をはばむのが申請主義の壁である。

用語解説
*28 縦割り
貧困問題は、就労、教育、医療などの領域にまたがって生じている。それゆえ、子どもの貧困を減らしていくためには、制度横断的に必要な制度につないでいくような支援が必要だ。しかし、制度の多くは部局ごとに運用されており制度の包括的利用による課題解決が難しい。これが縦割りの壁である。

第18章　「子どもの貧困」にどう向き合うか？

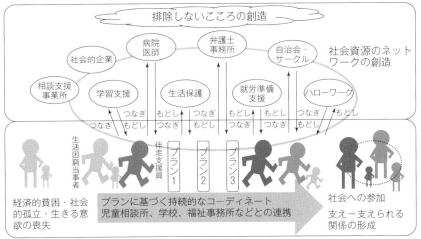

図18-3　伴走型支援モデル

> \ここも/
> ✓CHECK
> *29　子どもの貧困の場合、困っている家族・世帯のメンバー全員に伴走型支援を行うこととなる。これが伴走型家族支援である。その具体的な仕組み、効果、課題については、稲月(2017)を参照。

> \ここも/
> ✓CHECK
> *30　奥田は制度利用によって当事者の課題を解決する支援を「処遇の支援」、当事者に伴走することそれ自体を目的とするような行為を「存在の支援」と呼んでいる(奥田 2014：65)。「存在の支援」は(意図するかどうかは別にして)信頼を形成するものである。「処遇の支援」にも信頼は重要だ。

け皿」が地域になければならない。それがない場合は、地域のなかにつくり出していく。貧困の子どもや親などへの支援は、地域づくりとセットで行われるとより効果的だろう。

まとめの問題

子どもの貧困状態を測定するためには、子どもの貧困率のほかに、どのような指標が考えられるだろうか。

【ポイント】
- 子どもがおかれている不利な状況について、経済、社会関係、教育、健康など、さまざまな面から考えてみよう。
- 子どもの貧困に関する指標については、内閣府「子供の貧困に関する指標の見直しに当たっての方向性について」(インターネットで検索可能)や「子どもの貧困指標の提案」(阿部 2016：100-105)が参考になる。

調べてみよう

あなたが住んでいる市区町村では、貧困を減らしたり予防したりするために、どのような公的制度・機関や民間の支援団体などがあるだろうか。ウェブサイトなどで調べてみよう(たとえば、国や自治体の動向については「子どもの貧困研究プロジェクト」のウェブサイトなどがある)。

第19章 「地球環境問題」にどう向き合うか？

「地球環境問題」という言葉を聞いて、まずあなたの心に浮かぶのはどんなことでしょう。「自分には関係のないこと」と思いますか。身近な地球環境問題にどんなものがあるか、考えてみましょう。また、それが世界の持続可能性を脅かすどのようなリスクと結びついているか考えてみてください。しかも、環境破壊は私たちの誰にも平等に降りかかるリスクではなく、社会的な不公正と結びついて発生します。公正で持続可能な未来世界を創造する方法について考えてみましょう。

「地球環境問題」にはどのようなものがあるだろうか。みなさんにとって身近なことのなかにも、たくさんの「環境問題」が潜んでいるかもしれない。できるだけたくさんの「環境問題」を書き出してみよう。また、それらの間に関係はあるだろうか。自由に考えてみよう。

keywords　地球環境　持続可能性　環境正義（公正）

1 地球環境問題とはなにか

1 環境問題とは

　近年、日本では40度を超える日が続き、「災害レベル」の暑さといわれる。また、世界規模でも、熱波や猛暑、豪雨などの異常気象が頻発し、多くの被災者を出している。異常気象の原因についてはさまざまな議論があるが、私たちが普通に行っていることが原因となっている可能性もある。このように、いま、私たちの生きている環境に問題が生じている。地球温暖化や砂漠化、酸性雨や生物多様性の危機などである。そうした問題は、大きく「環境問題」と呼ばれる。社会学者の舩橋晴俊によれば、「環境問題とは、個人の生存・生活と社会の存続の基盤となっている物質的条件の総体である環境が、生産活動や消費活動という人為的原因によって、人間にとって悪化し、個人の生存・生活や、社会の存続に対する打撃や困難やそれらの可能性がもたらされるという事態」（舩橋編 2011：4）をいう。

2 環境問題の歴史

　環境問題は、日本では当初「公害問題」として認知された。日本で早い時期に

公害として問題となったのは、渡良瀬川周辺で起こった足尾銅山の鉱毒問題である。足尾銅山は近代鉱山技術の導入により日本最大の銅山となったが、銅の精製過程で排出される鉱毒によって周辺環境は深刻な影響を受けた。1890年代には地元の政治家・田中正造が鉱毒被害を告発したものの、その原因は、公害への認識が高まる1974年まで特定されなかったのである。

1969年～1971年、厚生省（現・厚生労働省）は『公害白書』を刊行するが、その冒頭には、「公害問題は、わが国の近代産業の生成発展とともに発生し、推移してきた」が、長きにわたってそれが社会問題として認識されることがなかった、と述べている。

1972年、『公害白書』は環境庁（現・環境省）による『環境白書』に衣替えとなる。このときの巻頭言で、当時の環境庁長官大石武一は、「環境汚染は経済の発展、人類の進歩の裏側にかくれた『必要悪』であるといった意識から、それは、国民共通のあるいは人類共通の財産である環境資源を食いつぶしていることであり、したがって、もしこれを克服することができなければ、人類は自分の運命のみならず、地球の上に住むすべての生命の運命までも危機におとし入れるのではないかという認識への転換」であると、この時期に環境問題に対する大きな意識転換があったことを述べている。端的にいえば、環境問題がローカルで一時的な問題としてではなく、地球人類の生存可能性の問題として再認識されたのである。

3 循環型社会と生物多様性

2006年になると『環境白書』は『環境白書・循環型社会白書』の合本になり、2008年には『環境白書・循環型社会白書・生物多様性白書』の合本となった。この流れは、「環境問題」がともすれば、自然環境（変化）の問題としてとらえられがちであるのに対して、自然―社会―経済の相互依存システムとして問題を理解し、地球環境を持続可能にするには、社会―経済システムの統合システムの再設計を図っていく必要があるとの認識を表明したものといえる。また、この統合システムにおいては、人間のみならず、地球上のさまざまな生物の多様性の確保も重要なポイントとなることはいうまでもない。

2 持続可能な地球のために

1 環境問題と持続可能性

2016年11月4日、2020年以降の地球温暖化対策の国際的枠組みである「パリ協定」が発効した。パリ協定とは、2015年パリで開催されたCOP21で採択された[*1]

用語解説

*1 COP21
COPとは、1992年に採択された「国連気候変動枠組条約」に基づいて1995年から毎年開催されている「国連気候変動枠組条約締約国会議」を指す。1997年に京都で開催されたCOP3で採択された「京都議定書」は日本でも大きな話題となった。

用語解説

*2 ローマクラブ
ローマクラブは、1970年3月に正式発足した民間のシンクタンクで、スイスに本部がある。資源・人口・軍備拡張・経済・環境破壊などの全地球的な問題を研究対象とし、世界の科学者・経済人・教育者など100人から構成されている。定期的に研究報告書を刊行している。

ここもCHECK

*3 1956年にマサチューセッツ工科大学のJ.W.フォレスターによって開発された。

ここもCHECK

*4 この例は、「地域の人口」にどのような因子がプラスあるいはマイナスの影響を与えるかを表現したもので、こうした要因の影響の複合的効果を明示するものである。

国際的な協定で、先進国にも開発途上国にも気候変動対策を義務づけた合意である。気候変動対策には、「緩和」と「適応」の2つがある。「緩和」とは、二酸化炭素などの温室効果ガスの排出削減と吸収を行うものである。「適応」は、すでに起こりつつある気候変動の悪影響を防止または軽減しようとする方策である。「緩和」と「適応」を相互補完的に行うことにより、実効的な気候変動対策となる。

近代以降、人類は生活の便利さ、豊かさを目指して、さまざまな産業技術を発展させてきた。しかし、人類の「幸福の追求」は、その背後で、地球を破滅させかねないリスクを増大させていた。パリ協定はまさにこのリスクに対して地球規模で取り組もうとする歴史的合意である。本章では、「環境問題」や「持続可能な社会」について考えるうえで重要なモデルを紹介しよう。

2 成長の限界——ローマクラブの実験

環境問題に警鐘を鳴らした先駆けとして知られるのが、1972年に発表されたローマクラブによるシミュレーション結果『成長の限界』である。

ローマクラブのシミュレーション・モデルは、システム・ダイナミクスと呼ばれる手法を用いてつくられた。システム・ダイナミクスとは、要素間の因果関係を図式的に表すことにより、個々の理解している問題現象や因果関係をダイレクトにモデル化できる（図19-1に例を示した）。このモデルによって、彼らは「世界人口、工業化、汚染、食糧生産、および資源の使用の現在の成長率が不変のまま続くなら、100年以内に地球上の成長は限界点に到達するであろう。もっとも起こる見込みの強い結末は人口と工業力のかなり突然の、制御不可能な減少であろう」（メドウズほか 1972［原著1972］: 11）との結論を導き出した。

ローマクラブは、30年後の現在もその活動を継続している。最新刊の『成長の限界 人類の選択』では、最新のデータをもとに、持続可能な社会への移行を模索している（メドウズほか 2005［原著2004］）。

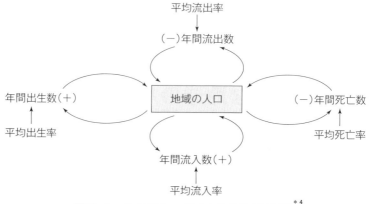

図19-1 システム・ダイナミクスの表現例[*4]

3) 共有地の悲劇

「持続可能な社会」を考えるとき、よく例にあげられるモデルがある。「共有地の悲劇」と呼ばれる一種の思考実験である。1968年にアメリカの生物学者G. ハーディンが発表した論文で提示したもので、簡単にいうと、次のようなものである（Hardin 1968）。

> ある村で、人びとは共有地でひつじの放牧を行い、平和に暮らしていた。ところがあるとき、頭の働く村人が、自分の飼育するひつじの数を増やしてみようと考えた。その結果、思惑どおり、彼は以前より多くの利益を得ることができた。それを見ていた他の村人たちは、自分たちも同様の利益を得ようとひつじの数を増やした。こうして共有地で飼育されるひつじの数は次第に増えていき、人びとの生活は豊かになっていった。なにもかもがうまくいっているように見えた。しかし、ある時点を境に、共有地の牧草が食い尽くされ、飼料が足りなくなったひつじたちは生きることができなくなってしまった。村人たちは、個々の利益を最大化することだけでなく、全体のために自己の利益追求を抑制する必要があった。しかし、他人だけが得して、自分が損をすることを恐れる気持ちが、村全体にとって最悪の結果をもたらしたのだった。

このモデルは、たとえば自社の廃棄物を少量であるとして放置した結果、多くの企業が真似をし、重大な環境汚染を引き起こすような状況にもあてはまる。

人類は、「地球」という名の共有地からさまざまな恩恵を受けながら生きている。だが、地球が提供できる恩恵には限りがある。恩恵の源である環境があるレベル以上に破壊されたら、二度とわれわれは自然の恵みをあてにできなくなるのである。

なお、環境問題を考えるモデルはこのほかにも数多くある（遠藤 2017）。

3 環境破壊は誰にも平等に被害をもたらすか？

1) 環境破壊は誰に被害をもたらすか

環境問題に関して、注意しなければならないのは、その被害が広域——しばしばグローバル世界——に及ぶというだけでなく、その被害が社会的権力関係に関係した形であらわれるということである。

1986年4月、旧ソ連のチェルノブイリ原発で、史上最悪の環境事故が起こった（現在もその全容は明らかになっていない）。同じ年、社会学者のU. ベックが著した『危険社会——新しい近代への道』が世界に大反響を巻き起こした。そのなかでベックは、かつての階級社会が富の分配の不公平を特徴としていたが、現代のリスク社会は、リスクの分配の不公平を特徴としていると論じた。

「下層階級では、生活が困窮しているだけでなく、その安全性が脅かされている。…（中略）…例えば、専門教育を受けていない者が失業する危険性は、高度な有

人物紹介

*5 ウルリヒ・ベック（Ulrich Beck, 1944～2015）
ドイツの社会学者。現代社会の中心的な問題はもはや富の分配ではなく、社会の発展が生み出すさまざまなリスクの分配であるとするリスク社会論を展開した。主著『危険社会』『世界リスク社会』。

第3部　社会の未来を考える

資格者に比べて極度に高い。また、就業中に放射線を浴びたり、ストレスを受けたり、中毒になる危険性は、職種によって不平等に分配されている。特に、低所得者層の多い居住地は工業地域の近隣にあるので、住民たちは、大気、水、土壌などに含まれるさまざまな有害物質の汚染に絶えず曝されている。生活の糧を失うことを恐れる低所得者は、それらの危険[*6]に対してかなり寛容であることを強いられるだろう」(ベック 1998［原著 1986］: 49)とベックは指摘する。

用語解説

*6　危険（risk）
　日本語の翻訳書では「リスク（risk）」の訳語として「危険」が使われている。しかし、日本語の「危険」は「danger」とまぎらわしい。riskとdangerは、前者が単純に「悪いこと（問題現象）」を意味するのに対して、後者は「悪いことの起こる可能性」を意味する。

② 環境的正義という考え方

　このような不公正への対応として、「環境的正義」あるいは「環境的公正」というコンセプトが登場した。

　このコンセプトについて、舩橋らは「世界的にも、一国内でみても、経済的に後進的な周辺部に廃棄物が捨てられ、環境破壊の危険のある施設が集中的に配置される。したがってアメリカでは大統領令により、企業が操業を開始しようとする時、環境的公正を一条件として考慮しなければならないと定めた。潜在的な危険を秘めた原子力発電施設が周辺部に設けられるのは周知の通りで、天災や過誤により人々の制御を超えて暴走する時、グローバリゼーションの結果増幅的な被害をもたらす。その最たるものが原発事故で、フクシマはその例である」（宮島ほか 2013: 3-4）と説明している。

　原子力発電に関していえば、発電所の事故だけではなく、そこから廃棄される高レベル放射性廃棄物の問題もある。現在無制約の状態で排出され続けている放射性廃棄物が貯蔵されている地域は大きな危険にさらされる。さらに、国内で廃棄物が貯蔵しきれなくなったとき、廃棄物は国境を越えてグローバルな周辺地域で集中的に処分されるという問題も顕在化しつつある。

　アメリカの環境保護エージェンシーは、「環境的正義の目標は、人種、国籍、収入などに関わらずすべての人が環境から来る不均衡な被害から守られることである」（Holifield 2001: 80）としている。

　「環境的正義」の追求は、今後ますます重要な課題となるだろう。

4　地球環境問題にどのように取り組むか

① 市民による環境正義運動

ここもCHECK
*7　受苦者については、第13章（p.106）を参照。

　「公害」の時代からそうした言葉はなかったにせよ、まず「環境正義」を訴えたのは、受苦者[*7]である市民たちだった。1960年代に起きた北九州地域の深刻な大気汚染[*8]に対して声を上げたのは、子どもたちの健康を心配した母親たちだった。

近年でも、厚木基地騒音問題[*9]（朝井 2009）、新潟県巻町の原子力発電所建設問題[*10]（中澤 2005）や、青森県六ヶ所村のむつ小川原開発と核燃料サイクル施設問題[*11]（舩橋ほか 1998）など、住民運動による異議申し立てが行われている事例は多い。

受苦者がこうした運動を行うことは当然の権利であるが、運動を行うことで時間的、経済的負担を負い、受苦者の負担が二重になり、環境正義がさらに損なわれる結果となることもあることには注意しなければならない。

2 国際社会の取り組み

こうした動きを受けて、国際社会も国連を中心に地球環境問題にさまざまなかたちで取り組んできている。

1972年、国連の主要な機関として、国連環境計画（UNEP）が設立された[*12]。その目的は、各国の政府と国民が将来の世代に負担を負わせることなく、現代の人びとの生活の質[*13]を向上させるために協力し合うことを奨励することにある。

1992年には、地球温暖化、酸性雨など顕在化する地球環境問題を人類共通の課題と位置づけ、「持続可能な開発」という理念のもとに環境と開発の両立を目指して、ブラジルのリオデジャネイロで「国連環境開発会議」（地球サミット）が開催された。1995年3月、デンマークのコペンハーゲンで開かれた「世界社会開発サミット」で採択された宣言では、「貧困を克服し、完全雇用という目標を達成し、安定した安全かつ公正な社会を育むことを、各国の最重要目標にする」との誓約がなされた（国連広報センター 1998）。1996年5月には、経済協力開発機構（OECD）の開発援助委員会（DAC）で、日本が提案した「DAC新開発戦略」において国際開発目標（IDGs）が採択された。

この流れのなかで、2000年9月、147の国家元首を含む189の加盟国代表の出席のもと、国連ミレニアム・サミットがニューヨークで開催され、21世紀の国際社会の目標として国連ミレニアム宣言が採択された。この国連ミレニアム宣言と1990年代に採択された国際開発目標を統合し、ひとつの共通の枠組みとしてまとめたのがミレニアム開発目標（MDGs）である。その8つの目標とは、①極度の貧困と飢餓の撲滅、②初等教育の完全普及の達成、③ジェンダー平等推進と女性の地位向上、④乳幼児死亡率の削減、⑤妊産婦の健康の改善、⑥HIV／エイズ、マラリア、その他の疾病の蔓延の防止、⑦環境の持続可能性確保、⑧開発のためのグローバルなパートナーシップの推進、である。

さらに2015年の9月25日～27日、ニューヨーク国連本部において「国連持続可能な開発サミット」が開催され、150を超える加盟国首脳の参加のもと、その成果文書として、「我々の世界を変革する――持続可能な開発のための2030アジェンダ」が採択された（国連総会 2015）。これが、17の目標と169のターゲットから

用語解説
*8 大気汚染
1901年に官営八幡製鉄所が設立されたのを皮切りに、北九州は日本有数の重化学工業地帯となった。第二次世界大戦後の経済発展により北九州の工業は活況を呈したが、それとともに工場から出る煤煙やガスによって大気汚染が進行した。

用語解説
*9 厚木基地騒音問題
綾瀬市、大和市、海老名市にまたがる厚木海軍飛行場（厚木基地。海上自衛隊と米海軍が共同使用）周辺で起きている深刻な航空機騒音被害。

用語解説
*10 新潟県巻町の原子力発電所建設問題
1996年、東北電力の原発建設をめぐって巻町（現・新潟市）で住民投票が実施され、投票者の6割の反対により計画中止となった。

用語解説
*11 むつ小川原開発と核燃料サイクル施設問題
1968年12月、当時の通商産業省（現・経済産業省）は、下北半島における工業地帯開発計画の構想試案を発表したが、漁業者らの強硬な反対により頓挫した。1984年4月、平岩外四電気事業連合会会長は県に対し、核燃料サイクル施設・ウラン濃縮施設・低レベル放射性廃棄物貯蔵施設の建設協力を要請した。これに対して、農・漁業者による反対運動、住民投票条例制定運動が起こり、計画は大きく遅れた。

第3部　社会の未来を考える

CHECK ここも
*12　詳しくは、「国連環境計画」の公式ウェブサイト（http://www.unic.or.jp/info/un/unsystem/other_bodies/unep/）を参照。

用語解説
*13　生活の質（Quality of Life : QOL）
生活の質とは、ある人がどれだけ人間らしい生活や自分らしい生活を送り、人生に幸福を見出しているか、を表す尺度である。

図19-2　SDGsの17の目標

出典：国際連合広報センター「SDGsのロゴ」
　　　（https://www.unic.or.jp/activities/economic_social_development/sustainable_development/2030agenda/sdgs_logo/）

なる「持続可能な開発目標（SDGs）」である。SDGsの17の目標を国連がわかりやすくアイコンとして表現したものが、図19-2である。

このように、私たちの世界社会を持続するために、さまざまなレベルで取り組みが行われている。私たち個人も、自分たちにできるところから、こうした課題を考えていくことが重要であろう。そのとき「地球環境」を守るということは、自然環境だけではなく、社会システムのゆがみをなおすことも包含しているということが重要である。

まとめの問題

「環境正義」という考えに関連して、①環境問題と社会的不公正が結びついている例をあげ、②その解決法について論じてみよう。

【ポイント】
・1995年に起きた阪神大震災、2005年に起きたハリケーン・カトリーナ、2011年に起きた東日本大震災などを例に考えてみよう。
・沖縄返還後も繰り返し問題化している沖縄の米軍基地問題を例に考えてみよう。

調べてみよう

2015年に国連が採択した「持続可能な開発のための 2030 アジェンダ」に示された17の目標から1つを選び、あなたが住んでいる地域ではどのような取り組みが行われているか調べてみよう。

第20章 「大規模災害」にどう向き合うか？

　東日本大震災が発生したとき、あなたは何歳でしたか。約2万人の人命を奪い、39万戸の家屋を破壊したこの地震は、東京電力福島第一原子力発電所にも大きな被害をもたらし、その処理にはまだ数十年かかるといわれています。しかもその後も、熊本地震や西日本豪雨、北海道胆振東部地震など、大規模な自然災害は毎年のように発生しています。こうした自然災害に対して、人間の社会は無力なのでしょうか。本章では、災害の被害を減らすために社会になにができるかを、具体的なケースをとりあげながら考えます。

　地震や津波、台風、集中豪雨、火山噴火などの自然災害は毎年のように発生している。その原因は地殻変動や異常気象などの自然現象だから、土木工学や地震学のような自然科学だけが対処すべきなのだろうか。それとも、そうした事態に備え、その被害を軽減するために、私たちや社会にもできることがあるのだろうか。それをここで考えよう。

keywords／ 自然災害　防災と減災　ゆるやかなコミュニティ　レジリアンス

1　自然災害と環境意識

1) 異常気象がつづく

　日本は災害の多い国である。わが国の観測史上最大の揺れを記録した2011年の東日本大震災をはじめ、2016年の熊本地震、2017年から2年続いた九州北部豪雨と西日本豪雨。さらに毎年のように生じる台風の被害や、夏になるとほぼ全国を覆う異常なほどの高温。この10年あまりに生じた大規模な自然災害をあげていくときりがない。

　梅雨の時期の豪雨や大型台風がもたらす被害は、過去には数年に一度くらいの割合で生じたものだった。ところが近年では、ほぼ毎年くりかえされるようになっている。しかもこうした異常気象は、わが国だけでなく世界中で生じているというのだから、工業化や人口増加がもたらした地球温暖化[*1]に原因のひとつがあるのは明らかだろう。

　そうした事態に対して、私たちはなにができるのだろうか。エアコンをギンギンに効かせるのではなく温度を少し上げる。不要な消費をできるだけ避ける。ごみの分別やリサイクルに努める。まだるっこく思われるかもしれないが、やれる

CHECK
*1　地球温暖化は世界全体にかかわる課題である。人口増加や工業化、自動車の増加などが原因で地球の温度が1度でも上がると、豪雨や台風が生じやすくなるだけでなく、その分海水が膨張し、南極や北極の氷が溶けて海水面が上昇する。インド洋にあるモルジブなどの低地の国家は海に沈没する危険があるだけでなく、日本でも洪水や高潮の危険が増すのだから、私たちにできることから始める必要がある（環境問題については、第19章[p.158〜]を参照）。

165

■第3部■ 社会の未来を考える

ところから始める以外にない。

2 自然災害は社会現象である

　このように自分の生活を見直していくことも大事だが、ここで考えたいのは、そのような日常生活の改善ではない。地震や豪雨などの非日常的な自然災害に対して、私たちはどう備えたらよいのか。万が一それが生じたときに、その被害をできるだけ軽くするにはどうすべきか。そうした非日常的な事態への備えである。
　もっとも、地震や豪雨などは自然に生じるものだから、それに対しては各自がニュースなどを見ながら自分の判断で行動し、備えるしかないと思われるかもしれない。しかし、地震や豪雨などは個々人を襲うのではなく、地域社会全体を襲うものである。その意味で、大規模な自然災害は社会現象なのであり、それゆえそれに対して備えるのは各個人ではなく、社会全体だということを最初に確認しておこう。

2 自然災害に対する見方の変化

1 「防災」の考え方

　私たちの社会は自然災害に対してこれまで次のような姿勢でのぞんできた。人間は自然をある程度コントロールすることができる。もしコントロールできない部分があるとすれば、人間の科学や技術の不完全さが原因なためだから、それを改善していったなら、人間は自然を完全にコントロールできるようになるはずだ。
　こうした考え方に沿って、土木工学や地震学、河川工学といった学問が発達してきた。洪水が生じて家屋や人命が失われるのは堤防の高さが足りないためだから、ダムをつくって水流をコントロールし、堤防を高く築けばよい。沖合で地震が生じると津波を生じて危険だから、防潮堤を高くして津波を防止すればよい。自然災害の発生を予防しようとするこうした考え方は「防災」[*2]と呼ばれ、従来の災害対策の主流の発想であった。

2 「防災」から「減災」へ

　しかし、こうした考え方を根底からくつがえしたのが東日本大震災であった。一例をあげよう。岩手県宮古市田老地区は、明治と昭和の三陸地震と津波で住民の過半数の命が失われるほどの被害を出した。[*3]そこで地区は湾全体を高さ10メートルの防潮堤で覆うことを決めた。1979年に完成したそれは約2,500メートルの

> ここも CHECK
> *2　防災にかかわる科学は「防災科学」と呼ばれ、地震学、河川工学、土木工学などの工学系の学問によって担われてきた。これに対し、今日では社会学や文化人類学、心理学、歴史学などの人文社会科学の学問との共同作業が重視され、以下に見るような「減災」の観点が強調されるようになっている。

長さをもち、「昭和の万里の長城」と呼ばれるほどの規模であった。2011年に東日本大震災が発生したとき、住民の多くは防潮堤が守ってくれると信じて避難しなかった。しかし、津波は予想をはるかに超える高さであり、避難しなかった多くの住民の生命が失われたのである。

こうした例は田老地区に限らなかった。その結果、自然災害に関する認識は根本から変わることになった。高い防潮堤や堤防を建設することで自然災害を防ぐことができるという「防災」の発想は誤っている。人間は自然災害を完全に防ぐことは不可能なのだから、災害はいつかは生じるものだという前提に立って、その被害を軽くするにはどのような準備をすべきか、災害が発生したときにどのように行動すべきかを考えたほうがよい。こうした考え方は「減災」と呼ばれ、今日の災害対策の主流になっている。

この考え方によれば、防潮堤や堤防は高ければよいというわけではない。そういう防潮堤や堤防は建設や維持に莫大な費用がかかるばかりか、住民はそれに安心してしまって避難が遅れて重大な結果をもたらしかねない。むしろ防潮堤や堤防は一定の高さにとどめて、災害への準備を総合的に行ったほうがよい。避難しやすいように避難路を整備する、日ごろから住民が参加する避難訓練を十分に行う、災害が発生した後にどのように避難所を運営するかのノウハウを周知する。そういう総合的な「減災」計画を実施するには、自然科学だけでなく、人間の行動パターンや社会の役割を理解できる社会科学との共同作業が必要なのである。

> **ここも CHECK**
> *3 青森県から宮城県にかけての三陸沿岸は津波の常襲地帯だ。明治以降だけでも、1896（明治38）年の明治三陸地震、1933（昭和3）年の昭和三陸地震、2011年の東日本大地震と、ほぼ50年おきに大地震が発生している。大地震はマグマのひずみが原因で発生し、マグマのひずみは時間の経過とともに拡大するので、大地震は周期的に生じると考えられている。日本にはほかでもマグマのひずみがたまっている地域があり、関東大地震、東海沖地震、南海トラフ大地震などが30年以内に生じると予想されている。それに備えることが必要なのだ。

3 被災後、人びとはどう対処したか

1 東日本大震災の被災地

重大な自然災害が発生した後に人びとがどのように行動したかを具体的に見ていこう。筆者は東日本大震災の翌月から、被災地のひとつである岩手県上閉伊郡大槌町と隣の釜石市でボランティア兼研究者として活動した。大槌町は住民の10%近くが津波で亡くなり、家屋の半数以上が破壊されるなど、最大の被害を出した市町村のひとつである（図20-1）。

筆者は震災から1年半の間、ボランティア兼研究者として家屋から流出した書類やアルバムの整理をし、住民が主体となった地区ごとの復興

図20-1　東日本大震災翌日の被災地
撮影者：小川芳春

> **データの説明**
> *4 東日本大震災が引き起こした津波は、高いところで20mを超え、斜面に沿って38mの高さまでかけ上がった。被災前に建設されていた沿岸の防潮堤は高いところで11mだったので、ほぼすべてが破壊され、沿岸の集落は壊滅状態になった。図20-1は震災の翌日の大槌町中心部であり、家々はがれきと化し、電線は垂れ下がり、車や橋は破壊され、約1mの地盤沈下によって市街地の大半に海水が浸水した。

計画の策定を支援したので、避難所を回って多くの避難者から話を聞いた。大槌町には38か所の避難所があったが、そのうちの10か所ほどを訪れるなかで、避難所によって大きな違いがあることに気がついた。

2 災害に立ち向かった地域社会

大槌町の吉里吉里地区は被災前の人口2,500、家屋数約1,000の集落である。20メートルもの高さに達した津波によって家屋の半数が破壊されたが、もともとコミュニティ意識の強い地域であり、住民の反応は素早かった。津波が収まるとすぐ、住民は破壊された家々を回って家屋の下敷になっていた被災者を救出し、火災が起きないようにプロパンガスの栓を閉めてまわったのである。[*5]

震災の翌日になっても外から支援が入ってくる気配がなかったので、避難所に逃れた住民たちは道路が寸断されたと判断して、すべてを自分たちでやることを決めた。町内会長や消防団長の経験者を中心に災害対策本部[*7]を設置し、自分たちの手でがれきを撤去して道路を開き、けが人を搬出するためのヘリポートを設置し、遺体の収容を行った。また、避難所の暖房や緊急車両を動かすために、ガソリンスタンドの地下タンクをこじ開けて手づくりのポンプで灯油とガソリンを抜き出した。[*8] その間、女性たちは食料班をつくり、津波に流された商店から流出した食料を集めて炊き出しを行った。また、泥棒や不審者が出没したので、若い消防団員は2か月の間、夜じゅう消防車に乗って地区の見回りを続けた。

筆者は何度か吉里吉里地区の避難所を訪れたが、そのたびに驚いたのは、数百人が寝泊まりする避難所がまるで一軒の家のようで、人びとが落ち着いて暮らしていることであった。見知らぬ人が一緒に暮らす避難所での暮らしはストレスがたまり、持病が悪化したり前途を悲観して自殺したりするケースが多いとされている。ところがこの吉里吉里地区の場合には、そうしたケースは報告されていない。また、2,500人の住民のうち、震災で亡くなったのは4％の100人にとどまり、大槌町平均の10％弱と比較すると大幅に少ない。津波が引いた後の初動が素早かったこと、火災を出さなかったこと、避難所の運営がうまくいったことなど、住民の主体的な行動がその理由であった。

3 コミュニティ意識の強さと避難所のあり方との関連

大槌町の避難所がすべてこの吉里吉里地区のように円滑に運営されたわけではなかった。同じ大槌町であっても、避難所によっては組織が築かれなかったために避難者の間で疑心暗鬼がつづき、いさかいや盗みが頻繁に生じたところもあったのである。

CHECK

*5 震災直後から大人たちに交じって3週間にわたって仲間と支援活動をした吉里吉里中学校野球部キャプテンの佐野智則君（当時14歳）はこう語っている。「津波があって、すぐに下にさがって行って。まず、津波が来たところに、人を助けたいからさがって行ったんです。大人たちの手伝いをしてました。がれきのなかに人がいたら、それをおんぶして避難所に運ぶっていう。そのときは二人いたんですよ。二人だったんで、それを助けました」（竹沢 2013: 110）。

用語解説

*6 避難所
避難所とは、小中学校や公民館など、多くの場合高台にある堅固な建物であり、市町村によって災害時の住民の避難場所として指定されたものである。東日本大震災では、避難所として指定されていた施設にまで津波が押し寄せ、多くの避難者が亡くなるケースもあった。また台風や豪雨の際には、予想を上回る雨量や河川水位の急激な上昇により、避難所まで行くのが困難になることも多い。早めの避難行動が重要である。

表20-1　東日本大震災後に観察された避難所の3タイプ

タイプ	避難所名	最大避難者数（人）	避難者の対策本部	避難者の社会関係	NPO等の設立
1	吉里吉里小学校	400	あり	強いコミュニティ	吉里吉里国
1	赤浜小学校	350	あり	強いコミュニティ	赤浜まちづくり協議会
1	安渡小学校	600	あり	緩やかなコミュニティ	なし
2	臼澤鹿子踊伝承館	150	あり	芸能団体が核になる	まごころ広場
2	大槌高校	800	なし	高校が被災者を組織化	なし
2	かみよ稲穂館	300	あり	地域社会が支援	なし
3	中央公民館体育館	1,000	なし	ほぼなし	なし
3	寺野弓道場	300	なし	ほぼなし	なし
3	大ヶ口集会所	300	なし	ほぼなし	なし

　筆者は、これらの避難所を運営方法の違いによって3タイプにわけている（表20-1）[*9]。第1タイプは、吉里吉里地区のように人口1,000から2,500程度の、小規模でコミュニティ意識の強い地区に設けられた避難所である。そこでは避難者は被災前から互いに知っていたので、避難者が主体になって対策本部を設置し、炊き出しやがれきの撤去、飲み水の確保、トイレの清掃などを自主的に数か月にわたって行うことができた。

　一方、大槌町の中心部に設けられた避難所は見知らぬ人びとが寄せ集まったので、役場の職員が常駐して対策本部をつくっていたが、避難者は組織をつくることができず、トイレや室内の清掃や炊き出しも行われず、自衛隊が提供してくれる食事を待つだけであった。避難者同士のいさかいや盗みも日常茶飯事のように生じていた。このように避難者が互いに孤立した避難所で何か月も暮らすのは大変な苦痛であったと思われるが、この種の避難所を第3タイプと呼ぶことにする。

　この2つの中間にくるのが第2タイプの避難所であり、そこに避難したのは第3タイプと同じく互いに見知らぬ町の中心部の住民であった。しかし、これらの避難所には、大槌高校や鹿子踊保存会のように震災以前に築かれた組織があったので、それを核として避難者の間で対策本部がつくられ、炊き出しや清掃、避難者の点呼などが主体的に行われた。

4　3タイプの避難所のあり方

　この3タイプを表にすると、同じ町の避難所でありながら大きな違いがあることに驚かされる。第1タイプの避難所は、震災以前から共同意識が強く存在したので、避難者は主体的・能動的に行動することができたし、避難所が閉鎖された

用語解説

[*7] 災害対策本部
　災害対策本部とは、多くの場合市町村が役所に設置するものであり、避難所の運営のほか、病人やけが人の搬出、県や自衛隊との連絡、炊き出しの実施、避難物資の配給など、被災者の生命を守り安全を確保するために活動する組織である。東日本大震災のときには被害が予想よりはるかに大きかったため、役所の体制がすぐには整わず、住民が自主的に組織して運営したケースが多く見られた。

ここもCHECK

[*8] 吉里吉里地区の芳賀正彦さんは次のように語っている。「地下タンクの真上に蓋がついているんですよ。キャップみたいに。それをなんとかこじ開けて。さらに、その下にキャップがついているんですよ。そのキャップ。とても手なんかでは緩まないんですよ。だから12、3名の若手の、たとえば溶接が得意な男、機械関係が得意な男、電気工事店で長いこと働いていた男。それぞれが、ひとりひとり持ち場の技術を発揮して、……キャップをまわす工具を作って、キャップを開けました。そして、がれきの中から使えそうな手動ポンプ、そういう部品になるようなやつを集めて組み立てて、地下タンクからガソリンやら軽油とかを汲みあげたんです」（竹沢 2013：124）。

データの説明

[*9] 筆者が大槌町の各地の避難所を直接訪問して確認したものである。調査時期は2011年4月から7月。

ときには、そこで培われた連帯の精神を維持するべくNPO組織や地域づくり委員会を設立した。一方、避難者の間の組織をつくることができず、自衛隊などの外部の援助をただ待っていた第3タイプの場合には、避難者は孤立し受動的なままであった。その中間である第2タイプの場合には、震災以前から存在していた組織が中心になることによって、震災以前には互いに知らなかった避難者の間に連携組織がつくられ円滑な運営がなされたのである。

4 コミュニティと災害

1 災害関連死者

大規模な自然災害で家々を失った人びとに対し、国や地方自治体が仮設住宅[*10]を用意する。しかしその建設には数か月が必要なので、その間被災者は避難所で過ごさなくてはならない。大きな家族のような吉里吉里地区の避難所は別として、町中心部の避難所のように組織がなく、各自が孤立して暮らす避難所での共同生活がいかに苦痛をもたらすかは想像にあまりある。

地震や洪水などによって命を失うのではなく、避難所でのストレスによる持病の悪化や、前途を悲観しての自殺などで亡くなった人を災害関連死者と呼ぶ[*11]。1995年の阪神淡路大震災、2011年の東日本大震災（これについては岩手、宮城、福島にわけている）、2016年の熊本地震について、その数をまとめると表20-2になる。

これを見ると、コミュニティ意識が比較的強い岩手県や宮城県の災害関連死者数が少ないのに対し、熊本地震と福島県での割合が高いことがわかる。福島県の場合には、福島原発のメルトダウンによって故郷とコミュニティを奪われ、将来への希望を失った避難者に自殺者や関連死者が多いことが知られている。熊本地震の場合には、人口の多い地域で地震が発生したために多くの避難者が生まれ、直接の死者に対して災害関連死者が多かったのが原因である。また、都市部の地

> ここも CHECK
> *10 仮設住宅は国の資金により、地方自治体が中心になって建設するものである。ひとりの場合には台所と4畳半の居室、家族の場合には台所と4畳半の居室が2室というのが基準である。多くはプレハブ造りで、隣室との間の壁が薄いのでプライバシーはほぼない。仮設住宅は2年間の居住が前提だが、東日本大震災の復興事業が遅れているため、2018年3月の時点でも数万の人びとが今なお仮設住宅に住んでいる。都市部では、アパートや公営住宅に住み、家賃を行政が負担する「みなし仮設」と呼ばれる制度もあり、こちらのほうが人気は高い。

> ここも CHECK
> *11 大災害が発生すると、それに比例するかたちで災害関連死者の数も多くなることがわかっている。この数を減らすことも「減災」の主要な課題のひとつである。

表20-2　災害関連死者数の割合（2018年10月現在）

震災名（県名）	震災死者総数（人）	災害関連死者数（人）	災害関連死者割合(%)
阪神淡路大震災	7,353	919	12.5
東日本大震災（岩手）	6,255	466	7.5
東日本大震災（宮城）	11,789	927	7.9
東日本大震災（福島）	4,070	2,227	54.7
熊本地震	272	217	79.8

出典：兵庫県「阪神淡路大震災の死者にかかる調査について」（平成17年12月23日）、消防庁「平成23年度東北地方太平洋沖地震（東日本大震災）について（第158報）」（平成30年9月7日）、消防庁「熊本県熊本地方を震源とする地震（第120報）」（平成30年10月15日）より筆者作成

震であったため、被災者が孤立してストレスが高くなったとも考えられている。阪神淡路大震災のときには、まだ災害関連死者の定義が明確でなかったため、実際の関連死者の一部しか統計にあらわれておらず、実数はさらに多かったと考えられている。

2 「ゆるやかなコミュニティ」の力

表20-2を見れば、災害の直接の死者を減らす努力に劣らず、その後に生じる災害関連死者を減らす努力も必要なことは明らかである。そのためにもっとも有効なのは、避難所が一軒の家のようになっていた吉里吉里地区のようにコミュニティ意識の強い地域をつくることだが、それが現代の日本では困難なのはいうまでもない。私たちの社会はとりわけ都市部において人間関係が希薄になっており、隣に住む人がなにをし、どういう性格をもっているかを知らないことさえまれではない。とすると、私たちは災害が生じたときに、全然見知らぬ人びとと避難所で何か月も暮らし、強いストレスに耐え続けなくてはならないのだろうか。

現代社会であっても、状況を改善させる可能性がないわけではない。たしかに吉里吉里地区のように町内会がしっかり機能し、毎年祭りや運動会を実施することで住民の間に強いコミュニティ意識がある地域は例外的だろう。しかし現代でも、都市部を含めて、さまざまな組織が存在しない地域は存在しないのである。都市部であっても、商店街のような組織があり、PTAや町内会があり、祭りの組織があり、老人会や婦人会があり、NPOなどの組織がある。問題は、それぞれの組織の間に連携がなく、個々バラバラに存在していることだ。

それゆえ筆者は災害前にこれらの組織の間の連携をとっておくことが必要だと提言している。災害が生じたなら、それぞれの組織がどのように連携し分担をとるかをあらかじめ話し合っておけば、いざというときに有効に機能することができるはずだ。そうした地域社会のあり方を、筆者は「ゆるやかなコミュニティ」[*12]（グラノヴェッター 2006［原著 1973］；竹沢 2013）と呼んでいるが、そうした地域社会は吉里吉里地区ほどの組織力はもたないかもしれない。しかし非常時には、人びとを緩やかにつなぎ、連携とコミュニケーションを容易にするはずだ。

> ここも CHECK
> *12 コミュニティというと、特に農村部に存在する、伝統的で因習的な共同組織という感じがあるが、ここでいう「ゆるやかなコミュニティ」とは、都市部でも実現可能な、開かれた共同性のあり方を指している。

5 レジリアントな社会をめざして

レジリアントとはもともと心理学の用語で、困難な状況が生じたときに、それに適応して困難を乗り越える能力を指す言葉である。この言葉は、最近はむしろ災害関連の記事や専門家の間で、社会の「復元力」や「回復力」の意味で頻繁に用いられるようになっている（ゾッリ＆ヒーリー 2013［原著 2012］；アルドリッチ 2015

［原著 2012］)。その背景には、災害を防ぐことを第一とする「防災」から、災害が発生したときにその被害を可能な限り減らすことを目指す「減災」へと災害研究の方向性が変わったことがある。

　災害に対して強い復元力をもつレジリアントな社会をつくるには、なにが必要なのだろうか。第一に、どこにどれだけの危険があるかの情報をすべて公開し、周知徹底したうえで、それへの対処法を十分に話し合っておくことである。東日本大震災では、国が地震の予測を低く見積もっていたために、津波が高台までは達しないと考えて逃げ遅れて亡くなった方が多かった。しかし、明治の大震災では今回とほぼ同じ高さまで達していたのだから、その情報を周知徹底させて住民が対処法を話し合っておくべきであった。しかもそれにあたっては、避難行動やその後の対処法を一部の専門家に任せるのではなく、行政と住民が共同で協議してすべてを自分たちで決定することが重要である。未知の状態で災害に見舞われるより、共通の理解があったほうが共同で行動するのに適しているからである。

　大災害が生じたときに、一番頼りにできるのは国や自治体ではなく、住民自身の団結力であり助け合い意識であることは過去の大震災が示している。私たちは災害が発生すると役所や警察に頼ろうとしがちだが、どの市町村でも行政職員は全人口の1％程度しかいないのだから、彼らにできることは限られている。多くの住民が主体的に参加する民主的な地域社会、緩やかにつながったコミュニティこそが、レジリアントな社会なのである。

まとめの問題

　市町村などの行政機関がすべてを決定する上意下達型の地域社会と、住民の多くが等しい資格で参加して話し合う地域社会の、どちらが災害に対してレジリアントであるか、その理由とともに考えてみよう。

【ポイント】
・避難所のタイプ分けや行政職員の数と地域住民の間の人口比が参考になる。
・避難所ごとの機能の違いに注目しよう。

お薦め本

*13　東日本大震災については多くの本が書かれているが、竹沢(2013)、石井(2014)、東野(2013)をあげておく。

調べてみよう

　東日本大震災などについて書かれた本を読んで[*13]、災害が発生したときに人びとがどのように避難したか、そのあとに人びとがとった行動のなにが有効であり、どのような行動が問題になったかを考えてみよう。

第21章 「人口減少」は地域社会をどう変えるか？

　2015年の国勢調査で日本の総人口が減少に転じたことが明らかになりました。さらに、こうした人口動向は今後、加速度的に進んでいくと予測されています。もっとも、一概に人口減少といっても、そのあらわれ方は都市と農村とで異なります。なぜ人口が減るのか。人口が減ると社会はどうなってしまうのか。本章では、人口減少の先進地である農山村をとりまく社会状況に着目し、縮小する日本社会の行く末について検討します。

　大都市の混雑のなかで生活している人に、人口減少といってもピンとこないかもしれない。混雑が緩和されるかもということで、人口減少を歓迎する人もいるかもしれない。他方、子どもが減って学校の存続が危ぶまれているような地域に暮らす人にとって、人口減少は切実このうえない問題である。どうして都市と農村とで人口の増減に大きな差が生じるのか。近年になって日本全体で人口が減少に向かうようになったのはなぜなのか。考えてみよう。

 少子高齢化　限界集落　田園回帰

1　縮小する日本社会

1) 世界の人口動態

　現代社会の人口がどういった状態にあるのかは、対象とする「社会」の単位がなんなのかによって異なってくる。世界の人口動向から話を始めたい。一昔まで人口問題というと世界人口の増加やそれによってもたらされる資源の枯渇問題のことを指した。19世紀末に16億人だった世界の人口は20世紀中盤には25億人、20世紀末には60億人、2015年には73億人に達した。こうした人口増加の傾向は今日でも基本的には変わっていない。とりわけサハラ砂漠以南のアフリカ諸国の人口増加率は依然非常に高く、そうした途上国の人口増に牽引されて21世紀末の世界人口は100億人を突破すると予測されている。

　その一方で、20世紀前半からヨーロッパ、アメリカ、カナダなどの先進国では出生率の低下が指摘されるようになった。1960年代後半に入ると、東アジア、ラテンアメリカ、東南アジアの国々でも出生率の低下が見られるようになった。今日では世界人口の半数を占める国々で出生率は人口維持水準以下にまで低下しているとされる（河野 2007）。このように現代世界では国家間で相反する人口動態

第3部 社会の未来を考える

が見られ、人口増加と人口減少がともに問題とされるという複雑な状況を呈している。

2　日本の人口動態

日本に目をやると、今日の日本は出生率の低下が世界で最も著しい国のひとつである。国勢調査が始まった1920年、5,600万人であった日本の人口は戦後から高度経済成長期[*1]を通して増え続け、1970年には1億人を突破するが、1970年代後半に入ると出生率が人口維持水準を下回るようになった。2005年の合計特殊出生率[*2]は過去最低の1.26を記録し、2015年にはついに日本の人口は減少に転じたことが明らかになった。

そもそも人口の変動はどうして起こるのか。人口の変動は大きく2種類ある。ひとつは「社会動態」であり、国家間や地域間の人口移動によってもたらされる人口変動である。もうひとつは「自然動態」であり、出生率と死亡率の差、すなわち新たに生まれた子どもの数と死亡した人の数の差によって生じる人口変動である。

世界人口の増加はいうまでもなく自然動態、つまり近代医療の普及等にともなう死亡率の低下によってもたらされている。しかし、死亡率、特に乳児死亡率が低下したことで、女性が生涯に産む子どもの数（合計特殊出生率）は全体として減少する傾向にある。人口爆発は依然として深刻な問題ではあるものの、途上国でも人口の自然動態は多産多死型から多産少死型を経て少産少死型へと移行しつつあり、人口増加率自体は低下する傾向にある。日本社会にもこのことは顕著にあてはまる。欧米諸国とは異なり、日本では国際的な人口移動が人口動態に及ぼした影響はきわめて少ない。端的にいって、近年の日本の人口減少は少子化、つまり、生まれる子どもの数が減少していることによって生じているのである[*3]。

3　少子化の帰結

少子化による人口減少の特徴として2点指摘しておきたい。第一は、少子化と並行して人口の高齢化が進むということである。高齢化はたんに高齢者の増加だけでなく、少子化によって人口の年齢構成に占める若年層の割合が引き下げられ、相対的に高齢層の割合が上昇することによってもたらされている。図21-1に見るように、医療や食糧事情の改善を背景に戦後から高度経済成長期にかけて日本人の平均寿命は飛躍的に伸びた。しかし、この時期の高齢化率の上昇はそれほど目覚ましいものではない。むしろ高齢化率が急上昇するのは平均寿命の伸び率が一段落した1970年代後半（特に1990年代）以降なのであり、そしてこの時期から出

ここも CHECK
*1　高度経済成長期について、詳しくは第10章（p.82）を参照。

ここも CHECK
*2　合計特殊出生率について、詳しくは第10章（p.82）を参照。

ここも CHECK
*3　出生率低下の原因として、1990年代以降の経済情勢の悪化と若者の失業率の上昇が、洋の東西を問わず重要である。日本の特殊事情としては、婚外出産が少ないこと、ひきこもりの増加、就職しても親の実家から離れようとしないパラサイトシングルの増加等がしばしば指摘される。第10章（p.81〜）と第14章（p.114〜）も参照。

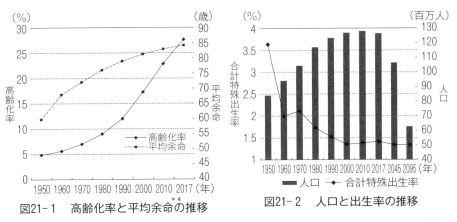

図21-1　高齢化率と平均余命*4の推移
図21-2　人口と出生率の推移

出典：（図21-1・図21-2ともに）総務省統計局「国勢調査」（各年版）、国立社会保障・人口問題研究所「日本の将来推計人口（平成29年推計）」（出生中位・死亡中位仮定による推定結果）より筆者作成

> **用語解説**
>
> *4　平均余命
>
> 平均余命とは、ある年齢の人が平均してあと何年生きられるかという期待値のことである。一方、俗にいう平均寿命とは出生時における平均余命のことを指す。平均余命の算出方法については、河野（2007）を参照してほしい。

生率の低下が進行しているのである（図21-2）。つまり、人口高齢化の最大の要因は出生率の低下なのであり、人口減少社会は本質的に少子高齢社会なのである。

第二に、人口減少の速度が急激であるということである。人口移動がないと仮定して、現状の人口規模を維持するのに1人の母親は何人の子どもを産む必要があるのだろうか。その数値のことを「人口置換水準」と呼ぶが、現在の日本におけるそれは2.1人前後であると推定されている。子どもは2人の親から生まれるわけなので、親世代と同じ人口を保つためにはおよそ2人の子どもが必要になる、と考えればわかりやすいかもしれない。ところが、現実の合計特殊出生率は1.43である（2017年現在）。つまり、人口を維持するのに2.1人の子どもの出生が必要なのに1.4人しか生まれていないわけである。出生率が今後も変わらないと仮定すると、孫世代の人口はどうなるだろうか。さらに次の世代はどうだろうか。実際に計算してみてほしい。もちろんこれは一定の仮定のもとでの理論的推定であり、現実の変化には誤差が生じうる。しかしここで押さえておきたいことは、人口の社会動態が定量的な変化であるのに対し、自然動態は幾何級数的な変化*5であり、世代を経るごとに変化の規模が大きくなるということである。それゆえ、日本社会の人口減少は今後加速度的に進むことが予測される。国立社会保障・人口問題研究所によれば、21世紀中頃には日本の人口は1億人を切り、22世紀に入る頃には6,000万人を割りこむと推定されている（図21-2）。

> **ここもCHECK**
>
> *5　幾何級数的な変化とは、ある量が、一定期間に、その総量に対し一定の割合で増減する場合のことを指す。

2　地域社会の人口減少

1　社会動態による人口変動

視点を地域社会のレベルに転じるなら、人口減少についてまた異なった図柄が

見えてくる。日本では高度経済成長期から都市と農村の人口格差が顕著になった。つまり、農山村地域は国家レベルで人口減少が問題になるはるか前から深刻な人口減少問題に直面してきた。農山村の人口減少は、国家レベルの人口減少とは異なり、おもに社会動態によって引き起こされたものである。若年層を中心に農村から都市へ地滑り的な人口流出が起こり、農村の「過疎」と都市の「過密」が大きな社会問題となった。

② 過疎の変遷

ここでは農山村の過疎を大きく3つの時期に分けてとらえておきたい。過疎の第1期は1950年代後半から1960年代である。農村から都市への人口流出がもっともドラスティックに進んだのがこの時期である。この時期、日本は国際経済に復帰し、日本経済の国際競争力の向上に邁進するようになる。農業に関しても、農業の機械化、農地の集約、「売れる」農産物の選択的拡大による農業生産力の向上が政策目標とされるようになった。しかし、こうした農業近代化政策は、農地条件に恵まれず転換作物の幅も狭い山村や離島地域の不利性をさらに増幅させることになった。木材輸入の自由化にともなって、山村農業の副業として重要な意味をもっていた林業や薪炭業も衰退した。農業と工業の所得格差が顕著になるのもこの頃からである。こうした経済変動を背景に、地方の農山村地域から東京、大阪、名古屋といった大都市圏への人口流出が進んだ。

第2期は1970年代から1980年代である。高度経済成長期に顕在化した過疎と過密は社会問題として注目を集め、国もその克服に向けた政策的対応を余儀なくされた。政策的に重視されたのが、工場の地方分散である。既存の四大工業地帯に代わる新たな産業都市を全国各地に建設し、そうした都市間を高速道路や高速鉄道で結んで「国土の均衡ある発展」を実現することが目指された。また、過疎地域では雇用、財政対策として道路や公共施設の建設を中心とした公共事業が推進された。自家用車が普及し、通勤圏も拡大した（図21-3）。こうした一連の施策や変化は、農山村に一定の兼業機会をもたらした。農村の経済的基盤はもはや農業ではなくなり、零細家族農業と低賃金非熟練労働の組みあわせからなる「周辺的工業化」がそれにとって代わるようになった（安東 1986）。それはけっして「国土の均衡ある発展」と呼べるものではなかったが、この時期には地方から3大都市圏への人口流出は減速し、農山村の人口や経済は比較的安定した状態が維持された。

第3期は1990年代以降である。経済のグローバル化が本格化した時期であり、農産物に関しても牛肉、オレンジを皮切りに輸入の自由化が進んだ。こうした農産物市場の自由化はもともと国土が狭小で競争力に劣る日本の農業に深刻な影響

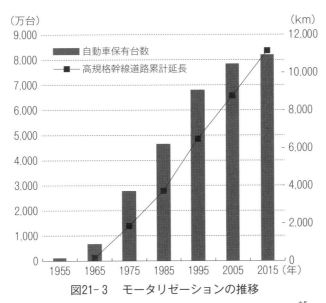

図21-3　モータリゼーションの推移

出典：国土交通省「国土交通白書」（各年版）および国土交通省の資料より筆者作成 [*6]

データの説明

[*6] モータリゼーションの進展は地方圏で著しく、1世帯あたりの自家用車保有台数を比較してみると三大都市圏が0.89台に対し、地方圏では1.32台（2008年）となっている。

を与えた。加えて、製造業に関しても生産拠点の海外移転が進むようになった。公共事業も国の財政事情の悪化を理由に縮小が進められるようになった。つまり、農山村では農業のみならず兼業機会も縮小し、地域経済の空洞化が進んだ。これまでは都市に牽引されて達成した経済成長の果実を地方の農山村に再配分することで地域格差の是正が図られてきたが、そうした制度的仕組みが揺らぐようになるのがこの時期である。後述する「限界集落」や「地方消滅」といった言葉がささやかれるようになった背景として、こうしたマクロな社会変動を理解しておく必要がある。

3　人口減少と農村的自然

1　限界集落論

　今日の農山村がおかれている窮状は、しばしば「限界集落」という言葉で表現される。この言葉を発案した大野晃によれば、限界集落とは高齢化率が50％を超えた集落のことである。かつての過疎と区別してこの言葉が用いられたのは、今日の農山村では人口流出による人口減少の段階を越えて、高齢化による自然消滅の段階に入ったことに注意を促すためであろう（大野 2008）。同様の指摘は自治体レベルでも行われ、このままの人口動向が続けば日本の過半数の自治体が消滅すると訴えた増田寛也の『地方消滅』（増田編 2014）は大きな社会的反響を呼んだ。

　限界集落論に対しては批判もある。たとえば、高齢化率50％は指標として適切

か、集落を単位とした議論は今日の農村生活の実態に合っていないのではないか、「限界集落」という言葉自体が住民の無力感を助長する悪影響をともなうものではないか、といった批判である（山下 2012）。しかし、ここでこうした論争に立ち入ることはしない。以下で論じておきたいのは、農山村の社会経済的衰退がこれまでになく深刻化する一方で、農村の「自然」に対して従来にはなかった熱いまなざしが向けられるようになってきたことである。

2　農村空間の消費

　これまで農山村の自然景観には負のイメージが付与されることが多かった。水田や畑、堆肥や藁、苔むした神社、うっそうとした山林、瓦葺の屋根や舗装されていない道路……。こうした農山村に特有の自然景観は「近代化の遅れ」と見なされ、産業化によるその克服が目指されてきたが、近年ではそうした価値観が反転し、農村的自然そのものが都市住民を惹きつける資源としての価値をもつようになってきた。

　農村に対する価値観の変化を印象づける例として、テレビの長寿番組として人気を博している「ダッシュ村」があげられよう。実は、農村生活にフォーカスしたテレビ番組は過去にもあり、高度経済成長期から長期にわたって放映された「明るい農村」はその代表的なものである。しかし、「明るい農村」では日本農業の厳しい現実やその振興策がテーマとされていたのに対し、「ダッシュ村」にはそのような悲壮感はなく、農業そのものへの関心も高いものではない。たしかに、人気アイドルTOKIOのメンバーはさまざまな農作業にチャレンジするが、そこで主眼とされているのは農業というよりは農村的ライフスタイルのおもしろさや魅力の再発見であろう（秋津 2007）。番組を貫いているまなざしは、その地で生活する住民のものというよりは、農村生活とは無縁な都市住民の目線であるといってよい。

　一般に、こうした事態は「農村の消費空間化」として表現される。かつての農村は、まずもって農業生産の場であった。しかし今日の農村は農業とのかかわりが希薄化し、代わって田舎特有の自然景観が都市住民のアメニティの場として文化的、消費的価値をもつようになったということである（アーリ 1995 ［原著 1990］）。そして、農村に対するそうしたまなざしの変化を追い風として、農村ツーリズムがブームの様相を呈するようになった。地域経済の衰退に歯止めがかからない過疎の自治体では、そうしたツーリズムに地域再生の活路を見出そうとする傾向が顕著に見られる。最近では、グリーンツーリズムやエコツーリズムに加え、農村の自然や景観をアート作品の材料として活用するアート・ツーリズムも各所で見られるようになった。辺鄙な離島や山間地域で開催されるアートフェスティ

バルの案内を目にしたり、実際に足を運んだりしたことがある人も案外いるのではないだろうか。

では、農山村は都市住民によってただ消費されるだけの存在なのだろうか。そうではない。農村ツーリズムとも関連して注目を集めているのが、田園回帰と呼ばれる現象である。[*7] 近年では農村にツーリズム的な関心だけでなく、生活の場として積極的価値を見出そうとする人が、特に若い世代の間で増えてきた。かつては、都市へのあこがれが若者の価値志向の代名詞ともいえるものであった。しかし今日では向都離村志向は弱まり、むしろ都市の若者の農村移住が注目を集めるようになってきたのである。農村サイドでも移住受け入れのためのさまざまな取り組みが試みられるようになり、政府もまた地域おこし協力隊という制度を設けてこうした動向の後押しに乗り出すようになった。

> **CHECK**
> *7 イギリスでも1970年代以降、都市住民の農村移住が進展し、「逆都市化」現象として注目された。しかし、イギリスでは農村における農民と移住者の階級的な対立・分離がクローズアップされたのに対し、日本では田園回帰が過疎対策や地域づくりの文脈で注目を集めている点に特徴がある。

4 地域からサステナブルな社会を構想する

1 先進地としての農山村

　農山村は長く人材や資源を都市に供出する役割を果たしてきた。経済合理性の観点から、そのことはいわば必然とみなされてきたともいえる。しかし、近年の田園回帰はそうした動向に逆行するものであり、農村と都市の新しい社会的つながりや文化変動を示唆するものとして注目に値するものである。

　もちろん、田園回帰に過大な期待を寄せることは慎むべきである。都市から農村に移住する人は、数のうえでは依然として少数派である。働く場所や公共サービス、交通条件など、生活を維持するうえでクリアしなければならないハードルも数多い。「自然」に観念的なあこがれを抱く都市住民と、現実的な生活条件の維持を求める地元住民の間には、求める地域像にギャップも生じよう。農山村の基本的な生活インフラを維持するためには、依然として国家による財政支援は欠かせない。

　しかし、もともと人口が少ない農村コミュニティにとって、たとえ少数であっても都市からの人口の流入があれば、それが地域生活に与える影響はけっして小さなものではない。移住者の来住が地元民に農村の価値や資源の再発見をもたらすきっかけになることもある。農村的な生活様式を時代遅れと見なすのではなく、むしろそれが環境や生態系との調和という点でもつ合理性を積極的に評価したり、またそうした価値観に立脚した地域づくりの実践事例も数多く報告されている（藻谷・NHK広島取材班 2013）。

２　ローカルで多様な最適解

　本章第１節で見たように、国家を単位として人口減少問題を考えると将来展望は自ずと悲観的なものになってしまいがちだ。検討される政策課題も、高齢化にともなう医療・年金財源の問題や労働力不足の問題に偏ってしまいがちである。こうした議論は必要なものではあるが、問題が一般的であるため実感をもって考えにくく、対策の選択肢も限られたものになってしまう。それよりも目線を地域社会に移し、地域のレベルで多様な最適解を探すことのほうが建設的かつ現実的であろう。そうしたローカルな最適解の積み重ねから、サステナブルな社会を実現するための糸口が見えてくるのではないだろうか。

まとめの問題

「人口減少が続く社会を維持するためには、資源や人口を利便性の高い特定の地域に集中させるべき」という考え方について、①賛成の立場、反対の立場の根拠をそれぞれ簡潔にまとめ、②あなた自身の考えを述べなさい。

【ポイント】
・賛成の立場は国家を単位に、反対の立場は地域（特に農山村）を単位に考えてみるとよいだろう。
・どちらの立場が正しいというわけではなく、両方の立場の強みと弱みを理解することが大切である。

調べてみよう

「少子化社会対策白書」（内閣府）などを用い、都道府県別に見て合計特殊出生率が高い地域、低い地域はどこなのか調べてみよう。また、なぜそうした地域差が生じるのかを考えてみよう。

「移民」は社会をどう変えるか？

　グローバリゼーションが進展している現在社会で、移民の受け入れは、移民国家といわれる北アメリカなどだけでなく、日本を含めた多くの国で重要な案件となっています。移民がその国の経済や人びとの生活を不安定にすると考える人も多くいます。日本でも1980年代半ば以降、バブル経済によって大規模な外国人労働者が流入したときに、外国人に対して開国か鎖国かという議論になりました。ここで移民という問題について、いくつかの異なる視点で考えてみましょう。

　移民の問題や移民に関する研究は、さまざまな領域にかかわる。社会、経済、政治、さらにはその国の文化面にも影響することが考察対象になっている。そもそも人はなぜ国境を越えて移動するのだろうか。そして国外からやってくる移民は、受け入れた社会の役に立つのだろうか。それとも受け入れた社会に否定的な影響を与えるのだろうか。

keywords　人の国際移動　移民政策　同化と統合

1　移民研究と移民受け入れに関する議論

1　国境を越えた人の移動

　「グローバリゼーションの進行が時間と空間を縮小した」との記述を社会科学の文献などで見た人もいるだろう。[*1] 実際、運輸や通信に関するテクノロジーの進歩によって、人の移動や交流が容易になってきた。インターネットも1990年代以降に普及してきたツールである。地球規模の人の移動の活発化は、グローバリゼーションの一面だが、同時に物や資本、イデオロギーや知識などもそれまで以上に行き交ってきている。このような状況は、社会科学の研究枠組みの変化にもつながっているのである。

　移民[*2]という言葉を目にしたり耳にしたとき、多くの人は国境を越えて移動して身近に暮らしている人びとやニュースに登場した難民などをイメージするだろう。しかし、人の移動は今日の国民国家が形成される以前から発生しており、現在の国家自体が人の移動に起因してできたという見方も可能である。代表的な移民国家といわれるアメリカ合衆国、カナダ、オーストラリアはいずれも植民地化によって今日の国民国家が形成された。主に17世紀から18世紀にかけてイギリス

CHECK
*1　グローバリゼーションについては、序章（p.1）や第23章（p.196）を参照。

■第3部■ 社会の未来を考える

領となる以前から先住民が暮らしていたのだが、先に住んでいた人びとがマイノリティ集団として位置づけられることになったのである。それでは先住民はどこから来たのだろうか。

人類の分布は、東アフリカに登場した今日の人間の祖先であるホモ・サピエンスが、何万年もの旅を経て地球全体に分散していく時代までさかのぼる。冒頭でグローバリゼーションの進行について触れたが、20世紀後半から発展した遺伝研究[*4]は、現代人の遺伝情報から最初のわれわれの祖先がアフリカ大陸を出てからの移動の経路をある程度検証できるまで発展している。この人類の旅路のはじまりをグローバリゼーションの開始ととらえる見方もある（たとえば、チャンダ2009［原著 2007］の研究など）。その後、75億人を超える（2018年12月時点）人類に対して、社会学や文化人類学の移民研究では、数万年単位のマクロな視点での分析はあまり行わない。むしろ、特定の地区に集住するエスニック集団——移民や先住民集団——を対象とするミクロな実証研究が多く、さまざまな大都市圏で実施された調査の実績が蓄積されてきた。ほかに北半球から南半球への人の移動などをとらえたり、世界市場を対象とするようなマクロな社会学の理論もあるが、社会学に限定すると人類史をさかのぼっての長期的な分析はほとんどなされていない。

② 日本国内の移民問題への関心の高まり

日本社会で移民問題が注目されるようになったのは、1980年代半ば以降である。それ以前からエスニック・コミュニティは形成されており、移民研究はあったが、ここで新たな展開をみた。1980年代半ばに日本は「バブル景気」といわれるほどの好景気を迎えて、近隣のアジア諸国を中心に海外からの労働者を引きつけるようになった。大都市圏では中国などのアジア圏出身者が集住して、エスニック・ビジネスがそれまで以上に活発に展開されるようになった。海外から訪れる大規模な新規住民の増加はメディアでも大きく取り上げられて、「開国・鎖国論争」まで持ち上がった。日本は19世紀後半からアメリカ合衆国やブラジルなどに移民を送り出してきた顕著な移民送出国だったが、この頃から国内だけでなく海外からも移民受入国と認識されるようになった。

社会学の領域においても、1980年代以降のエスニック人口の増加という社会の変化と関連した研究がさかんになり、特に大都市圏で海外から流入した人びとを対象とした数々の実証研究が実施されるようになった。在日コリアン・コミュニティなどを対象としたエスニシティに関する研究は、以前からも実施されていたが、1980年代後半から改めて注目されるようになった。換言すれば、日本の社会学において主要な領域ではなかったエスニシティ研究が、移民に関する問題と関連して取り上げられる機会が一気に増加したのである。海外から新たに訪れた人

用語解説

*2 移民
国際的に正式な法的定義はないが、一般的には移住の理由などに関係なく、本来の居住国を変更した人びとを国際移民という。「3か月から12か月間の移動を短期的または一時的移住、1年以上にわたる居住国の変更を長期的または恒久移住と呼んで区別するのが一般的である」（国連経済社会局 2016）。日本政府は2019年4月から、人材不足が深刻な14業種での就労にかかわる在留資格を新設したが、人数や期間に限定があり、永住者とは異なるという意味で「移民政策」ではないとしている。

用語解説

*3 国民国家
17〜18世紀のヨーロッパの市民革命後に成立した主権のある独立国家であり、その領土内の住民は「国民」（＝主権者）として統合される。社会学の分析枠は、これまで近代の国民国家やその制度を前提にしていたが、グローバリゼーションを用いた研究では、国民国家の領土内からのアプローチに疑問を提示したり、国家を超えた枠組みを導入している（水上 2018：198-199）。

びとを在日外国人らと区別して、社会学などの領域で「ニューカマー」と称した。それ以前のエスニック社会である在日コミュニティなどは「オールドカマー」として対比される。外国人住民の急増はさまざまな地域社会に変化をもたらした。地域によっては、外国人住民のニーズに合わせて複数の言語で生活相談に応じる外国人相談窓口を設けたり、多言語による広報誌等を発行するようになった。多様な国の出身者と地域生活を営むにあたり、「多文化共生」が問われるようになった。海外から訪れた住民に対する公共サービスは十分ではなく、その隙間をうめるように1980年代半ば以降、多様な外国人住民を支援する多様な団体が創設されている（Mizukami 1998）。しかし、この1980年代後半以降に、地方自治体、中央省庁ともに、外国人住民に関連したいくつもの方針が展開されることになったのである。海外から訪れた人びとの多くは、当初出稼ぎ労働者と考えられたが、なかには滞在が長期化するケースもあり、さまざまな定住形態を示すことが明らかになった。

3 日系人の増加と出生地主義・血統主義

　言語、宗教、文化など背景の異なる海外からの住民が増加すると、制度的な対応に迫られることになる。経済の先進工業国はいずれも、外国人住民への制度的な対応を進めてきた。20世紀の代表的な移民国家として知られるアメリカ合衆国、カナダ、オーストラリアなどは第二次世界大戦後の経済復興のために、海外から大規模な労働力を導入して、それ以前にも増して移民政策が国家的な重要課題となっている。ドイツやフランスなどヨーロッパ諸国も同様であり、戦後のインフラ整備などに海外からの移民が貢献している。日本は、経済の高度成長期に大規模移住労働者を受け入れた国々とは異なり、地方から大都市への大規模な人の国内移動があって労働力の需要に応えた（Mizukami 2010：101-102）。第二次世界大戦以前にも海外からの労働力の流入があり、戦後の開発政策によって国内の労働力の需要も高まったが、実際に外国人労働者問題として海外出身の住民が注目を集めることになったのは1980年代中期以降だった。

　特に1980年代後半になると、ビザの免除協定や観光ビザで入国した人びとの超過滞在（オーバーステイ）*5による就労が顕著となり、1990年には改正された出入国管理及び難民認定法（以下、「入国管理法」という）が施行された。このとき「単純労働者」の制限を明確にした一方で、ブラジルなどの中南米からの日系人に対しては、単純労働であっても「定住者」としての在留資格が与えられた。彼らは日本が移民送出国であった時代に中南米に移住した人たちの子孫である（数は少ないが一世も含まれていた）。日本からブラジルへの正規移民は1908年までさかのぼり、太平洋戦争で中断したが、戦後に再開されて1973年まで移民船が日本から

CHECK
*4　遺伝研究の進展によって、遺伝子系統樹が世界に広がっていったことが提示されるようになった。現代人のルーツがアフリカ大陸出身であることも解明された。その後の経路についても、「ゲノム、すなわち染色体の遺伝子情報の移動経路をたどることができる。…アフリカのイブの子孫たちがいつどのようにアフリカ大陸を出て、現在の居住地に定着したかを辿ることができる」のである（オッペンハイマー 2007［原著 2003］：15、チャンダ 2009［原著 2007］：34）。

用語解説
*5　超過滞在（オーバーステイ）
　滞在期限が過ぎでも日本に留まっているケースのことで、合法ではない入国による滞在も含まれる。このような人びとを政府機関やメディアでは「不法滞在者」と称するが、外国人住民を支援しているNPO/NGOや社会学者は、不法という用語を回避して「非正規滞在者」と呼ぶことが多い。1988年に非正規で滞在する外国人は6万人程度だったが、1993年がピークとなり29万人ほどを記録し、日本で就労する外国人労働者の半数を占めるに至った（吉成・水上 2018）。2018年1月1日現在、非正規滞在者は6万6,498人を記録している。

■第3部■ 社会の未来を考える

> **ここも CHECK**
>
> *6 1908年に日本からブラジルへの最初の正規移民約780人が、移民船「笠戸丸」で神戸からサントスに上陸した。1941年8月に戦前から戦中の最後の移民船ブエノスアイレス丸がサントス港に着くまで約19万人が日本からブラジルに移住している（ブラジル日本移民80年史編纂委員会 1991：140）。その後1953年に再開され1973年まで移民船が労働者を運んだ。

の労働者をブラジルに運んだ（図22-1）。ブラジル以外にも政府間の協定でペルー、アルゼンチンなどの中南米に日本から移住した人びとは、主に農業労働に従事した。日本の入国管理法の改正で、その子孫がニューカマーとしてやってきたのである。

なぜこのように日本は、単純労働者であっても日系人を受け入れることにしたのだろうか。労働力を確保したかった事情もあるが、その主要な理由は日本の血統主義に関係している。アメリカ合衆国やヨーロッパ諸国のいくつかは、現在、出生地主義であり、その国で生まれた子どもは、その国の国籍が与えられる。このとき、親がどこの国の国籍でも基本的には関係がない。これに対して、日本は血統主義であるため、生まれた子どもの出生地とは関係がなく親の国籍を継承する。何世代かを経て日本語が母国語ではなく学習経験もあまりない人びとであっても、日本人の子孫であるため日系人を受け入れたのである。他方で、現在の外国人問題に見られるように、外国籍の両親から日本で生まれて日本語が母国語になっている子どもは、帰化しない限りは外国人のままである。このような条件が変わらないまま、2010年代半ば以降に日本の外国人住民の受け入れに関するアプローチが転換してきた。

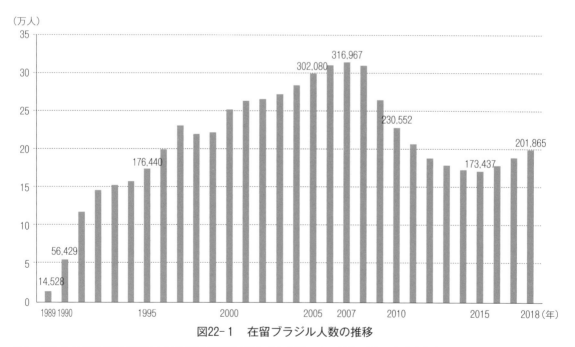

図22-1　在留ブラジル人数の推移

出典：法務省大臣官房司法法制調査部編『出入国管理統計年報』（昭和45年～平成30年）より筆者作成

2 国際的な人口移動の枠組み

1 労働力の国際移動

　国際的な人の移動を考えるときに、代表的な枠組みのひとつに労働力の国際移動がある。実際にミクロなレベルで見れば、労働力に限定できない生活者であるが、マクロな国際移動に着目すると南北格差などのフレームが適用される。基本的には経済的に貧困な南から富める北への地球規模での移動をとらえる。南アフリカや東南アジアのいくつかの国は、経済的に貧しく、人口の自然増加率が高くなっている。対して、経済成長を遂げた先進国地域は、自然増による人口増加が低く高齢化問題に直面している。事実上の国家の境界を越えた移動という点では、南半球内における国際移動のほうが数量的に上回り、貧困が深刻な場合に国境を越えた移動ができずに、国内避難民になるケースもある。したがって、厳密な意味ではあらゆるケースへの適用は難しいが、幅広く適用されてきた経済格差を中心とした国際的な労働力の移動の見方を以下に簡単にまとめてみよう。深刻な貧困や失業率の高さで労働力を送出する国の状況には、教育水準に見合うだけの雇用機会が保障されていないという潜在的な失業も含まれる（水上 1996:21）。対して、受け入れる国のほうは、通常GDPや通貨が高い水準で安定している。

　それでは、労働力として移動した移民は、どのような社会的地位につくのだろうか。第三世界出身で専門技能のない移住労働者は、ホスト国の労働者よりも賃金が低く、社会的底辺に組み込まれる傾向がある。日本国内を見ても出稼ぎで訪れた多くの人びとが、3K（「きつい、汚い、危険」）と称された、職場の安全度、健康度が低い、危険で不快な職に就いた。「健康保険も適用されないため不調でも病院に行かずに我慢するなど、生活保障を受けられない問題を抱える人々」もいる（水上 2018）。S.サッセンは次のような指摘をした。「新しい成長セクターが大都市に集積されるなかで、収益性の低いサービスや低賃金労働に対する需要」も生み出されているのである（サッセン 2008［原著 2001］:376）。

　高級職と低賃金労働者はいずれもグローバル・シティに欠かせない存在である。東京の場合、港区などの外国大使館や外国系企業の本社が集中する専門技能を有する高所得者の多い地域もあれば、その他のインナーシティ[*8]には、社会的な底辺に位置づけられるような移住労働者が多い地域もある。しかし、実際の国際移動は、このような移住労働者ばかりでなく、専門技能をもつ人びとの移動も活発化している。国際的な労働市場のなかで、いくつかの国々の間で有能な人材（「高度人材」）の獲得競争のような展開も見られる。

　多くの国々が「高度人材」獲得に向けた方針をとっているが、国によってさま

CHECK

[*7] 日系ブラジル人数は、1989年に約1万4,500人であったが、翌1990年には約4倍となり、1995年には約12倍の増加を見た（図22-1）。1990年代後半に若干の減少があるが、ほぼ毎年増加して、2007年には31万6,000人を超えた。2008年のリーマンショック以後に減少傾向になるが、それまで順調に人口が増加した。実際、企業城下町といわれる地域、愛知県豊田市、静岡県浜松市、群馬県太田市などを中心に日系ブラジル人が顕著に増加していった。

用語解説

[*8] インナーシティ
　インナーシティを簡略化すると、主に中心市街地とその外周を囲むあたりの地域を指す。業務地区である都心と住宅地としての郊外の中間に位置するという理解や都心を含めた解釈もある。先進工業国の大都市インナーシティの共通する特徴として、居住人口ではない通勤・通学者である昼間人口の集中、流動性や匿名性が高いこと、海外からの移住者が集まることなどがあげられる（水上 2014:149-150）。

■第3部■ 社会の未来を考える

ざまな事情がある。移民による外貨の獲得がその国の経済の重要な位置づけにある場合には、労働力の国際移動といっても、送り出すことが重要な案件となる。日本にも多くの移住労働者が訪れたフィリピンやバングラデシュがこれに当てはまる。さらには自国の高度人材を活用するために、労働力を輸入するケースもある。シンガポールなどでは、家庭内労働を担う「メイド」をフィリピンやインドネシアなどから雇用している。国内の女性の労働人口の活用を目的に、シンガポール政府は1978年に「外国人メイド計画」を導入した。このように移民の受け入れや送出は、その国の経済戦略などとかかわっているのである。

\ここも/
☑CHECK
＊9　シンガポールに滞在する家事や育児を担うメイドは2015年1月時点で、インドネシア大使館によるとインドネシア人 約12万5,000人、フィリピン大使館によるとフィリピン人7万人だった (Tan 2015)。

② 入国規制と在留管理

　国際的な人の移動には、さまざまな障壁がある。グローバリゼーションの進展によって運輸通信技術が発展し、物理的に国際移動が容易になってきたが、誰もが単純に国際移動できるわけではない。国ごとに決められた規制があり、入国段階で審査あるいはなんらかの手続きが必要となる。規制がなにもなかった場合には、移民はさらに増大することになるだろう。近年、移民難民の移動と受け入れについては、いくつもの国々で深刻な社会問題となり、毎日ニュースでも取り上げられている。

　しかし、他方では、特定の圏内や国同士で移動の制約が緩和されている場合もある。EUなどは圏内の自由移動が認められているが、EU圏外の外国人には適用されないのである。いずれの国にも決まった領土があり、外から訪れる人びとに対して入国に関する条件を定めている。これは通常の移民政策のひとつだが、移民にかかわる政策には、もうひとつの側面がある。それは、入国した後の制度的な対応である。「このように移民にかかわる政策は、入り口の部分と入国後の滞在に関する2面性」がある。「外部からその国に入国、滞在する人たちに向けて、様々な条件を付けたり、社会的な保証」をしたりするのである（吉成・水上 2018：ii）。

　政府が移民政策をとらないとしている日本を例にしても、入国管理政策があるだけでなく、在留管理制度によって入国してからの滞在に関する規制も定められている。また、移民国家に限らず、多くの国々で移民や難民の増加や多様化が、大きな社会的関心を占めるようになってきた。

③ 移民受け入れのポイント制

　移民受け入れに関する政策のなかに、ポイント制度がある。これは、大まかには学歴、受け入れ国の言語能力、特定の職歴、年齢などいくつかの評価ポイント

があり、一定水準の得点に達すると永住権などが与えられるシステムである。この制度が導入された当初、人種や出身国に関係なく他の国から移住申請できるため、出身地などによる差別が解消される点が強調された。しかし、非差別的な政策という見方だけでなく、他方では、専門技能や学歴による選別が行われることにもなる。専門技能を有する人材、あるいはその国で需要が高い職種の専門家の確保という、国家にとって有益な人材確保の政策にもなっている。この制度（永住と関連するポイント制度）の導入は、1969年のカナダにさかのぼり、1979年のオーストラリア、1991年のニュージーランドに続き、2000年代に多くの国々が採択することになった（Sumption 2014）。しかし、この制度は移民の受け入れとして設定されていても、仕事の提供を保証するものではない。そのため、2008年のリーマンショックなどの影響もあり、2010年以降にいくつかの国がこの制度を取りやめたり、見直したりすることになった。特に、受け入れる国の就職先がスポンサーとなるという条件が重要になってきている（Sumption 2014）。

　このような時期に、日本は部分的にポイント制度を導入した。2012年入国管理法を改定して、「高度人材ポイント制」を導入したことが当てはまる。日本の産業や学術研究の発展に高く寄与する人材（高度人材）として高得点に評価される外国人に対して、種々の在留資格上の優遇措置（通常3年の在留期間を5年に延長する、家族の同伴をより広範に許可するなど）を供与したのである。このような高度人材獲得の目的だけでなく、ほかに国内の看護や介護の領域での人材を確保するため、経済連携協定を締結した。また、労働力不足を解消する目的で、2018年12月には「出入国管理及び難民認定法及び法務省設置法の一部を改正する法律」が成立し、外国人材の受け入れのための新しい在留資格ができた。

　日本も含めてさまざまな国々が、国の経済発展のために戦略的な移民政策を採択してきた（日本の政府は2018年12月時点で移民政策とは称していない）。国家間の競合のなかで、これまでは経済の先進諸国の頭脳獲得が第三世界の頭脳流出問題を引き起こしていた。しかし、頭脳流出は、すでに先進国の問題にもなっているのである。たとえば、「日本の」ノーベル賞受賞者には米国在住あるいは受賞時点で外国籍を取得していた何人かの研究者が存在する。

3　移民によるメリットとデメリット

1) 同質性を基調とする社会の崩壊

　移民に関する問題は、さまざまな領域にかかわる。政治的なかかわりや、移民を受け入れたり押し出したりする国の社会や文化への影響もあり、経済的な損失か利益かという議論にもなっている。「移民は経済の安定や社会保障制度、生活

の安定の脅威になりつつあると感じる人も少なくない。こうした世論に共通する懸念には、次のようなものがある」(OECD 2014：11)。

> - 移民は管理されておらず、国境の安全は守られていない。
> - 移民は社会住宅、医療、教育などの地域サービスの負担となり、地域住民に損害を与えている。
> - 移民は富裕層には利益をもたらすが、低所得者層とは職の奪い合いになって、低技能労働者の賃金を低下させる。
> - 移民の多くは社会への統合を望まず、受け入れる側の社会の価値観に抵抗する場合さえある。

実際、日本国内の移民が顕著に増加した1980年代も、移民がもたらす不安として、治安の悪化などがあげられていた。異なるエスニック集団による軋轢が生ずる、あるいは異なる宗教上の争いが想定されたり、大都市のインナーシティなどはスラム化も懸念された。実際、移民の増加が社会統合を妨げるという否定的な見方もある。移民がもち込む異質性、異なる文化、言語、宗教などによって、同質性が保てなくなることへの危惧である。『アメリカの分裂』の著者A. M. シュレージンガー, Jr. は、多文化により国家が分裂すると主張し（シュレージンガー, Jr. 1992［原著 1991］）、『文明の衝突』の著者S. ハンチントンは、アメリカ国内が多文化的になることを原因とする分裂を指摘した（ハンチントン 1998［原著 1996］）。オーストラリアでも、ほぼ同時期の1990年代半ばに、ポーリン・ハンソンという政治家による論争があった。彼女は政府が少数民を優遇することによって、自分たち「主流であるオーストラリア人」に対する逆差別を行っていると主張したのである。アジアからの移民の規制なども訴えた。いずれも異なるエスニック集団が織り成す多文化社会の強調が、同質性を基調とする安定を崩壊させるという論旨である。特に、ハンソン論争の際には、1990年代の先住民に対する謝罪問題が表面化してきた社会的背景があり、先住民への優遇政策反対という主張に結びついた（水上 2015）。その後、アメリカ合衆国ではトランプ大統領の誕生で移民規制が注目の的になったり、ヨーロッパでも移民規制が大きな議論となっている。

2　移民による文化的資源の視点

移民がホスト国にもたらす効果は、必ずしも否定的ではないが、多様な条件もあり、その影響を明確に示すことは難しいことが指摘されている。アメリカ合衆国の国際労働移動によってもたらされた経済効果の研究[*10]では、移民自体の資質やその後の世代の影響、そのときの経済状況、タイムスパンの設定等、さまざまな因子を考える必要があり、評者によって異なる見解が示される。しかし、経済学

お薦め本

[*10] パウエル（2016［原著 2015］）が、これまでのさまざまな研究成果を整理して分析している。「移民はアメリカの歴史にとって不可欠」であり、アメリカ経済に「この人的資本の絶えざる流入がもたらす活力」が大きく影響を与えた（パウエル 2016［原著 2015］：177）。また、ボージャス（2017［原著 2016］）は、さまざまな観点から移民の影響を検証し、移民が短期的な経済効果をもたらさないと結論づけている。

表22-1　アメリカのトップ10テクノロジー企業とその創設者（2013年）

ランク	企業名	時価総額（百万米ドル）	従業員	創設者／共同創設者	世代
1	Apple	529,000	80,300	スティーブ・ジョブズ	シリア第2世代
2	Google	376,536	47,756	セルゲイ・ブリン	ロシア第1世代
3	Microsoft	331,406	99,000	—	—
4	IBM	188,205	431,212	ハーマン・ホレリス	ドイツ第2世代
5	Oracle	187,942	120,000	ラリー・エリソン／ボブ・マイナー	ロシア第2世代／イラン第2世代
6	Facebook	157,448	6,337	エドゥアルド・サベリン	ブラジル第1世代
7	Amazon	143,683	117,300	ジェフ・ベゾス	キューバ第2世代
8	Qualcomm	134,827	31,000	アンドリュー・ビタビ	イタリア第1世代
9	Intel	130,867	107,600	—	—
10	Cisco	125,608	75,049	—	—

出典：Chart of the Week: What top tech execs have in common besides money（2014）より筆者作成

者B. パウエルは過去50年にわたり調査を行った6つの影響力のある論文の結論として、「移民がアメリカの雇用に及ぼす影響はごく小さなものである」ことや「移民がアメリカ人の賃金に及ぼすマイナス効果についても、すべての研究ではないが、その多くが長くは続かないことで一致している」（パウエル 2016［原著 2015］：26-27）ことを指摘した。さらに、全般的に見て多くの研究結果が、移民はアメリカにとって有益であったことを提示した。

多文化主義のコンテクストのなかでも、人的な資本に対する関心は異なる文化の利点を摂取するという発想を導き出している。異なる文化への認識の高まりだけでなく、「文化的資源」や「文化的資産」としての人材活用などがあげられる。2018年時点でも「移民政策は行わない」というのが日本政府の方針だが、外国人留学生が伝統文化を継承し復活させたという事例もある。また、アメリカ合衆国では経済的に重要な部分を占めるIT企業の多くが、移民やその子孫によって創設されている。事業規模がトップ25に入るアメリカのテクノロジー企業のうち、6割は第一世代あるいは第2世代の移民によって創設されたのである（表22-1）。[*11]

3　身近な移民社会

厚生労働省よると、2017年に日本では約128万人の外国人が働いていた。在留外国人も240万人を超えている。都心のコンビニエンスストアやレストランに行けば、アルバイトをしている外国人に出会い、工事現場で作業をしている外国人も存在する。カレー店の前でビラを配っている人、IT産業で働く人、介護現場にいる人など、さまざまな国の出身者に出会う。身近なところに外国から来た人

> ✓CHECK ここも
> *11　アメリカ経済誌『フォーブズ』の世界長者番付の記録を塗り替えたアマゾンの共同創設者ジェフ・ベゾスはキューバ系移民2世であり、アップルの共同創設者スティーブ・ジョブズはシリア系移民の子として生まれ、養子になった2世である。グーグルの共同創設者セルゲイ・ブリンはロシア系移民1世で、フェイスブックの共同創業者エドゥアルド・サベリンはブラジル系移民1世である（表22-1）。

びとが働いているのである。OECD（経済協力開発機構）によれば「OECD加盟国に暮らす約1億2千万人はどこか別の国で生まれ、全人口の5人に1人は移民、もしくは移民の子どもである。この10年間で、年平均400万人を超える新規の永住移民がOECD加盟国に定住している」（OECD 2014:11）。移民と一口にいっても、多様なタイプが存在しているうえ、国によってとらえ方も異なる。時代によっても移民に対するとらえ方が変わってきている。移民とは考えられていない留学生も、労働市場に登場しているのが現状である。

グローバリゼーションの進展が人の国際移動をこれまで以上に活発化、複雑化させて、複数の国家を往来し、移民送出国と移民受入国の両方の社会関係に関与しているトランスナショナルな移住者[*12]も増加している。日本に暮らしている外国人住民にもこのようなケースが含まれる。また他方では、さらに多様なタイプの移民の増加が見込まれるなかで、一定数の非正規滞在者の存在や移民が新たな環境での家族形成によって直面する問題などが想定できる。移民はたんなる機械のような労働力ではない。いろいろな報告で明らかにされているように、グローバルな人の移動が活発化した現代社会では、移民と関係した国家の政策が移民に対しても受け入れ国に対しても大きく影響することになるのである。

用語解説

*12 トランスナショナルな移住者
　トランスナショナリズムの概念が1990年代に移民研究において浸透した。それ以前は1つの国家内の移民の適応などを見てきたが、移住者が複数の国家間を往来し、移民送出国と移民受入国の両方に帰属する場合に、2つ以上の地域のネットワークにかかわっている状況をとらえることになったのである。

まとめの問題

日本に海外出身者が増加してきた背景について、①特定の時期を例にあげて、②そのときの政策的な対応について論じてみよう。

【ポイント】
・本章でも取り上げているが、特定の時期に特定の国の出身者が急増した。それにはなんらかの経済社会的な要因がある。
・社会経済的な要因以外に政策的な転換も影響している。特定の時期にどのような変化があったのかに注目して、因果関係や要因を考えてみよう。

調べてみよう

20世紀の初頭から半ばまで北アメリカを中心とした移民研究で、「同化」という概念が使用されてきたが、その後「統合」という概念によるフレームワークも適用されるようになった。2つの概念の相違について調べてみよう。

第23章 21世紀における社会と公共性

みなさんは公共性という言葉を聞いたことがあるでしょうか。聞いたことがないという人も多いでしょう。しかし「公共交通機関」「公共事業」という言葉なら、知っていると思います。私たちが現在暮らしている社会を考えるうえで、公共性という言葉が重要であることを考えていきましょう。

日頃なにげなく使っている言葉に「社会」がある。社会は公共性と密接に関連している。社会とはなんであるのか、社会はどんな領域から成り立っているのだろうか。

keywords　社会　社会の4つの領域　公的領域と私的領域　公共性

1　西欧近代社会と社会学

1　社会とはなにか

「社会」という言葉を聞けば、みなさんはすぐに「日本社会」や、「アメリカ社会」「中国社会」という言葉を連想するであろう。あるいは、小学校、中学校の「社会科」という科目を連想するかもしれない。わが国で「社会」という言葉が、societyの訳語として定着するのは、明治中期以降であり、明治初期には、societyの訳語として「仲間」「交際」「世態」「会社」などがあった[*1]（林 1966）。それでは、社会という言葉の内容はなんであろうか。

私たちの先人の偉大な社会学者の多くは、1人の人間では社会は成立しないが、2人以上になると社会は成立すると考えた。私と他者との関係、あるいは自己と他者との関係がもっとも小さなサイズの社会である。たとえば母と子の関係や、会社での上司と部下の関係や、学校での友人同士の関係には、社会が成立しているのである。

私と他者との関係は、お互いに助けあう関係であったり、教え教えられる関係である場合もあれば、競争しあう関係である場合もある。さらには憎しみあったり、傷つけあったり、敵対しあったりするというコンフリクト状態にある場合もある。

私にとって、他者との関係は良好であることが望ましいのだが、そうでない関係も多くある。このような私と他者との関係を、少し抽象的に表現するならば、「私が他者と出会うところに社会は成立しており、これこそが社会なのだ」というこ

ここも CHECK
*1　現在、「社会学」という訳語が定着しているsociologyに、「世態学」という訳語があったことは興味深い。日本でも、中国でも、「社会」という言葉が、前近代ではあまり使われていないことにも、あらためて注意しておく必要がある。

とになる。

　二者関係や少人数の集団がミクロレベルの社会であるとするならば、関東地方、東北地方、九州地方という地域社会や、日本社会、東アジア社会などはマクロレベルの社会ということになる。ミクロレベルとマクロレベルの中間のレベルがメゾレベルと呼ばれ、メゾレベルの社会にあたるのが、数十名の職員からなる病院、数百名の生徒と教職員からなる学校、数千名の従業員からなる大企業などである。

② 西欧近代における「個人」の発見と「社会」の発見

　西欧近代社会の誕生は、私たちの認識に「個人」と「社会」という概念をもたらした。西欧近代は、「個人」と「社会」が発見され、自然とは明確に区別された「個人」と「社会」という概念によって、世界と社会を認識するようになった時代であった。

　「個人」の発見とは、個人もしくは主観が、行為や認識の出発点として重視されるようになったことであり、思想史のうえでは、思索する主体もしくは主観が発見されたことを意味している。この個人もしくは主観を重視する考え方は、西欧近代を特徴づける思想になっていった。

　「社会」の発見とは、自然現象と異なるものとして社会現象が認識されるようになったことである。近代以前の社会では、洋の東西を問わず、自然と社会は未分離であり、それゆえ自然現象も社会現象も根本において同一の原理や法則が働いていると考えられていた。万物の根源を火や水に求めた古代ギリシャの自然哲学は、その典型であるし、中国における儒教は、天体の運行に見られる自然法則（自然の秩序）と同一のものが人倫の道（人間の秩序）にもあると考えていた。中世ヨーロッパのキリスト教的世界観のもとでは、自然現象と社会現象はともに神の秩序に支配されていると考えられていた。

　ところが西欧近代は、自然から社会を分離する努力をした。自然現象には法則があり、この法則は人間の力によって変更不可能であるのに対し、社会現象を支える規範は人間がつくり出したものであるから変更可能であることに、西欧近代の人びとは気づいたのであった。自然とは異なる「社会」の発見は、社会現象の規則性についての理論的追究へとつながっていった。このような時代状況のなかから、政治学（N.マキャベリ[*2]、T.ホッブズ[*3]）、経済学（A.スミス[*4]）、社会学を中核とする社会科学が、西欧に開花していくのであった。

③ 社会学の誕生

　社会学は、18世紀後半から19世紀前半にかけての西欧社会の大変動のなかで誕

人物紹介
*2　ニッコロ・マキャベリ（Niccolò Machiavelli, 1469～1527）
　イタリアの政治思想家。主著『君主論』。

人物紹介
*3　トマス・ホッブズ（Thomas Hobbes, 1588～1679）
　イギリスの政治思想家。主著『リヴァイアサン』。近代政治学の始祖ともいわれる。

人物紹介
*4　アダム・スミス（Adam Smith, 1723～1790）
　イギリスの経済学者。主著『道徳感情論』『諸国民の富』。スミスは、経済学の始祖とみなされているが、グラスゴー大学では倫理学を教えていた。

生した。フランスの社会学者A. コント[*5]（1970［原著 1839-1842］）が「社会学（sociologie）」という言葉を創始したことによって、社会学は産声を上げたのであるが、当時の人びとは、今ここにある社会が、数十年前の社会とは明らかに異なるという実感を抱いたのであった。すべての人がそうであったわけではないが、多くの人びとは、社会が変化する——「世の中」が変わる——という感覚をもっていたのである。

　この感覚を生み出した大きな原因として、2つあげることができる。ひとつは、18世紀後半にイギリスで起こった産業革命である。1769年のワットによる蒸気機関の改良や、1785年のカートライトによる力織機の発明に象徴的に示されているように、木綿工業における生産力の飛躍的な増大は資本主義的な生産様式を確固たるものにした。産業革命は、人とモノの移動を容易にするとともに人びとの生活様式を一変させた点で画期的であった。もうひとつは、フランス革命である。1789年のバスティーユ監獄の襲撃に端を発するフランス革命はフランス全土に混乱をもたらしたが、革命の混乱のなかから人びとは、社会を変革できるという感覚をもつようになり、新しい社会制度が構想されるようになっていった。

　これらの出来事に見られるように、社会が変化するという人びとの実感が、変化する社会とはなんであるのか、変化を生み出す社会のメカニズムはなにかという問いを発生させ、この問いに答える学問として社会学を誕生させたのである。したがって社会学の主たる関心は、その誕生期には、マクロレベルの社会にあったといえる。

人物紹介

[*5] オーギュスト・コント（Isidore Auguste Marie François Xavier Comte, 1798～1857）
フランスの社会学者。「社会学（sociolgie）」という言葉が創始されたのは、著書『実証哲学講義』においてである。

4　社会の4つの領域

　マクロレベルにおける社会は、4つの領域からなると考えられてきた。これを図示すると図23-1のようになる。[*6]

　この4つの領域すべてを、広義の社会と呼び、狭義の社会という場合には、人と人とのつながりの領域に限定されることになる。

　19世紀末から20世紀初頭に制度化された大学において、この4つの領域は、いかなる学問分野と対応するのだろうか。経済の領域に焦点をあてるのが経済学と

ここも CHECK
[*6] すべての社会科学は、この4つの領域のいずれかに焦点をあてているといってよい。

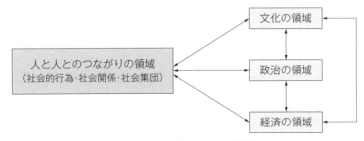

図23-1　社会の4つの領域

■第3部■ 社会の未来を考える

お薦め本
*7 ヨーロッパにおける大学の発展の歴史を概観できる好著として、吉見（2011）がある。

経営学であり、政治の領域に焦点をあてるのが政治学であり、文化の領域に焦点をあてるのが人文科学（哲学・史学・文学）と文化人類学である。[7]

それでは、社会学は4つの領域のどこに対応するのだろうか。社会学では、広義の社会に焦点をあてる場合と狭義の社会に焦点をあてる場合とがある。社会現象・社会事象を総合的にとらえる場合には、社会学の研究対象は広義の社会（4つの領域）すべてとなる。実際、経済の領域に焦点をあてた社会学は経済社会学もしくは産業社会学と呼ばれ、政治の領域に焦点をあてた社会学は政治社会学と呼ばれ、文化の領域に焦点をあてた社会学は文化社会学と呼ばれている。

これに対して、社会学を社会科学のなかの1分野として限定的に考えると、社会学の研究対象は狭義の社会（人と人とのつながりの領域）になる。社会学と他の社会科学（経済学、政治学など）との差異に注目すると、社会学の研究対象は狭義の社会になるのである。つまり、社会に起こるさまざまな出来事を、人間の行為の集積として、あるいは行為の集積が生み出す社会関係として分析する点に社会学の特色がある。たとえば同じ企業組織を研究する場合でも、経営学では効率的な組織とはなにかという点に焦点があてられるのに対して、経済社会学や産業社会学では、組織に働く人びとの人間関係や従業員の意識や態度に焦点があてられるという違いがある。

社会学の歴史をふりかえると、19世紀前半の草創期の社会学では、関心の中心は広義の社会にあったことがわかる。しかしながら、19世紀後半から20世紀初頭にかけて、欧米の大学制度のなかにひとつの学問分野として社会学が位置づけられていくにつれて、社会学という学問の独自性を主張するものとして、狭義の社会への関心が生まれたといえる。現在では、研究対象および研究方法に応じて、広義の社会に焦点をあてる場合と狭義の社会に焦点をあてる場合とがある。

2 公共性から社会へ

1 公的領域と私的領域

公共性を考えるにあたり、その出発点として、西欧近代において公的領域と私的領域が明確に区別されるようになったことに注目しよう。前近代社会では、生産の機能も教育の機能も、ともに家族によって担われていた。たとえば農耕・牧畜の作業は、子どもを含む家族もしくは親族全員で行うものだった。ところが近代になると、生産の機能は家族から分離した企業によって担われるようになった。工場制度の誕生は、多数の工場労働者を生み出し、多くの場合、生活点（家庭）と異なる場所に、生産点（工場）が位置するようになった。工場労働者の出現という現象は、近代社会特有のものである。

教育の機能についても同様なことが起こった。前近代社会では、子どもの教育は家族もしくは親族によって行われていた。未開社会におけるイニシエーションをはじめとする通過儀礼が注目されるのも、通過儀礼が子どもから大人への成長のプロセスに対応する形で、子どもを教育し、集団へ統合する機能をもっていたからである。しかし近代になると、教育はもっぱら学校＝公教育制度によって行われるようになったのである。

私的領域と公的領域との区別は、すでに述べた西欧近代における「個人」の発見に伴う個人主義の成立によって促進された。ここで、私たちが理解しておくべき重要なことは、近代以降の社会では、人間と社会に関する仕組みが、個人および個人主義を前提にしてつくり上げられるようになったこと、である。

2　公共性とはなにか

斎藤純一（2000）によると、「公共性」という言葉には、3つの意味がある。第一に、国家に関する公的（official）なものという意味である。第二に、すべての人びとに関係する共通（common）なものという意味である。「公共の福祉」「公共の秩序」「公益」「公共交通」という場合の公共もしくは公は、これにあたる。第三は、誰に対しても開かれている（open）という意味である。「公然」「情報公開」「公園」という場合の公は、この意味で使われている。[*8]

「公共性」という学術用語を用いて、社会現象・社会事象を分析しようとする際に、まず押さえておかなければならないのは、次の2点である。第一に、日本語で「公共」もしくは「公共性」という場合には、英語のpublicが意味していた「公衆」「民衆」という意味がなくなることである。第二に、日本では「公共性」と「公共圏」とが区別されないで用いられていることである。この第二の点は厄介だが、ここではJ.ハーバーマス[*9]（1994［原著（1962）1990］）にならって、公共性と公共圏をほぼ同義なものとして理解しておく。[*10] この2点の重要性を、少し違った言い方をするならば、公共性は本来的に、公衆もしくは民衆の能動的な活動によって成立するものであり、公的領域を活性化させるものだということである。

3　21世紀における公共性

西欧近代にはじまる、①私的領域と公的領域の分離、②社会が4つの領域として理解されるようになってきたことをふまえて、21世紀における公共性と社会の4つの領域との関係を考えてみよう。この関係を図示すると図23-2のようになる。

図23-2に示されているように、経済の領域を担うのが企業・市場であり、政治の領域を担うのが国民国家[*11]であり、文化の領域を担うのが研究機関・学校であ

CHECK
[*8] 「公共」に関係する英語としては、public、publicity、publicnessという3つがある。publicは文字通り、「公衆」を意味しており、publicityは「公共圏」「公共空間」にかかわる言葉であり、publicnessは「公共性」ということを意味している。なおpublicnessという英語は、「公共性」を表すための造語である。

人物紹介
[*9] ユルゲン・ハーバーマス（Jurugen Habermas, 1929〜）
ドイツの社会哲学者・政治哲学者であり、批判理論の一翼を担っている。主著『公共性の構造転換』『コミュニケイション的行為の理論』。

CHECK
[*10] ハーバーマスにおいては、公共圏は公共空間とほぼ同義なものとして理解されている。

CHECK
[*11] 国民国家について、詳しくは、第22章（p.182）を参照。

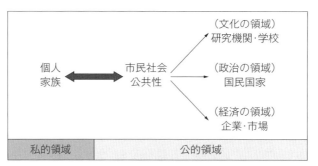

図23-2 社会における公共性

る。これら3つの領域と連関するのが公共性であって、それを体現する空間は、これまで市民社会と呼ばれてきた。[*12]

公共性を体現するものを、国民国家および企業と異なるものとして、より具体的に考えるならば、ボランティア行為に基づく団体や、非政府組織（NGO：non-governmental organization）や、非営利組織（NPO：non-profit organization）になるであろう。NGOの代表的な例として、国境なき医師団があげられる。またNPOは、介護や保育などの分野や震災後の支援活動に多く見られる組織・団体である。言うまでもないがこれらの組織・団体を、国民国家や企業とどのような関係に位置づけていくのかということが、21世紀の課題である。

> CHECK
> *12 欧米では、市民社会と公共性との関係については、いくつかの考え方があるが、ここでは両者はほぼ同じものであるとする考え方に立っている。

3 グローバルな市民社会のなかでの公共性

① グローバリゼーションとは

グローバリゼーションという言葉は、誰もが聞いたことがあるはずである。聞いたことがない人も、日々の生活のなかで、グローバリゼーションの現象を見たり聞いたりしているに違いない。たとえば韓国、中国、台湾への海外旅行が、国内旅行とほぼ同じ価格でできることや、日本への外国人観光客が年々増加していることは、私たちの身のまわりで起こっているグローバリゼーションの現象である。1980年代、1990年代からはじまった日本企業による、タイをはじめとした東南アジアにおける工場建設、この現象と軌を一にして発生した多国籍企業の増加、さらには21世紀に入ってからの国境を越えた企業間の提携や買収もまた、グローバリゼーションが生み出した現象である。

このようなグローバリゼーションの現象をきちんと定義すると、グローバリゼーションとは、社会変動が近代社会の準拠点である国民国家を越えて生起することであり、地球規模での社会の変化のことである。ボーダーレスな社会変動のことということもできる。[*13]

> CHECK
> *13 中国では、globalizationの訳語として「全球化」という言葉をあてている。卓越した訳語である。

2) グローバリゼーションと公共性

1980年代以降、顕著になったグローバリゼーションのトレンドのもとで、公共性を社会のなかに位置づけると、公共性は次の2つの特色をもっていることが明らかになる。

① market（市場原理）に対立するもの、もしくはそれを補完するものである。
② nationalなもの（「国家」「国境」）に対立するもの、もしくはそれを越えるものである。

まず第一に、market（市場原理）に対立するもの、もしくはそれを補完するものであるとは、市場原理や競争原理ではおおいつくせない社会空間を維持することであり、そのような社会空間に生きる人びと、具体的には障がい者、貧困者、移民労働者、難民等の不条理な苦痛を背負わされた人びとの生存を可能にするような原理のことである。第二に、nationalなもの（「国家」「国境」）に対立するもの、もしくはそれを越えるものであるとは、国民国家を越えた社会空間、すなわち国籍の有無に関係なく人びとが居住・共生できる社会空間を構想する原理のことである。

たしかに20世紀末からの民族紛争・宗教対立の激化という現状を考えると、グローバリゼーションのトレンドのもとでも、国民国家の権力は相変わらず強大である。したがって、グローバルな市民社会のなかでの公共性の構想は、夢物語にすぎないのではないかという批判が出てくるのも当然である。しかし現在では当たり前となっている民主主義の考え方が、あの17世紀のイギリスにおけるピューリタン革命*14のなかで構想されていたという歴史上の事実を知るならば、将来社会の構想の一環として、理想を語ることは許されるであろう。*15 理想が私たちを導くガイドラインとして、社会において作用することをよしとするならば、社会科学の研究として将来社会をグランドデザインすることは、むしろ推進されるべき作業だといいうる。

3) 公共性の内実

現代社会は、価値相対主義および文化相対主義を前提とする。価値相対主義とは、個人がどのような価値観をもつかは自由であり、個人によって選択された価値に優劣はないとする立場である。文化相対主義とは、文化には優劣がなく、ある社会にある固有の文化が存在する場合、その文化はその社会にとって有意味なものとして存在していると考える立場である。価値相対主義および文化相対主義に共通するのは、人びとの多様な価値観や、生き方の違いを受け容れるという姿勢であり、人びとの多様性（diversity）を前提にしているということである。

21世紀の社会において、人びとの生き方の多様性を認めることは重要である。

用語解説

*14 ピューリタン革命
ピューリタン革命とは、1642年～1649年にイギリスで起こった、王党派と議会派との対立による内戦のことであり、1649年に共和政が成立した。清教徒革命とも呼ばれる。イギリスでは、その後、紆余曲折を経て、1688年の名誉革命によって立憲君主制が確立された。

CHECK

*15 ピューリタン革命のなかでの少数派だった平等派（水平派とも訳される[levellers]）は、1947年10月に成文憲法草案として『人民協定（第一次人民協定ともいわれる [The Agreement of People]）』を提起した。『人民協定』は、「民主主義の歴史のうえで、見逃すことのできない重要な文書」（浜林 1971：177）であり、そこでは人民主権に基づいて、普通選挙の実施、君主制と上院の廃止などが主張されている。

しかし多様性を認めるためには、他者への寛容という態度が必要不可欠である。他者への寛容とは、他者を尊重し、自己と他者との差異を承認し、受容することである。

他者への寛容が、「個人の行為の自由」という近代が生み出した価値につながっていることはいうまでもない。ただしここでいう「個人の行為の自由」が、他者に危害を加えない、もしくは他者の行為の自由を侵害しないという条件つきであることを、あらためて確認しておこう。この点について具体例をあげるならば、「個人の行為の自由」のなかには、「他者を殺す自由」も、「他者のものを盗む自由」も入っていないはずだし、入れるべきではない、ということである。

以上述べてきた価値相対主義、文化相対主義、他者への寛容を前提にした場合、公共性の内実はどのようなものになるのだろうか。それを考える際のヒントになるのが、市井（1971）、髙坂（2013）のいう「幸福の加算から不幸の減算へ」という考え方である。市井、髙坂は、現代においては「快の総量を増やすことを指向するよりは、むしろ、それぞれの時代に特有な苦の量を減らす」ことが重要だとする（髙坂 2013：251）。これは、社会に存在する「不条理な苦痛」（市井 1971）を強いられている人びとを擁護し、支援することを意味する。*16 不条理な苦痛を強いられている人びととは、日本社会であれば、たとえば貧困に苦しむ人、障がいをもつ人、認知症で意思決定できない人などである。世界社会に視野を広げるならば、難民として祖国から移動せざるを得なくなった人や、不法就労者として外国に移動する人や、エイズ等の難病に苦しむ人などをあげることができる。

不条理な苦痛を減ずるためになにをなすべきかという観点から、公共性は構想されなければならないであろう。そのような第一歩として考えられるのは、「ケアする－ケアされる」存在として「私と他者」の関係性を構築することである。「ケアする－ケアされる」存在を出発点とした私たちの営みのなかにこそ、21世紀の社会において公共性が真に展開する契機があるのではないだろうか。

> **ここも CHECK**
> *16 「不条理な苦痛」を強いられている人は、受苦圏に生きる人びとと呼ぶこともできる。受苦圏とは、受益圏の対立概念である。受益圏と受苦圏は、日本の環境社会学が公害研究に貢献するなかで生み出された言葉である。受益圏と受苦圏については、第13章（p.106）で詳しく説明されている。

まとめの問題

価値相対主義および文化相対主義は、人びとの多様な価値観や生き方の差異を前提にしているから、一見すると、誰もが自由に振る舞うことができて問題がないように見えるが、社会を成り立たせるうえで、本当に問題はないといえるのだろうか。そこにはどんな問題がひそんでいるのか話し合ってみよう。

【ポイント】
・お互いを理解しあえない場合、協調的な関係を築くことは可能なのかということについて考察する。
・対立的な関係が生まれた場合、その対立を激化させないために必要とされるものを、具体的な事例を念頭におきながらあげてみる。

調べてみよう

国際協力NGOセンターおよび日本NPOセンターの資料を用いて、日本には、NGOやNPOがどれくらいあり、どのような活動をしているのかを調べてみよう。

文献リスト

序　章
内閣府，2018，『平成30年版　高齢社会白書』．
山口定，2003，「新しい公共性を求めて」山口定・佐藤春吉・中島茂樹・小関素明（編）『新しい公共性——そのフロンティア』有斐閣．

第1章
浅野智彦，2016，「「若者アイデンティティ」論の失効と再編」川崎賢一・浅野智彦（編）『〈若者〉の溶解』勁草書房．
ウィット，スティーヴン（関美和訳），2016［原著2015］，『誰が音楽をタダにした？——巨大産業をぶっ潰した男たち』早川書房．
小藪明生・山田真茂留，2015，「若者的コミュニケーションの現在——高校生の友人関係志向に見る」友枝敏雄（編）『リスク社会を生きる若者たち——高校生の意識調査から』大阪大学出版会．
辻泉，2016，「友人関係の変容——流動化社会の「理想と現実」」藤村正之・浅野智彦・羽渕一代（編）『現代若者の幸福——不安感社会を生きる』恒星社厚生閣．
パットナム，ロバート・D.（柴内康文訳），2006［原著2000］，『孤独なボウリング——米国コミュニティの崩壊と再生』柏書房．
山田真茂留，2009，『〈普通〉という希望』青弓社．
リースマン，デイヴィッド（加藤秀俊訳），2013［原著1950］，『孤独な群衆』みすず書房．
リン，ナン（筒井淳也ほか訳），2008［原著2001］，『ソーシャル・キャピタル——社会構造と行為の理論』ミネルヴァ書房．

第2章
岡檀，2013，『生き心地の良い町——この自殺率の低さには理由がある』講談社．
厚生労働省，2018，『平成30年版　自殺対策白書』．
澤田康幸・上田路子・松林哲也，2013，『自殺のない社会へ——経済学・政治学からのエビデンスに基づくアプローチ』有斐閣．
高橋祥友，2006，『自殺予防』岩波新書．
田所承己，2009，「社会関係の開放化と自殺——social integrationの視座からみる市町村別自殺率」『現代の社会病理』24．
デュルケム，エミール（宮島喬訳），1985［原著1897］，『自殺論』中公文庫．
中島道男，1997，『デュルケム〈制度〉の理論』新曜社．
ボードロ，クリスチャン＆ロジェ・エスタブレ（山下雅之・都村聞人・石井素子訳），2012［原著2006］，『豊かさのなかの自殺』藤原書店．
宮島喬，1979，『デュルケム「自殺論」』有斐閣新書．

第3章
アドラー，アルフレッド（高橋堆治訳），1983［原著1930］，『子どもの劣等感——問題児の分析と教育』誠信書房．
アドラー，アルフレッド（安田一郎訳），1984［原著1927］，『器官劣等性の研究』金剛出版．
アドラー，アルフレッド（高尾利数訳），1984［原著1932］，『人生の意味の心理学』春秋社．
ウルフ，ナオミ（曽田和子訳），1994［原著1991］，『美の陰謀——女たちの見えない敵』TBSブリタニカ．
谷本奈穂，2008，『美容整形と化粧の社会学——プラスティックな身体』新曜社．
谷本奈穂，2018，『美容整形というコミュニケーション——社会規範と自己満足を超えて』花伝社．
ハイケン，エリザベス（野中邦子訳），1999［原著1997］，『プラスティック・ビューティー——美容整形の文化史』平凡社．
Balsamo, A., 1992, "On the Cutting Edge: Cosmetic Surgery and the Technological Production of Gendered Body", *Camera Obscura*, 10 (1).
Blum, V., 2003, *Flesh Wounds*, University of California Press.
Bordo, S., 2003, *Unbearable Weight: feminism, Western culture, and the body*, University of California Press.
Davis, K., 1995, *Reshaping the Female Body*, Routledge.
Gimlin, D.L., 2002, *Body Work: Beauty and Self-Image in American Culture*, University of California Press
Jeffreys, S., 2000, "Body Art and Social Status: Cutting, Tattooing and Piercing from a Feminist Perspective", *Feminism and Psychology*, 10(4).

第 4 章

ウェーバー，マックス（大塚久雄訳），1989［原著1920］，『プロテスタンティズムの倫理と資本主義の精神』岩波文庫.
NHK放送文化研究所（編），2015，『現代日本人の意識構造［第 8 版］』NHK出版.
玉川貴子，2018，『葬儀業界の戦後史——葬祭事業から見える死のリアリティ』青弓社.
デュルケム，エミール（古野清人訳），1975［原著1912］，『宗教生活の原初形態』岩波文庫.
長沼美香子，2017，『訳された近代——文部省『百科全書』の翻訳学』法政大学出版局.
西久美子，2009，「"宗教的なもの"にひかれる日本人——ISSP国際比較調査（宗教）から」『放送研究と調査』59(5).
林文，2010，「現代日本人にとっての信仰の有無と宗教的な心——日本人の国民性調査と国際比較調査から」『統計数理』58(1).

第 5 章

安達智子，2009，「フリーターのキャリア意識——彼らの考え方がいけないのか」白井利明・下村英雄・川﨑友嗣・若松養亮・安達智子『フリーターの心理学——大卒者のキャリア自立』世界思想社.
伊藤麻沙子・狩野友里，2006，「若者のキャリア形成と仕事に対する『生の声』」『九州大学C&Cプロジェクト報告書 政策研究——若者の雇用を考える』九州大学VBL.
太田聰一，2010，『若年者就業の経済学』日本経済新聞出版社.
亀山俊朗，2006，「フリーターの労働観——若者の労働観は未成熟か」太郎丸博（編）『フリーターとニートの社会学』世界思想社.
苅谷剛彦・濱中義隆・大島真夫・林未央・千葉勝吾，2003，「大都市圏高校生の進路意識と行動——普通科・進路多様校での生徒調査をもとに」『東京大学大学院教育学研究科紀要』42.
久木元真吾，2003，「『やりたいこと』という論理——フリーターの語りとその意図せざる帰結」『ソシオロジ』48(2).
小杉礼子，2003，『フリーターという生き方』勁草書房.
小杉礼子（編），2005，『フリーターとニート』勁草書房.
サッセン，サスキア（伊豫谷登士翁監訳），2008［原著2001］，『グローバル・シティ——ニューヨーク・ロンドン・東京から世界を読む』筑摩書房.
下村英雄，2002，「フリーターの職業意識とその形成過程——「やりたいこと」志向の虚実」小杉礼子（編）『自由の代償／フリーター——現代若者の就業意識と行動』.
太郎丸博，2009，『若年非正規雇用の社会学——階層・ジェンダー・グローバル化』大阪大学出版会.
太郎丸博（編），2006，『フリーターとニートの社会学』世界思想社.
中澤渉，2011，「分断化される若年労働市場」佐藤嘉倫・尾嶋史章（編）『現代の社会階層 1 ——格差と多様性』東京大学出版会.
仁平典宏，2009，「世代論を編み直すために——社会・承認・自由」湯浅誠・冨樫匡孝・上間陽子・仁平典宏（編）『若者と貧困——いま，ここからの希望を』明石書店.
バウマン，ジグムント（森田典正訳），2001［原著2000］，『リキッド・モダニティ』大月書店.
本田由紀，2002，「ジェンダーという観点から見たフリーター」小杉礼子（編）『自由の代償／フリーター——現代若者の就業意識と行動』日本労働研究機構.
本田由紀，2005，『若者と仕事』東京大学出版会.
本田由紀・堀田聰子，2006，「若年無業者の実像——経歴・スキル・意識」『日本労働研究雑誌』556.
益田仁，2006，「福岡市民意識調査報告——若年者雇用問題への一視角」友枝敏雄（編）『2005年度 九州大学文学部社会学研究演習 I「社会学研究法」報告書』.
山口泰史，2012，「非正規雇用者とやりたいこと志向の関連についての検討——やりたいこと志向の継続と変化に着目して」『東京大学社会科学研究所 パネル調査プロジェクトディスカッションペーパーシリーズ』No.60.
山口泰史・伊藤秀樹，2017，「分化するフリーター像——共感されない非正規雇用の若者たち」石田浩（監修）『連鎖の格差と若者 3 ライフデザインと希望』勁草書房.
労働政策研究・研修機構，2017，「大都市の若者の就業行動と意識の分化——『第 4 回 若者のワークスタイル調査』から」『労働政策研究報告書』199.

第 6 章

石坂友司・小澤考人（編），2015，『オリンピックが生み出す愛国心——スポーツ・ナショナリズムへの視点』かもがわ出版.
オーウェル，ジョージ（小野協一訳），1995［原著1945］，「ナショナリズム覚え書き」川端康雄（編）『オーウェル評論集 2 水晶の精神』平凡社.
小熊英二，1995，『単一民族神話の起源——「日本人」の自画像の系譜』新曜社.
小熊英二，2003，『〈民主〉と〈愛国〉——戦後日本のナショナリズムと公共性』新曜社.
黒須朱莉，2015，「近代オリンピックの理想と現実——ナショナリズムのなかの愛国心と排他的愛国心」石坂友司・小澤

幸人(編)『オリンピックが生み出す愛国心——スポーツ・ナショナリズムへの視点』かもがわ出版.
ゲルナー,アーネスト(加藤節監訳), 2000［原著1983］,『民族とナショナリズム』岩波書店.
国際オリンピック委員会(日本オリンピック委員会訳), 2016［原著2015］,「オリンピック憲章 2016年版」日本オリンピック委員会.

第7章

荒川裕美子・吉田浩子・保住芳美, 2008,「大学生の『ボランティア』に対する認識——医療福祉を学ぶ大学生を対象とした調査から」『川崎医療福祉学会誌』18(1).
桜井茂男, 1988,「大学生における共感と援助行動の関係——多次元共感測定尺度を用いて」『奈良教育大学教育研究所紀要』37(1).
三谷はるよ, 2013,「市民参加は学習の帰結か?——ボランティア行動の社会化プロセス」『ノンプロフィット・レビュー』13(2).
三谷はるよ, 2016,『ボランティアを生みだすもの——利他の計量社会学』有斐閣.
Batson, C. D., J. G. Batson, J. K. Slingsby, K. L. Harrell, H. M. Peekna, & R. M. Todd, 1991, "Empathic Joy and the Empathy-Altruism Hypothesis," *Journal of Personality and Social Psychology*, 61(3).
Lim, C. & C. A. MacGregor, 2012, "Religion and Volunteering in Context: Disentangling the Contextual Effects of Religion on Voluntary Behavior," *American Sociological Review*, 77(5).
Wilson, J. & M. A. Musick, 1997, "Who Cares? Toward an Integrated Theory of Volunteer Work," *American Sociological Review*, 62(5).
Wuthnow, R., 1995, *Learning to Care*, Oxford University Press.

第8章

朝井リョウ, 2012,『桐島、部活やめるってよ』集英社文庫.
浅野智彦, 2016,「青少年研究会の調査と若者論の今日的課題」藤村正之・羽渕一代・浅野智彦(編)『現代若者の幸福——不安感社会を生きる』恒星社厚生閣.
東園子, 2013,「紙のてごたえ」『マス・コミュニケーション研究』83.
天野正子, 2005,『「つきあい」の戦後史——サークル・ネットワークの拓く地平』吉川弘文館.
池上英子, 2005,『美と礼節の絆——日本における交際文化の政治的起源』NTT出版.
上野千鶴子(編), 2008,『「女縁」を生きた女たち』岩波現代文庫.
NHK放送文化研究所, 2013,『NHK中学生・高校生の生活と意識調査2012』NHK出版.
大澤真幸, 2014,『〈問い〉の読書術』朝日新書.
岡田斗司夫, 2008,『オタクはすでに死んでいる』新潮新書.
小藪明生・山田真茂留, 2015,「若者的コミュニケーションの現在」友枝敏雄(編)『リスク社会を生きる若者たち——高校生の意識調査から』大阪大学出版会.
佐藤卓己, 2018,『ファシスト的公共性——総力戦体制のメディア学』岩波書店.
辻泉・大倉韻・野村勇人, 2017,「若者文化は25年間でどう変わったか」『中央大学文学部紀要』27.
中島梓, 1991,『コミュニケーション不全症候群』筑摩書房.
ハーバーマス,ユルゲン(細谷貞雄・山田正行訳), 1994［原著(1962)1990］,『公共性の構造転換［第2版］——市民社会の一カテゴリーについての探究』未来社.
パットナム,ロバート・D.(河田潤一訳), 2001［原著1993］,『哲学する民主主義——伝統と改革の市民的構造』NTT出版.
東島誠, 2010,『選書日本中世史2 自由にしてケシカラン人々の世紀』講談社選書メチエ.
東島誠・与那覇潤, 2013,『日本の起源』太田出版.
三谷太一郎, 2014,『人は時代といかに向き合うか』東京大学出版会.
モッセ,ゲオルゲ・L.(佐藤卓己・佐藤八寿子訳), 1994［原著1975］,『大衆の国民化——ナチズムに至る政治シンボルと大衆文化』柏書房.
山崎正和, 1984,『柔らかい個人主義の誕生』中央公論社.

第9章

崎山治男, 2005,『「心の時代」と自己——感情社会学の視座』勁草書房.
スミス,パム(武井麻子・前田泰樹訳), 2000［原著1992］,『感情労働としての看護』ゆみる出版.
戸田有一・中坪史典・高橋真由美・上月智晴(編), 2011,『保育における感情労働——保育者の専門性を考える視点として』諏訪きぬ(監修), 北大路書房.
武井麻子, 2001,『感情と看護』医学書院.

武井麻子,2006,『ひと相手の仕事はなぜ疲れるのか——感情労働の時代』大和書房.
ベル,ダニエル(内田忠夫ほか訳),1975［原著1973］,『脱工業化社会の到来——社会予測の一つの試み』ダイヤモンド社.
ホックシールド,アーリー・R.(石川准・室伏亜希訳),2000［原著1983］,『管理される心——感情が商品になるとき』世界思想社.
ミルズ,チャールズ・ライト(杉政孝訳),1957［原著1951］,『ホワイト・カラー——中流階級の生活探究』東京創元社.
村上龍,2003,『13歳のハローワーク』幻冬舎.
吉田輝美,2014,『感情労働としての介護労働——介護サービス従事者の感情コントロール技術と精神的支援の方法』旬報社.

第10章

小倉千加子,2007,『結婚の条件』朝日文庫.
厚生労働省,2012,『平成24年版 厚生労働白書——社会保障を考える』.
国立社会保障・人口問題研究所,2017,『現代日本の結婚と出産——第15回出生動向基本調査（独身者調査ならびに夫婦調査）報告書』.
八代尚宏,1993,『結婚の経済学——結婚とは人生における最大の投資』二見書房.
山田昌弘,2007,『希望格差社会』ちくま文庫.
山田昌弘・白河桃子,2008,『「婚活」時代』ディスカヴァー携書.

第11章

伊藤茂樹,2014,『「子どもの自殺」の社会学——「いじめ自殺」はどう語られてきたのか』青土社.
荻上チキ,2018,『いじめを生む教室——子どもを守るために知っておきたいデータと知識』PHP新書.
加野芳正,2011,『なぜ、人は平気で「いじめ」をするのか？——透明な暴力と向き合うために』日本図書センター.
北澤毅,2015,『「いじめ自殺」の社会学——「いじめ問題」を脱構築する』世界思想社.
久保田真功,2008,「いじめ傍観者の被害者への援助抑制理由とその規定要因に関する分析——大学生を対象とした回顧調査をもとに」『子ども社会研究』14.
鈴木翔,2015,「なぜいじめは止められないのか？——中高生の社会的勢力の構造に着目して」『教育社会学研究』96.
スミス,ピーター・K.(森田洋司・山下一夫総監修),2016［原著2014］,『学校におけるいじめ——国際的に見たその特徴と取組への戦略』学事出版.
滝充,2001,「いじめの方法・場所」森田洋司(監修)『いじめの国際比較研究——日本・イギリス・オランダ・ノルウェーの調査分析』金子書房.
知念渉,2017,「いじめ問題がつくる『視角』と『死角』」片山悠樹・内田良・古田和久・牧野智和(編)『半径5メートルからの教育社会学』大月書店.
辻泉,2016,「友人関係の変容——流動化社会の『理想と現実』」藤村正之・浅野智彦・羽渕一代(編)『現代若者の幸福——不安感社会を生きる』恒星社厚生閣.
森田洋司,1994,「いじめの見え方」森田洋司・清水賢二『新訂版 いじめ——教室の病』金子書房.
森田洋司,2010,『いじめとは何か——教室の問題、社会の問題』中公新書.
森田洋司・滝充・秦政春・星野周弘・若井彌一(編),1999,『日本のいじめ——予防・対応に生かすデータ集』金子書房.
米里誠司,2001,「見聞時の態度」森田洋司(監修)『いじめの国際比較研究——日本・イギリス・オランダ・ノルウェーの調査分析』金子書房.

第12章

カー,ニコラス・G.(増子久美・菅野楽章訳),2016［原著2016］,『ウェブに夢見るバカ——ネットで頭がいっぱいの人のための96章』青土社.
サンスティーン,キャス(伊達尚美訳),2018［原著 2017］,『#リパブリック——インターネットは民主主義になにをもたらすのか』勁草書房.
パットナム,ロバート・D.(柴内康文訳),2006［原著2000］,『孤独なボウリング——米コミュニティの崩壊と再生』柏書房.

第13章

アルドリッチ,ダニエル(湯浅陽一監訳),2012［原著2008］,『誰が負担を引き受けるのか——原発・ダム・空港立地をめぐる紛争と市民社会』世界思想社.
飯田哲也・佐藤栄佐久・河野太郎,2011,『「原子力ムラ」を超えて——ポスト福島のエネルギー政策』NHK出版.
植田今日子,2016,『存続の岐路に立つむら——ダム・災害・限界集落の先に』昭和堂.
大澤真幸・松島泰勝・山下祐介・五十嵐武士・水野和夫,2013,『3・11以後 何が変わらないのか』岩波ブックレット.

大島堅一，2011，『原発のコスト——エネルギー転換への視点』岩波新書．
帯谷博明，2004，『ダム建設をめぐる環境運動と地域再生——対立と協働のダイナミズム』昭和堂．
梶田孝道，1988，『現代社会学叢書15　テクノクラシーと社会運動——対抗的相補性の社会学』東京大学出版会．
友澤悠季，2014，『「問い」としての公害——環境社会学者・飯島伸子の思索』勁草書房．
永井學，2015，『大飯原子力発電所はこうしてできた——大飯町企画財政課長永井學調書』公人舎．
長谷川公一，2011，『脱原子力社会へ——電力をグリーン化する』岩波新書．
舩橋晴俊，2001，「環境問題の社会学的研究」飯島伸子・鳥越皓之・長谷川公一・舩橋晴俊(編)『講座環境社会学　1　環境社会学の視点』有斐閣．
舩橋晴俊，2012，『現代社会学ライブラリー2　社会学をいかに学ぶか』弘文堂．
舩橋晴俊・長谷川公一・畠中宗一・勝田晴美，1985，『新幹線公害——高速文明の社会問題』有斐閣選書．
堀川三郎，2012，「環境社会学にとって『被害』とは何か——ポスト３．11の環境社会学を考えるための一素材として」『環境社会学研究』18．
堀川三郎，2017，「受益圏と受苦圏」，友枝敏雄・浜日出夫・山田真茂留(編)『社会学の力——最重要概念・命題集』有斐閣．
松本三和夫，2012，『構造災——科学技術社会に潜む危機』岩波新書．

第14章
猪熊弘子，2014，『子育てという政治——少子化なのになぜ待機児童が生まれるのか？』角川新書．
落合恵美子，1989，『近代家族とフェミニズム』勁草書房．
加藤周一，2004，『〈恋愛結婚〉は何をもたらしたか』ちくま新書．
久保田裕之，2009，『他人と暮らす若者たち』集英社新書．
ノッター，デビッド，2007，『純潔の近代』慶應義塾大学出版会．
濱嶋朗・竹内郁郎・石川晃弘(編)，2005，『社会学小辞典 [新版増補版]』有斐閣．
松田茂樹，2013，『少子化論——なぜまだ結婚、出産しやすい国にならないのか』勁草書房．
南和行，2015，『同性婚——私たち弁護士夫夫です』祥伝社新書．
山田昌弘，2007，『家族ペット——ダンナよりもペットが大切！？』文春文庫．
山田昌弘・白河桃子，2008，『婚活時代』ディスカヴァー携書．
米村千代，1999，『「家」の生存戦略』勁草書房．

第15章
大石裕，2016，「メディアと公共性」大石裕・山腰修三・中村美子・田中孝宜(編)『メディアの公共性——転換期における公共放送』慶應義塾大学出版会．
サンスティーン，キャス(伊藤尚美訳)，2018 [原著2018]，『#リパブリック——インターネットは民主主義になにをもたらすのか』勁草書房．
ジンバルドー，フィリップ(鬼澤忍・中山宥訳)，2015 [原著2007]，『ルシファー・エフェクト——ふつうの人が悪魔に変わるとき』海と月社．
鈴木万希枝，2017，「インターネット上の情報共有・検索」李光鎬・渋谷明子(編)『メディア・オーディエンスの社会心理学』新曜社．
田中辰雄・山口真一，2016，『ネット炎上の研究——誰があおり、どう対処するのか』勁草書房．
パリサー，イーライ(井口耕二訳)，2016 [原著2011]，『フィルターバブル——インターネットが隠していること』ハヤカワ文庫．
山口真一，2018，『炎上とクチコミの経済学』朝日新聞社．
ロンソン，ジョン(夏目大訳)，2017 [原著2015]，『ルポ ネットリンチで人生を壊された人たち』光文社新書．

第16章
梅崎修，2004，「成績・クラブ活動と就職——新規大卒市場におけるOBネットワークの利用」松繁寿和(編)『大学教育効果の実証分析——ある国立大学卒業生たちのその後』日本評論社．
エリアス，ノルベルト＆エリック・ダニング(大平章訳)，2010 [原著1986]，『スポーツと文明化——興奮の探求』法政大学出版局．
岡本純也，2006，「大学運動部の現在」『現代スポーツ評論』14．
葛西和恵，2012，「体育会所属新規大卒者の特性——体育会学生は企業にモテるのか？」『法政大学キャリアデザイン学部紀要』9．
束原文郎，2011，「〈体育会系〉就職の起源——企業が求めた有用な身体：『実業之日本』の記述を手掛かりとして」『スポーツ産業学研究』21．

東原文郎・原田俊一郎・舟橋弘晃・吉田智彦・アーロン，ミラー，2017，「2010年代半ばの〈体育会系〉就職──スポーツ種目と東証一部上場企業からの内定獲得の関係に関する調査研究」『スポーツ科学研究』14．
友枝敏雄（編），2015，『リスク社会を生きる若者たち──高校生の意識調査から』大阪大学出版会．
松繁寿和，2005，「体育会系の能力」『日本労働研究雑誌』537．
百瀬恵夫・篠原勲・葛西和恵，2012，『体育会系はナゼ就職に強い？──努力と挑戦を重ねたタフな精神力』創英社．
山岸明郎，1992，『現代日本におけるスポーツ社会の人材育成』税務経理協会．

第17章

荒牧草平，2016，『学歴の階層差はなぜ生まれるのか』勁草書房．
有田伸，2016，『就業機会と報酬格差の社会学──非正規雇用・社会階層の日韓比較』東京大学出版会．
石田浩・三輪哲，2009，「階層移動から見た日本社会──長期的趨勢と国際比較」『社会学評論』59(4)．
大竹文雄，2005，『日本の不平等──格差社会の幻想と未来』日本経済新聞社．
厚生労働省，2012，『平成24年版 厚生労働白書』．
太郎丸博，2009，『若年非正規雇用の社会学──階層・ジェンダー・グローバル化』大阪大学出版会．
原純輔・盛山和夫，1999，『社会階層──豊かさの中の不平等』東京大学出版会．
ブルデュー，ピエール（石井洋二郎訳），1990［原著1979］，『ディスタンクシオン──社会的判断力批判 Ⅰ・Ⅱ』藤原書店．
三輪哲・石田浩，2008，「戦後日本の階層構造と社会移動に関する基礎分析」三輪哲・小林大祐（編）『2005年SSM日本調査の基礎分析──構造・趨勢・方法』2005年SSM調査研究会．
山口一男，2017，『働き方の男女不平等──理論と実証分析』日本経済新聞出版社．
Breen, R. & J. H. Goldthorpe, 1997, "Explaining Educational Differentials: Towards a Formal Rational Action Theory," *Rationality and Society*, 9 (3).
Goldthorpe, J. H., 2007, *On Sociology Second Edition Volume Two: Illustration and Retrospect*, Stanford University Press.
Treiman, D. J., 1970, "Industrialization and Social Stratification," in Laumann, E. O. (ed.), *Social Stratification: Research and Theory for the 1970s.*, Bobbs-Merrill.
Sewell, W. H., A. O. Haller, & A. Portes, 1969, "The Educational and Early Occupational Attainment Process," *American Sociological Review*, 34(1).

第18章

阿部彩，2008，『子どもの貧困──日本の不公平を考える』岩波新書．
阿部彩，2011，『弱者の居場所がない社会──貧困・格差と社会的包摂』講談社現代新書．
阿部彩，2012，「子ども期の貧困と成人期の生活困難」西村周三（監修），国立社会保障・人口問題研究所（編）『日本社会の生活不安──自助・共助・公助の新たなかたち』慶應義塾大学出版会．
阿部彩，2014，『子どもの貧困Ⅱ──解決策を考える』岩波新書．
阿部彩，2016，「子どもの貧困指標の提案」松本伊智朗・湯澤直美・平湯真人・山野良一・中嶋哲彦（編）『子どもの貧困ハンドブック』かもがわ出版．
稲月正，2017，「生活困窮状態にある子どもと保護者への伴走型世帯支援の効果──NPO法人抱樸による『子ども・家族まるごと支援』を事例として」『現代の社会病理』32．
岩田正美，2007，『現代の貧困──ワーキングプア／ホームレス／生活保護』ちくま新書．
岩永理恵・岩田正美，2018，「貧困研究の系譜」駒村康平（編）『貧困』ミネルヴァ書房．
奥田知志，2006，「ホームレス問題とは何か」山崎克明・奥田知志・稲月正・藤村修・森松長生『ホームレス自立支援──NPO・市民・行政協働による「ホームの回復」』明石書店．
奥田知志，2014，「伴走の思想と伴走型支援の理念・仕組み」奥田知志・稲月正・堤圭史郎・垣田裕介『生活困窮者への伴走型支援──経済的困窮と社会的孤立に対応するトータルサポート』明石書店．
子どもの貧困白書編集委員会（編），2009，『子どもの貧困白書』明石書店．
武川正吾，2017，「いまなぜ、子どもの貧困か」『世界』No.891 (2017年2月号)．
武田尚子，2014，『20世紀イギリスの都市労働者と生活──ロウントリーの貧困研究と調査の軌跡』ミネルヴァ書房．
内閣府，2014，『平成26年版 子ども・若者白書（全体版）』．
西澤晃彦，2010，『貧者の領域──誰が排除されているのか』河出書房新社．
松本伊智朗，2016，「貧困率とはなにか」松本伊智朗・湯澤直美・平湯真人・山野良一・中嶋哲彦（編）『子どもに貧困ハンドブック』かもがわ出版．
道中隆，2009，『生活保護と日本型ワーキングプア──貧困の固定化と世代間継承』ミネルヴァ書房．
三菱UFJリサーチ＆コンサルティング，2015，『子どもの貧困の社会的損失推計レポート』日本財団

湯浅誠，2008，『反貧困――「すべり台社会」からの脱出』岩波新書．
湯浅誠，2017，『「なんとかする」子どもの貧困』角川新書．
Townsend, P., 1979, *Poverty in the United Kingdom : a survey of household resources and standards of living*, Allen Lane and Penguin Books.

第19章

朝井志歩，2009，『基地騒音――厚木基地騒音問題の解決策と環境的公正』法政大学出版局．
遠藤薫，2017，「「持続可能な社会」をシミュレーションする――「共有地の悲劇」をめぐる規範と信頼」横幹〈知の統合〉シリーズ編集委員会(編)『社会シミュレーション――世界を「見える化」する』東京電機大学出版局．
国連広報センター，1998，「コペンハーゲン宣言及び行動計画　世界社会開発サミット」．
国連総会，2015，「我々の世界を変革する――持続可能な開発のための2030アジェンダ（外務省仮訳）」
中澤秀雄，2005，『住民投票運動とローカルレジーム』ハーベスト社．
舩橋晴俊(編)，2011，『環境社会学』弘文堂．
舩橋晴俊・長谷川公一・飯島伸子，1998，『巨大開発の構想と帰結――むつ小川原開発と核燃サイクル施設』東京大学出版会．
ベック，ウルリヒ（東廉・伊藤美登里訳），1998［原著1986］，『危険社会――新しい近代への道』法政大学出版局．
宮島喬・舩橋晴俊・友枝敏雄・遠藤薫，2013，『グローバリゼーションと社会学――モダニティ・グローバリティ・社会的公正』ミネルヴァ書房．
メドウズ，ドネラ・H．，デニス・L・メドウズ，ヨルゲン・ランダース＆W・W・ベアランズ三世（大来佐武郎監訳），1972［原著1972］，『成長の限界――ローマ・クラブ「人類の危機」レポート』ダイヤモンド社．
メドウズ，ドネラ・H．，デニス・L・メドウズ＆ヨルゲン・ランダース（枝廣淳子訳），2005［原著2004］，『成長の限界――人類の選択』ダイヤモンド社．
Hardin, G., 1968, "The Tragedy of the Commons", *Science*, 162(3859).
Holifield, R., 2001, "Defining Environmental Justice and Environmental Racism", *Urban Geography*, 22(2).

第20章

アルドリッチ，ダニエル・P．（石田祐・藤澤由和訳），2015［原著2012］，『災害復興におけるソーシャル・キャピタルの役割とは何か――地域再建とレジリエンスの構築』ミネルヴァ書房．
石井光太，2014，『遺体――震災、津波の果てに』新潮文庫．
グラノヴェッター，マーク（大岡栄美訳），2006［原著1973］，「弱い紐帯の強さ」野沢慎司(編・監訳)『リーディング　ネットワーク論――家族・コミュニティ・社会関係資本』勁草書房．
ゾッリ，アンドリュー＆アン・マリー・ヒーリー（須川綾子訳），2013［原著2012］，『レジリエンス　復活力――あらゆるシステムの破綻と回復を分けるものは何か』ダイヤモンド社．
竹沢尚一郎，2013，『被災後を生きる――吉里吉里・大槌・釜石奮闘記』中央公論新社．
東野真和，2013，『駐在記者発 大槌町 震災からの365日』岩波書店．

第21章

アーリ，ジョン，1995［原著1990］，『観光のまなざし――現代社会におけるレジャーと旅行』法政大学出版局．
秋津元輝，2007，「カルチュラル・ターンする田舎――今どき農村社会研究ガイド」野田公夫(編)『生物資源から考える21世紀の農学 7　生物資源問題と世界』京都大学出版会．
安東誠一，1986，『地方の経済学――「発展なき成長」を超えて』日本経済新聞社．
大野晃，2008，『限界集落と地域再生』静岡新聞社．
河野稠果，2007，『人口学への招待――少子・高齢化はどこまで解明されたか』中公新書．
増田寛也(編)，2014，『地方消滅――極集中が招く人口急減』中公新書．
藻谷浩介・NHK広島取材班，2013，『里山資本主義――日本経済は「安心」の原理で動く』角川新書．
山下祐介，2012，『限界集落の真実――過疎の村は消えるか？』ちくま新書．

第22章

オッペンハイマー，スティーヴン（仲村明子訳），2007［原著2003］，『人類の足跡 10万年全史』草思社．
国連経済社会局，2016，「難民と移民の定義」国際連合広報センター．
サッセン，サスキア（伊豫谷登士翁監訳），2008［原著2001］，『グローバル・シティ――ニューヨーク・ロンドン・東京から世界を読む』筑摩書房．
シュレージンガー，アーサー・M．Jr．，（都留重人訳），1992［原著1991］，『アメリカの分裂――多元文化社会についての

所見』岩波書店.
チャンダ, ナヤン（友田錫・滝上広水訳）, 2009［原著2007］,『グローバリゼーション 人類5万年のドラマ（上）（下）』NTT出版.
パウエル, ベンジャミン（薮下史郎監訳）, 2016［原著2015］,『移民の経済学』東洋経済新報社.
ハンチントン, サミュエル・P.（鈴木主税訳）, 1998［原著1996］,『文明の衝突と世界秩序の再創造』集英社.
ブラジル日本移民80年史編纂委員会, 1991,『ブラジル日本移民八十年史』移民80年祭祭典委員会.
ボージャス, ジョージ（岩本正明訳）, 2017［原著2016］,『移民の政治経済学』白水社.
水上徹男, 1996,『異文化社会適応の理論——グローバル・マイグレーション時代に向けて』ハーベスト社.
水上徹男, 2014,「インナーシティの危機と再生——労働力の移動とエスニック・コミュニティの生成」松本康（編）『都市社会学入門』有斐閣.
水上徹男, 2015,「オーストラリアの移民政策——人口・経済問題と多文化主義の展開」吉成勝男・水上徹男・野呂芳明（編）『市民が提案するこれからの移民政策——NPO法人APFSの活動と世界の動向から』現代人文社.
水上徹男, 2018,「グローバリゼーションとエスニシティ——グローバリゼーションの進行はなにをもたらしたのか」奥村隆（編）『はじまりの社会学——問いつづけるためのレッスン』ミネルヴァ書房.
吉成勝男・水上徹男, 2018,「日本の入国管理の時代と非正規滞在外国人の支援——問題解決型相談と在留特別許可をめぐって」吉成勝男・水上徹男（編）『移民政策と多文化コミュニティへの道のり——APFSの外国人住民支援活動の軌跡』現代人文社.
Mizukami, T., 1998, "Urban Residents' Movements and the Settlement of Foreigners in Japan: Activities of the Asian People's Friendship Society", *Asian Studies Review*, 22(3).
Mizukami, T., 2010, "A New Epoch of Immigration for Japan: Directional Shift in Civic Organizational Support for Newcomer Settlement", Vinken, H., Y. Nishimura, B. L. J. White, & M. Deguchi (eds.), *Civic Engagement in Contemporary Japan: Established and Emerging Repertoires*, Springer.
OECD, 2014, *International Migration Outlook 2014*, OECD Publishing.
Sumption, M., 2014 (December 10), Top 10 of 2014 - Issue #9: The Points System Is Dead, Long Live the Points System, *Migration Information Source*, Migration Policy Institute.
Tan, A., 2015 (January 19), Hiring maids becoming dearer with new rules, *The Strait Times*.

第23章

市井三郎, 1971,『歴史の進歩とはなにか』岩波新書.
髙坂健次, 2013,「21世紀社会と人類の幸福」友枝敏雄・山田真茂留（編）『Do! ソシオロジー［改訂版］』有斐閣.
コント, オーギュスト（霧生和夫訳）, 1970［原著1839-1842］,「社会静学と社会動学」（『実証哲学講義』より）『世界の名著36 コント・スペンサー』中央公論社.
斎藤純一, 2000,『公共性』岩波書店.
ハーバーマス, ユルゲン（細谷貞雄・山田正行訳）, 1994［原著(1962)1990］,『公共性の構造転換［第2版］——市民社会の一カテゴリーについての探求』未来社.
浜林正夫, 1971,『増補版 イギリス市民革命史』未来社.
林恵海, 1966,「邦訳「社会」考」『東京女子大学比較文化紀要』第21巻別刷.
吉見俊哉, 2011,『大学とは何か』岩波新書.

事項索引

あ 行

ICT　97-99、103
アイデンティティ　4、11、12、24、25
アノミー　18
アノミー的自殺　18
イエ制度　114、115
イクメン　85、117
イクメンプロジェクト　85
いじめ　90-96、103
いじめの四層構造（論）　90、92、95、96
一般的信頼　68
移民　54、181-183、185-190
印象操作　101
インナーシティ　185、188
SNS　11-13、30、97-104
炎上　122-129
援助希求　15、21、22
オートメーション化　75
オーバーステイ　183
オタク　63-71
お見合い　86、87、115
オリンピック　47-55
オリンピック憲章　50
オンライン・コミュニケーション　124、127、128

か 行

鏡に映った自己　101
格差　41、62、68、105、111、140-147、149
家事　39、84-86
可処分所得　150、151
過疎　176-178
過疎地　105-107、111、112
価値規範　30
価値相対主義　197、198
環境的正義　162
環境破壊　110、158、161、162
感情労働　74、76-80
官僚制　133、134
官僚制の逆機能　134
機会の不平等　140-145
技術革新　75
規則の支配　133-135
機能集団　130、133、134
機能分化　35
規範意識　93、125
共感性　57-59、61
共感─利他主義仮説　57
共有地の悲劇　161
近代化　31、32、35、114、133、178
近代家族　114、115、117
クール・ジャパン政策　65
グローバリゼーション　1、2、4、42、181、182、186、190、196、197
経済資本説　144
結婚　81-89、114-116、118-120
結束型　8、10、11、13、14、103
限界集落論　177
減災　165-167、170、172
現在志向　43-45
原発　105-107、109-112
高学歴化　1、3、5、81、86、145
交換価値　76
公共圏　104、129、195
公共性　70、112、191、194-198
合計特殊出生率　82、116、174、175、180
公的領域　191、194-196
高度経済成長期　81、82、85、88、116、174、176、178
高度人材　185-187
高度人材ポイント制　187
合理性　109、110、179
高齢化　1、3、5、34、174、180
国民国家　1、181、182、195-197
国連環境計画　163、164
国連気候変動枠組条約　160

互酬性（の規範）　10、68
個人化　1、2、4、12、13
個人主義　2、32、195
子育て　84、85、114、116-119
国歌　51、52、55
国旗　51、52、55
孤独　12、13、63、64、67、69-71、120、121
子どもの貧困（率）　148、150-153、155-157
子どもの貧困対策法　155
コミュニティ意識　168-171
雇用形態　41、43、145、146
雇用リスク　41
婚活　87、116
コンサマトリーな行為　101

さ 行

サービス産業化　74-76
サービス労働　74-76
災害　19、20、22、56、89、165、167、168、170-172
災害関連死者　170、171
サイバーカスケード　103、122、126-128
サステナブルな社会　179、180
資源仮説　58
自己責任論　153、154
自己本位的自殺　17-19、22
自己満足　23、25、26、28-30
自殺　15-22、90、168、170
自殺論　17、19
自然災害　19、20、165-167、170
持続可能な社会　160、161
私的コスト　110
私的領域　191、194-196
社会意識　130、135
社会移動　142、143、147
社会化　56、61、62、130、133-135
社会階層　56、58、59、140
社会階層論　141、142、144-146
社会学　10、22、32、58、76、80、

101、106、133、134、141、166、182、183、191-194
社会関係資本　10、11、68、70、103、104
社会構築主義　80
社会参加　68、70
社会的アイデンティティ　124、125
社会的規制　17-19
社会的コスト　110
社会的孤立　148、157
社会的排除　103、148、153、154
社会統合　15、17-22、103、104、188
社会保障制度　41、88、116、148、187
宗教　31-33、35-37、54、60、79、183、188
宗教心　31、33-35、37
集団極性化　122、127-129
集団本位的自殺　18、22
受益圏　105-109、112、198
受苦圏　105-109、112、198
宿命的自殺　18、19
趣味縁　63、67-71
生涯未婚率　81、82、119
少子化　40、82、88、89、116、118、174
情報カスケード　126、129
職業階層　42、142-144、147
職階制　134、135
信仰　31-33、35-37
人口減少　173-177、180
人口置換水準　82、116、175
深層演技　77、79
身体観　28
親密圏　120
親密性　8、9、11-14、114
スティグマ　80
ステレオタイプ　130、137
ストレッサー　96
スマートフォン　100
生活保障　155、156、185
生物多様性　158、159
性別役割分業　114、117、135
世俗化　35、61

世帯　74、97、115、120、140、148、150-155、157
絶対的貧困　149
専門化　133-135
相対的貧困　149、150
相対リスク回避説　144
疎外　79
ソーシャルワーク　156
ソフトパワー　64

た 行

体育会系　130-133、135-137
他者指向　8、11-13
脱個人化　122、124、125
多文化共生　2、183
多変量解析　61
多様性　4、5、14、37、159、197、198
男女共同参画社会基本法　85
地球温暖化　158、163、165
地球環境問題　129、158、162、163
中間層　42、43
超高齢社会　3
通報　95
創られた伝統　36
田園回帰　173、179
電源三法に基づく交付金　110
同質化　13、14
同性婚　114、120
同性パートナーシップ制度　119、120
トランスナショナルな移住者　190

な 行

ナショナリズム　2、36、47-49、51-55
ニート　38-40、43、45、46
ニューカマー　183、184
認知的不協和の理論　103、104
農村の消費空間化　178

は 行

バーンアウト　79
排外主義　53
覇権主義　5

橋渡し型　8、10、11、13、14、103
バックエンドコスト　110
パトリオティズム　47-49、51-55
パリ協定　159、160
パワハラ　134-137
ヒエラルキー　110、111
東日本大震災　19、20、57、102、164-170、172
非正規雇用　41-46、81、116、117
ひとり親世帯　151、152
避難所　167-172
美容整形　23-30
表層演技　77
評判カスケード　127
貧困率　150-153、157
フェイク・ニュース　126
不払い労働　78
不平等　62、108、109、111、140-145、162
フリーター　38-46
フレーミング　122、124
文化資本論　144
文化相対主義　197、198
平均余命　175
ヘイトスピーチ　54
ヘイトスピーチ対策法　54
変異　76
傍観者　90、92-96
防災　165-167、172
保身　95
ボランティア　16、56-58、61、62、167

ま 行

未婚化　62、81、88、89、118-120
ミレニアム開発目標　163
民族　49、53、54
モラトリアム　38、39

や 行

やりたいこと志向　43、44
友人　3、5、8-13、20、22、28-30、38、66、70、71、79、81、94-97、100、120、144、150、153

ゆるやかなコミュニティ 165、171
レジリアント 171、172
ロジスティック回帰分析 44
劣等感 23-27、29、64
ローマクラブ 160
ロールモデル 56、59-62

ら 行

理想的発話状況 102

人名索引

あ 行

アドラー，アルフレッド 24
イングルハート，ロナルド 31
ウェーバー，マックス 32、35
ウスノー，ロバート 59
エンゲルス，フリードリヒ 141
オーウェル，ジョージ 49

か 行

カー，ニコラス・G. 101
クーベルタン，ピエール・ド 47、51、55
クーリー，チャールズ・H. 100、101
グラノヴェッター，マーク 104
ゲルナー，アーネスト 47-49
ゴフマン，アーヴィング 77、101
コント，オーギュスト 193

さ 行

サッセン，サスキア 42、185
サンスティーン，キャス 103、126
シュレージンガー，アーサー・M., Jr. 188
ジンバルドー，フィリップ 124、125
スミス，アダム 192

た 行

タウンゼント，ピーター 149、150
デイビス，マーク・H. 58
デュルケム，エミール 17-19、35

は 行

バーガー，ピーター・L. 35
パーソンズ，タルコット 61
ハーディン，ギャレット 161
ハーバーマス，ユルゲン 69、102、104、195
バウマン，ジグムント 42
パットナム，ロバート・D. 68、103
バトソン，チャールズ・D. 57
ハンチントン，サミュエル 188
フェスティンガー，レオン 103、104
ブランデージ，アベリー 51、52
ヘーゲル，ゲオルク・ヴィルヘルム・フリードリヒ 79
ベック，ウルリヒ 161、162
ベル，ダニエル 75
ホックシールド，アーリー・R. 76、77
ホッブズ，トマス 192
ホブズボウム，エリック 36

ま 行

マートン，ロバート・キング 126, 136
マキャベリ，ニッコロ 192
マルクス，カール 79、141
ミルズ，チャールズ・ライト 76

ら 行

ラウントリー，ベンジャミン・シーボーム 149
リースマン，デイヴィッド 12
ルックマン，トーマス 35

【編著者紹介】

友　枝　敏　雄（ともえだ　としお）
現在　関西国際大学社会学部教授・大阪大学名誉教授
［主著］
『モダンの終焉と秩序形成』有斐閣　1998年〔単著〕
『社会学のエッセンス［新版補訂版］——世の中のしくみを見ぬく（有斐閣アルマ）』有斐閣　2017年〔共著〕
『ギデンズ社会学コンセプト事典』丸善出版　2018年〔共訳〕

山　田　真茂留（やまだ　まもる）
現在　早稲田大学文学学術院教授
［主著］
『信頼社会のゆくえ——価値観調査に見る日本人の自画像』ハーベスト社　2007年〔共編〕
『集団と組織の社会学——集合的アイデンティティのダイナミクス』世界思想社　2017年〔単著〕
『グローバル現代社会論』文眞堂　2018年〔編著〕

平　野　孝　典（ひらの　たかのり）
現在　桃山学院大学社会学部准教授
［主著］
「非正規雇用と自殺——若年層における自殺念慮の計量分析から」『現代の社会病理』31号　2016年〔単著〕
『社会学の力——最重要概念・命題集』有斐閣　2017年〔分担執筆〕

ファーストステップ教養講座
社会学で描く現代社会のスケッチ

2019年8月20日　初版第1刷発行
2023年3月1日　初版第3刷発行

編著者	友枝　敏雄
	山田　真茂留
	平野　孝典

発行者　竹鼻　均之
発行所　株式会社みらい
　　　　〒500-8137　岐阜市東興町40　第5澤田ビル
　　　　TEL　058-247-1227㈹
　　　　https://www.mirai-inc.jp/

印刷・製本　西濃印刷株式会社

ISBN978-4-86015-485-1　C3036
Printed in Japan　　乱丁本・落丁本はお取替え致します。